평양과 비엔나

핵(核)무기보다 강력한 소프트파워,

UN아시아본부

김 정 훈

法 文 社

프롤로그

이름이 비슷해서인지 오스트리아와 오스트레일리아를 혼동하는 사람들이 많다. 그래서 오스트리아 사람들은 코알라와 캥거루로 유명한 오스트레일리아(호주)와 구분 짓기 위해 처음 만나는 외국인에게 "오스트리아에는 코알라가 없습니다"라는 말로 이야기를 시작하곤 한다. 무뚝뚝하기로 유명한 게르만 민족답게 그들의 유머는 그다지 재미있지 않지만 오스트리아 사람들은 자신들이 꽤 재미있는 말을 했다고 만족해한다. 외국인 입장에서는 그런 오스트리아식 농담을 들으면 좀 짠~해지는 부분도 있다. 한때 유럽대륙의 최고 권세를 자랑했던 신성로마제국의 중심지, 오스트리아가 어떻게 섬나라 영국의 식민지였던 오스트레일리아에 가려져 이름마저 혼동되는가라는 씁쓸함이 느껴지기 때문이다. 사실, 오스트리아의 수도 비엔나는 수백 년 동안 제국의 수도로서 파리보다 아름다웠고, 런던보다 부유했다.

유럽이 생소한 우리에게도 오스트리아의 비엔나하면 비엔나소시지, 비엔나소년합창단, 비엔나커피 정도는 생각난다. 대학시절 좋아했던 경양식집 비엔나커피를 꿈꾸며 찾았던 오스트리아의 비엔나 도심에서, 1유로짜리 맥도널드 커피에 아이스크림 한 스쿠프를 올려 먹는 매우 현실적인(?) 비엔나커피를 마시면, 졸리던 눈꺼풀 사이로 비엔나의 현실이 슬며시 들어오기 시작한다. 고색창연한 중심거리 주변에는 영광과 오욕의 역사를 고스란히 담고 있는 애틋한 흔적들이 여기저기에서 발견되기 때문이다. 20세기 오스트리아의 비엔나는 제1차 세계대전의 발생지였고, 제2차 세계대전의 격전지였다. 우리가 35년 동안 그랬던 것처럼 그들도 유럽의 지도에서 오스트리아라는 국명을 17년 동안 쓸 수 없었던 주권 상실의 아픈 시기가 있었다. 그렇지만 오스트리아는 조각났던 국토를 평화적으로 통일했고, 스위스와 같은 영세중립국가로서 이제는 평화를 상징하는 대표적인 국가로 번영을 누리고 있다.

비엔나가 평화를 선택했다면 비슷한 시기에 평양은 전쟁을 선택하였다. 1950년부터 1953년까지 한반도에서는 수많은 사람들이 죽었고 전쟁의 결과는 너무도 참혹했다. 60년이 지났지만 평양은 여전히 전쟁을 추구하고 있으며 북한은 전쟁준비의 피폐함 속에서 핵(核)무기라는 마지막 전쟁카드만을 움켜쥐고 있다. 그런데 전쟁과 평화의 상반된 양면구조 속에서 역사는 선(善)의 순환적 구조를 그리곤 한다. 전쟁과 평화라는 각기 다른 역사의 흐름이 세밀히 연결되면서 서로를 좋은 방향으로 진보시켰기 때문이다. 물론 그렇게 하지 못한 수많은 민족과 국가들은 역사에서 사라졌다. 유라시아의 동쪽과 서쪽에서 벌어진 전쟁과 평화의 역사 속에서 결국, 오랜 전쟁은 평화라는 새로운 틀을 짜게 된다. 중동 역사와 유럽 역사가 전쟁과 평화의 순환체계로 연결되었으며, 유럽과 아시아도 강대국들의 패권주의를 극복하고 평화모색의 길을 추구했다. 이슬람교의 수니파-시아파의 갈등, 기독교의 신교-구교의 갈등도 결국은 더 큰 평화를 향한 준비들이었다.

역사학자 토인비(A. Toynbee)는 그의 강연에서 '역사의 도전과 응전'을 언급하면서 '청어와 메기' 이야기를 많이 했다고 한다. 먼 여정에서 고요하게 가두어져 있는 청어는 결국 시름시름 앓다가 죽어가지만 여기에 메기를 몇 마리 풀어놓으면 대부분의 청어는 긴장하여 더 열심히 움직이기 때문에 건강할 수 있다는 비유였다. 20세기의 역사 가운데 오스트리아만큼 전쟁이라는 지독한 아픔을 많이 경험했던 국가도 흔치 않을 것이다. 전쟁은 사나운 메기처럼 오스트리아 사람들을 힘들게 했고 많은 이가 희생되었지만 비엔나 사람들은 사나운 메기 떼들의 도전을 극복하는 과정에서 전쟁이 아닌 영구평화의 길로 응전하였다. 북한의 평양도 전쟁과 굶주림 그리고 수많은 참담함 속에서 힘들게 살았지만 이제는 전쟁이 아닌 평화의 길로 가야할 시기가 아닌가 생각한다. 어느 때보다 중요한 한반도의 역사적 분수령 지점에서 비엔나는 평화와 번영의 길로 안내할 좋은 셰르파(Sherpa)가 되어 줄 것으로 기대한다.

2016년 1월 새해를 맞으며
북한산 연구실에서
김 정 훈

차 례

제 2 편 유럽전쟁과 영세중립국의 탄생 (41~68)

제 3 편 서울과 평양의 새로운 관계 모색 (69~108)

제 4 편 북한 단독의 영세중립국화 (109~142)

제 5 편 핵(核)무기보다 강한 UN아시아본부 (143~178)

제 1 편

전쟁과 평화

보편적 인류는 간절히 평화를 원하지만 국가의 최종 갈등해결수단은 전쟁이다. 그래서 국가의 합리적 조직인 정부가 전쟁을 선택하는 과정은 세계사의 대부분을 차지하고 있을 정도이다. 일찍이 톨스토이가 나폴레옹 전쟁의 비참함과 허망함을 그의 작품 '전쟁과 평화'에서 통곡처럼 외쳤지만 21세기, 현 시점에서도 평화를 구한다는 명목으로 전쟁의 총성은 멈추지 않고 있다. 그러나 전쟁만 있었던 것은 아니다. 전쟁이 찬란한 문명을 파괴했다면 반대로 전쟁을 극복하고자 했던 인류의 역사는 평화와 진보를 가져 왔다. 전쟁과 평화의 순환구조 속에서 각 개인들과 국가와 정부, 그리고 국제사회의 협력은 도전과 응전의 연속이었다.

(앞면 사진: 다뉴브강변에서 싸우고 있는 군인상)

제 1 장

시리아 내전과 유럽난민

1. 꼬마난민 쿠르디의 죽음

시리아의 3살짜리 꼬마난민, 쿠르디(Kurdi)가 터키 해안가 바닷물에 조용히 엎드려 숨져있는 사진이 보도되었다. 2015년 9월, 너무도 조용히 그리고 편안하게 숨져 있는 쿠르디의 뒷모습 속에서 사람들 마음이 아픔으로 저며 왔다. 대체 이 어린 아이가 무슨 잘못이 있어서 이렇게 숨졌는지, 왜 시리아정부는 자체적으로 올바른 해결책을 제시하지 못하고 있는가에 대한 의문이 꼬리를 물었다. 시리아의 내전상황이 지구촌의 수많은 사람들을 비극으로 몰고 가고 있음을 보면서 한반도의 상황과 중첩되는 부분도 많았다. 남북으로 분단되어 참혹한 전쟁까지 겪었던 한국인들에게 시리아의 내전상황과 쿠르디의 죽음은 남의 일만 같지 않았기 때문이다.

유럽의 정부들을 연구하는 과정에서 오스트리아에서 만났던 비엔나 시민들이 왜 그렇게 국제난민문제를 심각하게 고민하고 있었는가에 대한 때늦은 이해도 있었다. 그리고 몇 가지 이유에서 문제의식을 갖지 않을 수 없었다. 과거 1950년대 수많은 한국 난민들이 겪었던 비참함을 21세기 현시점에서도 전 세계의 수천만 난민들이 무국적자로 지구촌을 떠돌며 똑같이 겪고 있는데 이를 그대로 모르는 척 넘어갈 수 없었기 때문이다. 또한 꼬마난민 쿠르디의 죽음과 중동지역의 민주화운동, 시리아내전, 유럽난민문제, 그리고 파리테러 사건 등이 서로 뒤엉켜 있음에서 국가와 정부의 한계상황도 인식하지 않을 수 없었다. 민주주의의 숭고한 가치를 신뢰하기에 시리아의 난민 문제는 중동의 민주화 운동이 지닌 한계성 앞에서 더욱 슬픈 현실로 인식되었다. 중동지역 민주화의 그 뜨거운 열망이 좌절감으로 더 이상 진전하지 못한다면 인류의 보편적 가치도 파괴될 수밖에 없다는 안타까움도 있었다.

불과 몇 년 전 우리를 흥분시켰던 아랍의 봄은 2011년 1월에 시작되었다. 튀니지의 알리(Ali) 대통령은 국민들의 주권자적 지위 회복운동 앞에서 독재적 장기집권을 포기하고 사우디아라비아로 망명했다. 튀니지에서 대학졸업 후 무허가 청과상을 하며 가족을 부양하던 젊은 청년이 경찰의 강압적 단속에 대한 항거로 분신한 사건이 도화선이 되어 시작된 '자스민(Jasmin) 혁명'의 결과이다. 이렇게 시작된 아랍의 봄은 곧이어 이집트의 무바라크(Mubarak) 정권을 한순간에 붕괴시켰으며 리비아의 철권 통치자 카다피(Qaddafi) 일가의 종말을 촉구했다. 시리아에서 오랜 기간 군림했던 아사드(Assad) 독재정권에 대한 퇴진운동도 시민들 사이에서 격렬하게 진행되었다.

그러나 비참한 상황에 몰렸던 무바라크, 카다피를 목격했던 아사드는 정권의 평화적 퇴진결정을 점차 거부하기 시작했다. 아사드는 국민들이 자신을 원치 않음을 분명히 알고 있었지만 자신이 퇴진을 하거나 하지 않거나 결과는 모두 부정적일 것으로 판단했다. 아사드는 자신이 권위적으로 통치하던 정부기관을 더욱 강경하게 틀어잡았다. 2011년 7월, 라마단을 하루 앞두고 아사드 정권의 발포명령에 의해 시리아정부군은 시민들을 향하여 무차별적으로 총탄을 쏘았다. 이른바 '라마단 학살'이하마시에서 벌어졌고 시리아의 민주화는 피의 투쟁을 부르며 더욱 격렬해졌다. 이것이 시리아 내전의 시작이었다.

아사드 정권은 자신들의 비참한 종말이 두려웠다. 아사드는 분노하고 있는 국민들에게 약간의 평화적 유화책을 제시하기도 했지만 강경했던 국민들과 분노한 시민들을 민주적으로 설득하고 화합을 유도할 민주세력은 아직 시리아에 없었다. 아사드는 이런 상황에서 퇴진할 경우 비참한 최후를 맞게 될 것이며 다른 선택의 여지가 없다고 판단했다. 그는 국민을 향하여 화학무기까지 사용하였고 국민들은 더욱 격렬히 저항했다. 2013년 시리아의 반정부 단체인 시리아국가연합(SNC)은 UN에 시리아정부군 만행을 보고했으며 2015년 현재, 시리아 내전으로 15만 명 이상이 목숨을 잃은 것으로 파악되었다. 매일 수백 명이 총과 폭탄에 의하여 살해되는 참혹한 상황에서 시리아 사람들은 정든 고향을 떠나서 떠돌이 난민이 되었고 인구의 절반 이상이 사실상 난민으로 전락했다.

시리아에서는 정부군과 반정부군의 포연 속에서 이슬람 무장단체들까지 독버섯처럼 세력을 확장했다. 더 이상 누가 적이고 누가 아군인지를 분간할 수조차 없는 상황이었다. 아사드 정권을 옹호하는 러시아, 반정부단체의 주장에 공감했던 미국을 비롯한 서방국가들, 그들의 이해충돌까지 함께 겹치면서 시리아의 내전은 급속히 국제전으로 확장되었고 평화의 길은 보이지 않았다. 그리고 2015년 11월, 프랑스 파리에서 벌어진 피의 살육현장에서 전쟁은 몇몇 극단주의자들에 의해 수백 명 민간인의 목숨을 빼앗아갔다. 값싼 소총으로 무장한 이슬람국가, IS(Islamic State) 대원들이 유럽의 한복판, 서구 문화의 중심지, 파리를 공포로 몰고 간 것이다.

IS의 파리테러에는 제1차 세계대전 직후, 시리아의 국가독립을 방해했던 프랑스를 향한 낡고 해묵은 적개심을 악용한 심리전 성격까지 갖추어져 있었다. 동시에 상호 인과관계를 찾기 어려운 각 개인에 대한 무차별적 테러는 누구나 희생자가 될 수 있다는 측면에서 세계적 공포심을 유발시켰다. 선한 다수의 평화적 이슬람에 대하여 이슬람 극단주의자들은 치졸한 이슬람 테러효과를 누명처럼 덧씌워 이슬람을 국제사회에서 격리시키고 있다.

2. 시리아 내전과 대규모 난민사태

시리아 내전이 장기간 지속되면서 시리아 국민들의 생활은 극도로 피폐한 상황에 처했다. UN난민기구(UNHCR)의 보고서에 따르면, 시리아 국민들은 내전 4년 동안 난민으로 전락한 사람들이 수백만 명에 이르렀고 대부분 인근 터키, 레바논, 요르단, 이라크, 이집트로 피난길을 떠났다고 한다. 요르단의 경우, 임시거주하고 있는 약 4만 명의 시리아 난민 가운데 대부분의 사람들이 절대빈곤 상태에서 생활하고 있는데 그 비참함은 표현조차 꺼려진다고 한다. 내전이 장기화되고 더욱 격렬해지면서 해결책은 보이지 않고, 시리아 인근의 중동국가들도 사실상 한계상황에 처하여 인도적 지원이나 난민수용에 난색을 표하고 있다. 중동국가들이 대응하기에는 사실상 불가능한 상황이며 결국 시리아의 난민문제는 중동지역의 문제를 넘어서 유럽으로 확산되고 있다.

오늘도 시리아 난민은 유럽으로 향하고 있다. 유럽 내 난민문제는 터키와 헝가리, 오스트리아를 거쳐 독일로 확대되었고 그 사이 IS는 피의 보복과 테러를 감행하고 있다. 시리아 난민문제는 공포라는 질병으로 전염되고 있다. 헝가리는 시리아의 난민 유입을 막으려 철조망 장벽을 쌓았고, 오스트리아와 독일은 시리아 난민들을 어떻게 막을 것인가를 고민하고 있다. EU국가들이 채택했던 '더블린 조약'에 의하여 유럽 내 난민들은 처음 도착한 국가에서 망명 신청을 할 수 있었지만 EU국가들은 그 조약을 난민거부 구실로만 삼고 있다. 헝가리를 통과하여 오스트리아로 들어온 난민들도 대부분 난민지위를 얻지 못한 채, 독일로 향하고 있으며 과연 그 행렬이 어느 쪽으로 이어질지 그 누구도 장담할 수 없는 상황이다. 더욱이 2015년 11월, IS과격분자들에 의하여 프랑스인 수백 명이 학살당하면서 EU국가들은 유령 같은 IS와 전쟁을 시작하였다.

시리아 난민에 대한 유럽 각 국가들의 태도는 어느새 냉담함에서 당혹스러움으로 바뀌었고, 그 공포감은 계속 확산되고 있다. 독일정부는 모든 시리아 난민들이 어느 나라를 거쳐 유럽에 들어왔는지에 상관없이 수용하겠다고 발표한 바 있지만 독일도 내심 고민하고 있다. 시리아의 난민들 속에 파리를 공격한 테러범이 있었다는 보도가 잇달으면서 독일을 포함한 유럽 각국들은 더욱 혼란스러운 상황에 빠졌기 때문이다. 국가 내부의 서로 다른 이해충돌이 빚은 시리아 내전의 결과, 시리아 국민들은 떠돌이 신세로 전락했으며 더 이상 전쟁은 갈등해결방안이 될 수 없음을 증명했다. 이제 중동과 유럽을 비롯한 미국과 러시아 등이 시리아의 평화를 위해 힘을 모으기 시작했지만, 과연 무엇을 위한 아랍의 봄이고, 민주화를 위한 열망이었는가를 비참한 전쟁의 현실 속에서 참담하게 묻지 않을 수 없었다.

UN난민기구가 국제 난민들을 위하여 제공하는 임시천막

3. 튀니지의 노벨평화상 수상

아랍의 봄에 대한 짓누르듯 무거운 회의감을 일순간 거두어주는 사건이 비슷한 시기에 있었다. 2015년 10월, 노벨위원회는 튀니지의 '국민 4자 대화기구'(The National Dialogue Quartet in Tunisia)에게 노벨평화상을 수여한 것이다. 튀니지의 자스민(Jasmin)혁명 이후, 아랍 지역 내 많은 국가들과 유럽 지역이 겪고 있는 혼란은 민주주의의 가치를 의심하게 했었다. 특히 시리아의 비참한 내전상황은 과연 민주주의를 향한 시민들의 용기 있는 결정과 참여가 무슨 의미가 있었는가라는 회의감마저 낳게 했다. 그런데 가장 먼저 아랍의 봄을 시작했던, 자스민혁명이 시작되었던 바로 그 튀니지에서 불과 4년 만에 성숙한 시민들이 등장하여 서로의 이해충돌 문제를 해소하고, 갈등을 완화시키는 방법을 터득했다는 것이다. 누가 강압적으로 통제하고 순응하는 것이 아니라 공동의 가치를 향하여 상호간 이해관계를 조정하고 양보하면서 서로를 배려할 수 있는 길을 열었다는 것이다. 어떤 외부적 압력에 의해서가 아니라 서로의 다른 가치관과 경험을 지니고 있는 사람들이 함께 모여 자신들의 민주적 공동체인 국가를 위해 머리를 맞대는 대화기구를 만들고 평화적으로 정부를 탄생시킨 것이다.

노벨평화상의 수상영광이 튀니지에게 갔을 때, 튀니지의 모든 국민들이 느꼈을 뜨거운 감동을 한국인들은 이미 1987년부터 수없이 경험한 바 있다. 6월 시민항쟁 이후 군부독재를 종식하고 6.29선언을 기점으로 대통령을 국민들이 직접 선택할 수 있는 진정한 민주주의의 제도가 출범했던 그 순간부터 우리는 민주시민으로서의 자부심과 고뇌 그리고 인내를 배워야 했다. 튀니지 시민들도 그럴 것이다. 서로 다른 생각과 이해관계에 얽혀 있는 노동계 대표인 총노조(UGTT), 산업계를 대표하는 산업·무역·수공업연맹(UTICA), 시민단체인 인권연맹(LTDH), 법조계의 변호사회(ONAT) 등 4개 단체로 구성된 튀니지의 국민4자 대화기구는 2011년 튀니지의 시민항쟁 이후 발생했던 정치적 혼란을 극복하는 데 결정적 역할을 했기 때문이다. 인내심을 갖고 서로를 존중하는 이른바 대화와 타협의 정치를 통하여 권력의 공백을 메워나갔고, 안정적으로 민주화과정을 밟아 나가는데 노력하였다. 그리고 그 중심에 국민4자 대화기구가 있었다.

물론 우리가 그랬던 것처럼 튀니지의 민주화 과정도 순탄한 것만은 아니었다. 2011년 시민혁명(자스민혁명) 직후, 야당 정치인이 암살되는 등 사회 혼란이 극심했으며 최근까지도 이슬람 극단주의자들에 의한 테러가 빈번히 발생하고 있다. 2015년 3월, 수도 튀니스 국립박물관에서 괴한이 총기를 난사하는 사건이 일어났으며, 6월에는 유명 휴양도시인 수스 지역에서 테러가 발생하여 많은 희생자를 낳았다. 또한 독재 정부하에서 일했던 전직 공무원들에 대한 사면조치에 불만이 터져 나와 대규모 시위가 발생하기도 했으며 여전히 개선되지 않는 청년 실업문제도 튀니지의 민주주의를 심각하게 위협하고 있음은 사실이다. 그렇지만 튀니지는 여성의 인권을 강화하는 헌법을 제정했으며 2014년 12월, 민선의 대통령을 평화적으로 선출하는데 무난히 성공했다. 튀니지에서도 내전 직전의 상황까지 가는 위기의 순간이 있었지만 '국민 4자 대화기구'를 비롯한 다양한 민주조직들을 통하여 튀니지공동체에 대한 헌신과 인내로서 위기의 튀니지를 가장 모범적인 아랍의 민주국가로 거듭날 수 있게 했다. 어떤 서사시보다 더 큰 감동으로 튀니지의 시민들은 우리에게 다가오고 있다. 위대한 한니발의 후예, 튀니지 시민들이 보여준 민주주의를 향한 용기 있는 행동과 실천은 중동지역에서 전쟁이 아닌 평화로 민주주의를 일구어 가는 응전의 사례가 되고 있다.

제2장

20세기의 참혹한 냉전, 한국전쟁

1. 한반도 내전과 국제관계

꼬마난민 쿠르디의 슬픈 주검 앞에서 한국인들은 1950년대 겪었던 전쟁의 아픔을 떠올릴 수밖에 없었다. 3년 동안 계속된 피비린내 나는 한국전쟁은 두세대를 거친 오늘까지도 아물지 않은 깊은 상처로 남아있기 때문이다. 비참한 시리아의 내전상황을 보면서 충격을 받고 있지만 한반도의 내전 상황과 비교한다면 시리아 내전은 전쟁이라고 할 정도도 아니다. 결코 마주볼 수 없을 정도로 잔인하고 참혹했던 한반도의 내전은 지금까지도 한국인들이 스스로 분단의 현실을 극복하지 못하게 하는 트라우마로 작용하고 있다.

한반도 내전은 약 300만 명의 사상자를 냈으며 1,000만 명 이상의 이산가족과 전쟁고아를 낳았다. 어쩌면 휴전선을 사이에 두고 분단된 채, 상호교류를 차단한 채, 오랜 기간이 지났기 때문에 그나마 남북한의 상처가 조금이나마 완화된 측면도 있다. 앞서 시리아 내전의 참혹함을 보았고 그것이 중동지역을 넘어 유럽지역에까지 공포를 자아낼 정도로 심각한 상황이라는 것을 알고 있지만 한반도의 3년 내전은 그와 비교할 수준을 훨씬 넘기에 말로 표현하기조차 어려울 정도이다. 전쟁의 상처가 너무도 커서 한국인들은 남북으로 분리된 채 살아가는 것이 때로는 마음 편하기까지 하였다. 20세기의 대표적 분단국가였던 베트남은 지독한 전쟁의 혹독한 대가를 지불하고 하나가 되었으며, 독일은 급작스런 소련붕괴 상황 속에서 막대한 통일비용을 지불하면서 평화적으로 통일하였다. 그러나 한국은 아직도 하나가 되는 것이 두렵고, 그 두려움 깊숙한 속내에는 아직도 전쟁의 상처가 깊이 패어 있음을 발견하게 된다.

물론 한반도의 통일과정에 한국인들의 내부적 상처만 걸림돌이 되고 있는 것은 아니다. 분쟁해결방안으로 선택한 전쟁에 의거하여 만들어진 국제관계의 틀이 분명히 존재하고 있기 때문이다. 한반도의 전쟁에는 남북한은 물론이고 미국과 중국이 대표적인 전쟁당사국으로 참가했고 그 결과, 한반도의 통일문제는 민족 내부의 문제 이외에도 국제관계로 볼 수밖에 없는 사안이 되었다. 한반도 전쟁에서 남쪽에서는 약 150만 명의 사상자가 있었고 여기에는 미국인 15만 명의 사상자도 포함된다. 또한 북쪽에서도 약 150만 명의 사상자가 있었고 여기에는 중국인 90만 명의 사상자도 포함되어 있다. 독일의 상황과 한반도의 상황은 너무도 달라서 남북한이 갑작스럽게 통일하고자 하여도 중국과 미국은 이를 그대로 수용하기 어렵다.

서독과 동독이 하나 되는 과정에서 미국과 소련은 분명 서로의 이해관계가 달랐지만 남북한의 경우와는 차원이 다르다. 서독과 동독은 내부적으로 전쟁한 적도 없었고 독일의 통일에 미국과 소련이 자신들 목숨 값을 요청할 근거도 없었다. 제2차 세계대전 이후에 전쟁을 일으킨 대가로 오스트리아는 독일에서 영구 분리되었고, 독일은 4개 지역으로 분할통치 되었기 때문이다. 그래서 소련이 약화되고 해체되는 과정에서 동독지역에 주둔했던 소련군 철수비용을 서독이 충분히 부담하고, 국내외의 모든 갈등적 문제들을 엄청난 액수의 마르크(Deutsche Mark;

DM)로 해결하면서 독일은 평화적으로 통일을 달성할 수 있었다. 그러나 한반도를 바라보는 미국과 중국의 입장은 남북한의 관계가 원만하게 좋아졌다고 미군과 중공군들이 치렀던 엄청난 목숨값을 받지 않겠다고 물러설 수 있는 그런 상황이 아니다. 미국과 중국의 어느 누구도 자국의 역사 앞에서 단독 판단할 수 있는 사안이 아니라는 것이다. 소련이 붕괴했듯이 미국이나 중국 가운데 어느 쪽이 붕괴된다면 혹시 가능성이 보일 수 있겠으나 현재의 상황은 전혀 그렇지 않다.

결국 전쟁의 행위는 매우 비합리적인 것처럼 보이지만 전쟁의 결과로 정해진 국제질서의 틀에는 반드시 이에 상응하는 합당한 요구가 따르게 된다. 그래서 남북한이 함께 친밀하게 공조한다고 하여도 미국과 중국은 자신의 목숨값을 언급하면서 그 이상의 대가를 요구할 수 있는 것이 국제관계의 질서이기도 하다. 물론 한반도에서 남북한이 재차 충돌하여 북한과 중국이 연합하고 한국과 미국 그리고 일본까지 가세하여 전쟁을 치른다면 현재의 국제질서는 새로운 전쟁결과에 의하여 전혀 다르게 재편될 수도 있다. 그렇지만 미국이나 중국 모두 현재의 동북아시아 세력균형체제를 변형시키고 싶은 의향은 크지 않다.

중국은 성장추세를 지속하면서 국제적 지위를 계속 높여가고 싶어 한다. 미국은 이미 세계의 유일한 패권국가로서 중국의 부상을 관리할 뿐, 중국을 향하여 직접적인 전쟁을 수행할 이유는 별로 없다. 그렇지만 상대적으로 일본의 경우는 미국이나 중국의 입장과 분명히 다른 것으로 평가된다. 제2차 세계대전의 승전국이었던 미국과 중국의 입장에서는 기존 질서를 유지하면서 한국전쟁 이후의 한반도의 상황이 안정적으로 유지되는 것을 선호하지만 패전국인 일본은 동북아 세력균형체제가 새롭게 재편되는 것을 강하게 원할 수 있기 때문이다. 패전국 지위에서 형성된 현재의 틀을 바꾸고 싶은 것은 패전국의 본능일 수도 있다. 그런데 그런 일본에게 북한이 빌미를 제공하고 있다. 동북아시아의 세력균형 재편을 원하는 일본에게 북한은 기회를 만들어 주고 있는 것이다.[1)]

2. 미국 · 소련의 냉전과 세력균형

바둑에서 복기(復棋)를 하듯, 과거 한국전쟁이 발생했던 그 직전의 상황을 역사적 사실주의에 입각하여 재조명해 볼 필요가 있다. 이는 동아시아에서 벌어질 미래 상황을 예측하기 위함과 무관하지 않다. 유럽과는 다르게 동아시아에서는 제2차 세계대전 이후에 형성된 '미국 - 소련의 세력균형'이라는 큰 틀이 바뀌지 않았기 때문이다. 기본구조에서 소련이라는 강대국 대신, 중국이라는 강대국으로 세력균형의 역할자만 교체한다면 큰 틀을 파악하는데 별반 차이가 없다. 따라서 이와 같은 맥락에서 1948년부터 한국전쟁이 발생했던 1950년까지 유럽 3개국(체코슬로바키아, 독일, 오스트리아)과 아시아 3개국(중국, 한국, 일본)의 국가적 운명을 비교하여 살펴보고자 한다. 특히 미국과 소련이 첨예하게 대립각을 세웠던 냉전의 3년 동안, 미 · 소의 대립, 변동, 균형은 현재의 동아시아 세력균형체제를 이해함에도 큰 도움이 될 수 있다.

(1) 1948년의 미 · 소 냉전: 스탈린은 체코슬로바키아에 대한 배후세력자로서 프라하에서 공산당(CPCz) 쿠데타를 지원함으로써 1948년 2월, 공산정부를 수립할 수 있었다. 프라하를 손에 넣은 스탈린의 다음 목표대상은 베를린이었다. 1948년 6월 미국, 영국, 프랑스군이 점령하고 있던 서베를린을 봉쇄한 것이다. 이에 미국은 긴장하였고 대대적인 베를린 공수를 단행했다.[2] 미국은 더 이상 소련에게 밀릴 수 없다는 각오로

1) 1950년대, 북한이 한반도에서 전쟁을 일으키면서 패전국 일본은 미국에서 독립하고 경제적으로 부흥할 수 있는 두 개의 기회를 동시에 잡을 수 있었다. 더욱이 2013년, 북한의 제3차 핵실험을 계기로 일본은 세계적인 군사대국으로 재무장할 수 있는 절호의 기회를 또 다시 얻게 되었다. 패전국 일본에게 있어서 북한은 정말 구세주인 셈이다. 이제 일본은 동북아시아에서 특히 한반도 주변 정세가 불안정할 경우, 군사적 행동도 감행할 수 있는 준비태세를 갖출 수 있게 되었다. 이와 관련해서는 제3장에서 보다 상세히 다루어지고 있다.

2) 스탈린이 1948년 서베를린을 봉쇄한 직후 미국의 군정 장관이었던 클레이는 "우리는 체코슬로바키아를 소련에 빼앗겼다. 베를린을 빼앗긴다면 다음 차례는 서부 독일이다. 유럽을 공산주의로부터 지키기 위해서 우리는 현재의 위치에서 단 한 발자국도 뒤로 물러설

462일 동안 막대한 양의 물자공수를 통하여 서베를린을 지켰다. 유럽에서의 미국과 소련의 갈등이 노골화되면서 아시아에서의 경쟁도 표면화되었다. 한반도의 남쪽을 점령하고 있던 미국은 군정을 종식하고 대한민국 정부를 8월에 출범시켰고, 북쪽을 점령하고 있던 소련 역시 9월에 북한정부의 수립을 공식화하였다.

(2) 1949년의 미 · 소 냉전: 서베를린이 소련에 의해 봉쇄당하면서 미국은 서유럽의 공산화를 막기 위한 대응적 조치를 취했고 북대서양조약기구(NATO)가 1949년 4월, 구체화(조인)되었다. NATO 회원국으로 미국과 함께 벨기에, 캐나다, 덴마크, 아이슬란드, 이탈리아, 룩셈부르크, 네덜란드, 노르웨이, 포르투갈, 영국, 프랑스가 참여하여 소련의 군사적 위협에 대항하는 강력한 구조를 형성했고 8월, NATO는 공식출범했다. 그러나 미국이 서유럽을 지키는 사이에 아시아의 연합국, 중국에서는 내전이 본격화되었고 공산당이 정권을 쟁취하는 상황이 벌어졌다. 1946년부터 다시 시작된 중국내전은 1948년을 전후로 국민당과 공산당의 세력이 역전되었고 1949년 1월, 공산당의 인민해방군이 베이징에 입성하였다. 미국이 서유럽을 지키고 있는 사이에 중국은 급속히 공산화되었고 10월 1일 중화인민공화국이 수립되면서 일순간 동아시아는 공산권 세력이 압도적인 지역으로 탈바꿈하였다.

(3) 1950년의 미 · 소 냉전: 1945년의 전후질서를 주도하던 미국-소련의 갈등이 노골적으로 표출된 것은 1948년 서베를린의 봉쇄사건에서 비롯되었다. 이미 체코슬로바키아까지 잃은 미국이었지만 독일에서는 더 이상 물러서지 않았다. 미국은 서유럽을 지키기 위하여 온 힘을 다하였고 어느 정도 소련의 공세를 막을 수 있었다. 그 사이 미국은 아시아에

수 없다."라고 천명하였다. 역사상 유래가 없는 대규모 공중수송작전은 이렇게 시작되었다. 서베를린 지역에 거주하는 200만 명에 달하는 독일인들에게 절대적으로 필요한 생활필수품을 비행기로 공수하였고 1949년 5월, 스탈린은 서베를린에 대한 봉쇄를 해제하였다.

소홀할 수밖에 없었고 그 결과, 미국은 중국을 잃고 말았다. 유라시아 대륙국가인 소련은 유럽의 상황이 불리해지자 동아시아에 주력했고 결국 중국을 공산화하는데 성공했다. 만일 중국이 1949년 공산화되지 않았다면 한반도에서는 북한이 전쟁을 일으키는 사건이 일어나지도 않았을 것이고 한반도의 분단 상황은 오래 지속되지도 않았을 것이다. 그러나 반대로 중국 전역이 공산화되면서 한반도의 남쪽, 한국은 당연히 공산화될 수밖에 없는 처지에 놓이게 되었다.[3] 1950년 6월, 북한은 한국을 전면적으로 침략하였다. 그런데 평양과 모스크바가 당초 생각했던 것과 달리 워싱턴은 서울을 포기하지 않았다. 북경도 포기했던 워싱턴이 서울을 포기하지 않은 것이다. 놀랍게도 1948년 6월, 미국이 서베를린을 포기하지 않았던 것과 비슷한 상황이 한반도에서도 발생한 것이다. 1948년과 1950년 사이의 미국과 소련의 차디찬 냉전(cold war)은 한국전쟁으로 뜨겁게 타올랐고, 이후 스탈린이 사망에 이를 때까지 수많은 사람들이 한반도에서 희생되어야 했다.

긴박했던 미 · 소 냉전 3년(1948~1950)

1948년 미 · 소 냉전	
2월	• 소련이 지원한 체코슬로바키아 공산당 쿠데타 성공
6월	• 소련의 서베를린의 봉쇄
6월	• 미국의 서베를린 공중수송작전 시행(462일간)
8월	• 미국이 지원하는 대한민국 정부수립
9월	• 소련이 지원하는 북한의 정부수립
1949년 미 · 소 냉전	
1월	• 소련이 지원한 중국 공산당, 인민해방군의 베이징 입성

3) 미국의 국무장관, 애치슨(D. Acheson)은 1950년 1월, 알류산열도-일본-오키나와-필리핀을 연결하는 이른바 애치슨라인을 미국의 방어선으로 설정한다고 발표했다. 설마하였던 중국의 공산화가 충격적으로 미국정계를 강타하면서 미국정부가 짐짓 태연한 모습을 취하기 위한 정치적 언변에 불과한 애치슨장관의 발언이었지만 그 여파는 일파만파로 커졌다. 미국의 방어선에는 한반도와 대만 그리고 인도차이나반도가 모두 제외되었으며 이를 계기로 평양과 모스크바는 한반도 문제에 워싱턴이 더 이상 개입하지 않을 것으로 확신하였다.

4월	• 북대서양조약기구(NATO) 조인식
5월	• 소련이 지원한 중국 공산당의 상하이 점령 → 소련의 동아시아 확보
8월	• 소련세력의 서유럽 진출 봉쇄 → 미국의 서유럽 확보
10월	• 소련에 의한 중국 공산당 출범(미국의 중국 상실)
1950년 미 · 소 냉전	
1월	• 미국의 아시아 방어선 후퇴(애치슨 라인)
6월	• 북한의 한국 침공
9월	• 미국의 역습, 맥아더의 인천상륙작전
10월	• 중국 인민해방군의 한반도 진입
12월	• 미국의 평양철수

3. 소련의 해체와 새로운 미국 · 중국 세력균형

제2차 세계대전 이후의 이념적 양극화에 기초한 미국과 소련의 대결구도가 1948년부터 1950년까지 팽팽하게 이루어지다가 1950년 6월, 한반도의 전쟁으로 극한상황까지 치달았다. 그리고 3년의 한국전쟁 이후, 정전협정으로 장기 휴전상태가 지속되었고, 미국과 소련은 상당기간 안정적인 균형체제를 형성하였다. 그런데 이와 같은 균형구조가 다시금 크게 균열되기 시작하였다. 1980년대에 접어들면서 미국 레이건(R. Reagan) 행정부의 출범과 함께 소련의 권위적 집권체제는 미 · 소 진영의 결속을 다시금 강화시켰고 군비경쟁, 외교적 노선을 강화함으로써 새로운 양극화를 유발하는 듯했다.

그러나 이와 같은 현상은 미 · 소 세력균형의 유지를 위한 순환적 대립현상이었다. 1985년에 출범했던 고르바초프(M. Gorbachev)체제 이후 미국과 소련은 화해적 노선으로 변화했기 때문이다. 물론 체제상의 한계와 경제적 위기를 타파하기 위한 고르바초프의 다양한 개혁 · 개방정책도 소련을 회복시키기에는 너무 늦은 감이 있었다. 소련은 미국과의 군비경쟁에서 취약함을 드러내었고, 경제상황도 극도로 악화되어 급속히 해체될 수밖에 없었다. 한편 소련의 외부에서는 동유럽 위성국가들에서 비공산당 정권이 등장하였고 체제의 전환이 급속히 일어났다. 1989년

베를린장벽이 무너진 이듬해인 1990년, 동·서독의 통일이라는 일련의 역사적 사건이 발생하면서 기존의 미·소 중심의 세력균형체제가 유럽에서는 사라지고 있음을 확인할 수 있었다.

소련의 해체와 동유럽의 체제전환이 가져온 세력균형체제의 변동은 분명 큰 변화였지만 이는 유럽에서의 변화로 한정되었다. 동아시아의 경우, 유럽보다 한 발 더 앞서서 체제전환이 진행될 것 같아 보였지만 그렇게 되지 않았기 때문이다. 유럽에서 베를린장벽이 무너지기 몇 달 전인 1989년 6월, 중국에서는 대규모 민주화 시위가 일어났고 중국의 공산체제는 변동의 순간에 직면했다. 그러나 중국의 공산정부는 민주화 시위를 강력하게 무력으로 진압하였고 많은 학생들과 시민들이 총탄에 쓰러졌다. 대규모 유혈참사를 일으켰던 톈안먼(天安門)사건이 그것이다. 이로써 중국 공산당 독재는 이전보다 더욱 확고하게 강화되었으며 동북아시아에서의 체제변화는 중단되었다.

그런데 예상과 달리 정치적 민주화운동을 강경하게 탄압했던 중국의 덩샤오핑(鄧小平)이 경제 분야에서는 오히려 이전보다 더 빠른 개방화와 시장화를 촉구했다. 중국에서는 정치적 민주화가 중단되었지만 붉은 자본주의(Red Capitalism)를 통하여 경제만큼은 개방체제로 재빠르게 전환하였고 자유진영국가들의 자본을 적극 유치하면서 세계의 공장 국가로 탈바꿈했다. 레이건의 뒤를 이은 미국의 부시(G.H. Bush) 대통령은 냉전 이후의 '신세계질서'(New World Order)를 외치며 소련의 붕괴 이후, 미국만이 유일한 강대국으로 남게 되어 팍스아메리카의 도약 계기로 삼을 가능성이 높다고 하였다. 그러나 중국의 급속한 경제적 성장과 세력 확대는 소련을 대체할 새로운 강대국의 등장을 알렸으며 이른바 '미국·중국의 새로운 균형질서'를 예고했다.[4)]

---

4) 키신저(H. Kissinger)가 예측하였던 미국·중국·유럽·일본·러시아의 5극에 가까운 다극화체제로 국제질서가 재편되기 시작했다. 그런데 시간이 갈수록 중국의 성장은 키신저가 생각한 것 이상이었고 미국과 중국을 중심으로 서구, 일본, 러시아가 상호 견제와 균형을 유지하는 방향으로 나아갔다. 더욱이 2010년대에 들어서서는 이완되고 약화되어 다극화될 것처럼 보였던 양극체제가 최근 새로운 형태의 '[미국+일본] vs. [중국+러시

시리아와 우크라이나 지역 등에서 미국과 러시아가 서로 다른 이해관계 충돌로 군사적 긴장관계를 고조시키면서 유럽연합(EU)은 독자적 세력 강화보다는 미국과의 동맹관계를 긴밀히 다지는 한편, 경제적으로는 중국과 친밀도를 높이고 있다. 아시아에서 막강한 국력신장을 바탕으로 급부상한 중국은 더욱 강력하게 아시아의 패권을 추구하고 그 결과, 미국은 중국 견제를 적극적으로 강화하지 않을 수 없는 상황에 직면했다. 미국은 극보수주의자인 일본의 아베(安倍) 수상을 후원하면서 중국견제를 위해서 일본의 군사력을 강화시키는 기묘한 전략까지 취하고 있을 정도이다. 일본은 중국을 상대로 아시아의 패권을 노릴 기회를 얻을 수 있고, 일본에게 있어서 중국은 전쟁하기 좋은 상대일 수도 있다. 또한 미국으로서도 중국과 일본이 상호 격렬하게 대치할 경우 그리 나쁘지 않다는 판단도 할 수 있다. 일종의 토너먼트(승자진출전) 형식의 전쟁게임에서 중국(G2)과 일본(G3)의 승자가 미국(G1)에 도전하여 최종 승자를 겨룬다면 미국으로서는 한층 여유 있게 상대를 다룰 수 있다고 보기 때문이다.

미국은 중국을 포위하는 국가전략 측면에서 한국과 대만과의 전통적 동맹관계는 물론이고 소원했던 필리핀과의 군사협력관계도 복원했다. 더욱이 과거 미국과 오랜 기간 전쟁까지 벌였던 베트남까지 포함시키면서 최근, 중국과 이해관계가 충돌하는 거의 모든 아시아 국가들을 미국 진영으로 빠르게 흡입시키고 있다.[5)] 일종의 미국 중심의 구심력이 강력히

아]'로 재편되고 있는 추세이다. 유럽은 미국과 중국의 사이에서 균형성을 조절하고 있을 뿐이다. 이른바 신 양극화는 자유주의와 공산주의의 이데올로기적 대립보다는 국가 상호 간 국제질서의 권력분배를 추구함에 더 가깝다고 할 수 있다. 특히 유럽에서 아시아로 중심권이 변동되면서 유라시아 대륙의 중국과 러시아가 해양국가인 미국을 상대로 세계적 패권에 도전하는 양상을 보이고 있다. 결국 미국도 이에 대항키 위하여 제2차 세계대전의 패전국 일본을 재무장시켜서 해양세력을 강화하고 있다.

5) 영국 BBC방송의 2015.10.27. 보도에 따르면 남중국해의 남사군도를 둘러싼 갈등에서 중국은 매립공사를 하면서 자국 영해권을 주장하고 있고 이에 대하여 미국은 중국 영해가 아닌 공해상에 미국 군함의 무해통항권이 있다고 주장하고 있다고 한다. 중국은 미국과 논쟁을 벌이고 있지만 이와 관련하여 베트남은 직접적인 국가적 이익에서 중국과 매우 상반된 관계에 있다. 따라서 미국과 베트남은 대중국 봉쇄전략이라는 차원에서 함께 적극적인 공조관계를 형성하지 않을 수 없는 상황이다(http://www.bbc.com/news/

발휘되면서 중국에 대항하는 이른바 아시안 블록이 형성되고 있음이다. 중국을 포위함으로써 미국은 아시아에서의 영향력을 강화하면서 동시에 중국의 팽창을 제어하고 견제할 수 있다. 따라서 미국은 일본을 중심으로 한국, 대만, 베트남, 필리핀을 연결하고 미안마와 인도까지 미국의 연대세력으로 구축하여 중국이 바다로 진출하려는 계획을 사전에 봉쇄하는 방향으로 대중국전략을 펼치고 있다고 하겠다.6)

결국 21세기적 현 시점은 다양한 각국의 이해관계를 중심으로 힘과 권력이라는 차원에서 서로 다른 국가들이 상호 이합집산(離合集散)하면서 다각적 역학관계를 형성하는 특징을 지니고 있다. 어제의 적이 오늘의 친구가 될 수 있고, 그 반대가 될 수 있는 상황에서 각 지역의 세력균형체제도 상당부분 유연해지고 있다. 그렇지만 이와 같은 유연화에도 불구하고 놀랍도록 변하지 않는 지역이 있다. 국제정세는 마치 춘추전국시대를 방불케 하지만 한반도에서는 남북한이 분단되어 있고 중국은 북한의 혈맹, 미국은 한국의 혈맹으로 수십 년을 그대로 지속하여 왔고 그 구조는 결코 바뀌지 않을 것처럼 보였다. 그러나 1950년대 이후 현재까지 약 60년 이상 변화 없이 안정적으로 유지되어 온 한반도 주변 세력균형체제에 큰 파문이 일어났다. 그것은 바로 2013년 2월, 북한의 제3차 핵실험 사건에서 시작되었다.

---

world-asia-pacific-137483490).

6) Robert D. Kaplan, “The Geography of Chinese Power: How Far Can Beijing Reach on Land and at Sea?” Foreign Affairs. May/June 2010.; S. Hungtington, “The U.S. : Decline or Renewal?” Foreign Affairs, Vol.69, No.1(1989~1990), pp.76-96.

세계의 근심거리가 되고 있는 북한의 핵실험

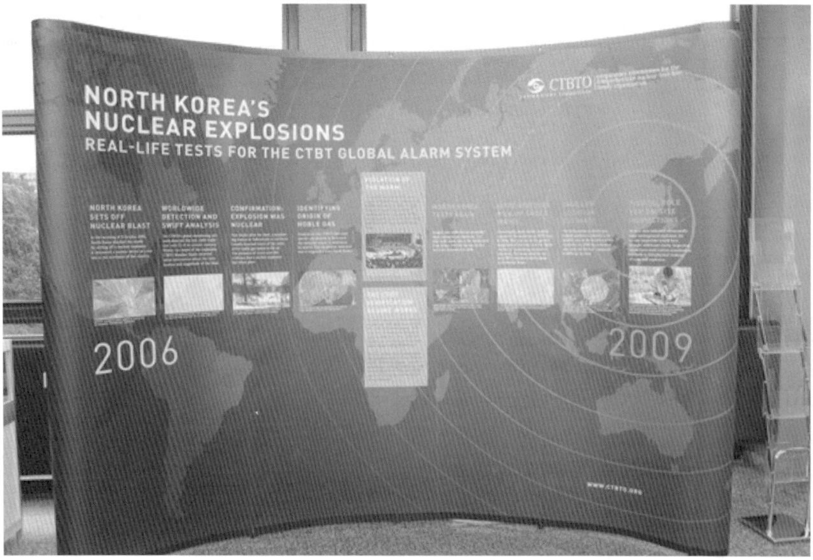

Small Talk

서양인들의 황색공포(yellow peril)

중국이 세계의 G2 국가로 등장하는 것을 서양인들은 어떤 시각에서 보고 있을까? 미국정부의 중국관계 전문가인 케플란(R. Kaplan)이 2010년 미국의 외교전문지(Foreign Affairs) 5/6월호에 기고한 글에는 국제문제 전문가들 사이에서 중국공포가 어느 정도인가를 이해할 수 있는 대목이 있다. 케플란은 100년 전 작성된 영국의 역사학자 맥킨더(H. MacKinder)의 지정학적 국제관계 시각을 상기시키면서 이렇게 언급하고 있다.

"황색 공포(yellow peril)를 말했던 맥킨더의 아시아인에 대한 인종 편견적 시각은 버려야겠지만, 대륙세력 중국은 얼음바다로 갇혀져 있는 러시아와는 분명히 다르다. 중국은 러시아와는 달리 온대지역에서 넓게 펼쳐진 대륙의 동쪽 연안 해안선(14,500Km)을 따라서 위치한 국가이다. 중국은 대륙국가이면서 동시에 강력한 해양세력국가로 팽창할 수 있음을 잊어서는 아니 된다. 중국은 세계를 향하여 자신들의 세력을 적극적으로 크게 확장시킬 수밖에 없을 것이며 미국은 이에 대한 조치를 사전에 적극적으로 취하지 않으면 안 된다. 따라서 이와 같은 판단 하에 미국은 중국에 대한 적극적인 해양 봉쇄조치를 취하지 않으면 안 된다"

그런데 케플란의 지적은 그가 논문을 발표한지 불과 몇 달이 지나지 않은 2010년 9월, 구체적인 현실로 나타났다. 조어도(釣魚島) 열도(일본명 센카쿠, 중국명 다오위다오)를 사이에 두고 중국과 일본의 본격적 긴장관계형성이 터져 나왔고, 중국과 일본의 충돌은 구체화되었으며 미국을 비롯한 서구지역 국제관계 전문가들은 드디어 중국이 그들의 힘을 더 이상 숨기지 않기 시작했다고 평가했다. 중국의 적극적 대외정책에 대한 케플란의 주장과 서양인의 황색공포는 비슷한 맥락에서 이해될 수 있으며 그 결과로서 미국의 중국에 대한 사전예방적 해양봉쇄 정책을 낳고 있음도 이해할 필요가 있다.

제 3 장

평양의 전쟁전략 vs. 비엔나의 평화전략

1. 평양의 전쟁추구전략과 주변국 입장

(1) 미국의 북한정세 판단: 급변하고 있는 동북아시아의 정세 속에서 주한미군 사령관이었던 샤프(W. Sharp)는 북한의 상황을 미국적 관점에서 객관적으로, 상당부분 중립적 시각에서 증언한 바 있다.[1)] 샤프는 미국의회에서 북한의 상황을 설명하면서 "북한은 재앙수준에 가까운 중앙집중식 경제와 산업부문의 황폐화, 농업기반의 붕괴, 극심한 빈곤 그리고 핵무기의 개발 과정에 있다. 그런데 만일 갑작스러운 통치체제의 변동이 있다고 가정하여 볼 때, 매우 불안정하고 예측하기 어려운 상황을 야기 시킬 것으로 보인다. 예컨대 현재의 통치자 김정은이 암살을 당하는 경우, 분명한 교체세력이 없기 때문에 분파적 갈등으로 북한에서 내전이 발생할 수 있고, 많은 사람들이 희생될 수 있으며 이는 장차

1) Bruce W. Bennett, Preparing for the Possibility of a North Korean Collapse. 2013. RAND Corporation를 참조하여 인용한 사항이며 언급된 샤프 미 육군 대장은 주한미군사령관 겸 한미연합사령관 및 주한국유엔군사령관으로 재직한 바 있다.

북한내부의 지역분쟁 수준을 넘어 설 것이기 때문에 한국과 미국의 (군사적) 개입과 함께 중국의 개입도 초래할 수 있다"라고 평가하였다.

이와 같은 샤프의 언급에서 묵시적으로 내재된 세 가지 사항을 추출하여 볼 수 있다. 북한의 김정은에 대한 암살가능성이 발생할 수 있다는 점, 김정은에 대한 암살이 실행되어도 마땅한 대체세력이 형성되어 있지 않아 내전발생 가능성이 높다는 점, 북한에서 내전이 발생할 경우 미국과 중국의 군사적 충돌이 일어날 수 있다는 점이었다. 그런데 이와 같은 맥락에서 2013년 12월, 중대한 사건이 실제로 발생했다. 체포된 후 불과 4일 만에 전격적으로 집행된 장성택 처형사건이 그것이었다. 당시 로동신문에 게재된 북한의 국가안전보위부 특별군사재판의 판결문 일부에는 샤프의 의회 증언에서 언급된 사항과 맥을 같이 하는 부분이 상당부분 담겨있었다.

장성택 처형 판결문에서는 장성택이 중국과 매우 긴밀히 연결되어 있음을 확인시켜 주고 있으며 북한의 경제상황이 더욱 악화될 경우 민심이 흉흉해시고 그렇게 되면 정권교체의 가능성이 열릴 위험성이 예시되어 있다. 미국의 전략적 인내정책으로 북한 경제가 더욱 어려워지면 자연스럽게 장성택이 북한의 새로운 대안이 될 수 있으며 중국의 지원하에 정권을 잡을 수 있을 것이고 이때, 국제사회에서는 장성택으로의 정권교체를 인정할 것이라는 가상 집권 시나리오를 노동신문을 통해서 확인시켜 주었다. 단지 차이가 있다면 미국은 장성택을 김정은의 대체세력으로 보지 않은 것에 비하여 북한은 장성택을 위험세력으로 보았다는 사실이 다를 뿐이었다.

왜 이런 극단적인 상황이 2013년도에 발생할 수 있었을까? 이미 미국의 경우에는 김정은의 섣부른 암살이 오히려 복잡한 상황을 연출할 수 있기 때문에 부정적인 입장이었고, 이와 같은 여건이 조성되기 위해서는 좀 더 시간이 경과되어야 한다고 보아 전략적 인내가 필요하다고 판단했기 때문이다.

(2) 중국의 북한정세 판단: 전 세계가 우려하는 상황에도 불구하고 2013년 2월 북한은 핵실험을 감행하였고 이에 대응하여 한국과 미국의 연례적 합동군사훈련인 키리졸브-독수리훈련은 대폭 확대 강화되었으며 전략폭격기가 수차례 출격하였고 스텔스 폭격기까지 한반도 상공으로 진입하였다. 그렇지만 더욱 주목을 끄는 부분은 한반도 해안으로 미국의 핵추진 항모 니미츠호와 핵잠수함 등이 대거 투입된 사실이다. 이는 북한은 물론이고 중국으로서도 매우 경악스러운 미국의 직접적인 무력시위였고 위협적인 조치였음이 분명했다.[2)]

2013년 3월, 시진핑(習近平) 정부가 출범한 직후에 중국 공산당 왕자루이(王家瑞) 대외연락부장이 빈번하게 김정은 정부에 대한 불만과 반감을 노골적으로 표시했던 것은 잘 알려진 사실이다. 북한과 중국의 갈등이 첨예화되면서 북한은 급히 최룡해를 김정은의 특사로 시진핑에게 보냈다. 당시의 위기상황에서 북한과 중국이 다시 협력적 체제를 모색하는 것이 아닌가라는 추측들도 있었지만 내부적 상황은 전혀 달랐다. 최룡해는 중국에서 문전박대를 받는 상황을 겪었고, 돌아온 최룡해를 김정은이 상당기간 면담조차 하지 않았던 것은 이를 입증한다. 그런데 하필이면 왜 당시의 긴박한 북・중 갈등상황에서 장성택을 보내지 않았는가에 대한 의문은 분명 제기되었다. 대표적 친중 인사였고 장성택은 이미 시진핑과도 몇 차례 만났던 친밀한 관계였는데 왜 장성택을 보내지 않고 최룡해를 보내어 박대를 받았는가라는 의문이었다. 그 의문은 같은 해 12월, 장성택의 갑작스런 처형으로 설명되었다.

---

2) 중국으로서는 10년 만에 정권이 교체되는 중대 시점이었고 내부적으로 정권다툼이 치열했던 시기였다. 시진핑이 천신만고 끝에 2013년 3월, 중국의 국가수반으로 등극하는데 그 직전인 2월에 북한이 3차 핵실험을 하여 중국을 깜짝 놀라게 한 것이다. 중국정부를 더욱 경악스럽게 만든 것은 북한의 핵실험 직후, 미국의 핵 항모가 중국의 베이징 근처까지 올라갈 태세를 취했음이다. 통상 새로운 중국 지도자가 등장할 경우, 미국도 좋은 관계를 갖고자 신중한 태도를 취하는 것이 일반적인데 당시에는 상황이 매우 이례적이었다. 미국의 강경한 군사적 태도에 중국이 매우 당황했고 중국정부가 미국정부에 공식적으로 강력히 요청한 결과, 핵 항모가 서해안으로 북상하는 것은 자제되었다. 그렇지만 중국으로서는 북한의 제3차 핵실험으로 대내외적으로 국가위기상황에 처할 수 있었던 매우 당혹스런 사태였다.

당시의 상황을 여러 정보매체를 통하여 종합적으로 추론하여 본다면 중국의 수뇌부에서는 상당부분 김정은보다 친 중국적이며 중국이 보다 안정적으로 통제하고 관리할 수 있는 장성택을 북한의 실질적 지도자로 옹립하는 것이 바람직하다는 판단을 했을 수 있다는 것이다. 단지 중국 내부의 정권교체 작업이 아직 완전히 마무리되지 않은 상태에서 시기를 좀 더 늦추어 잡았을 뿐이었다.

중국이 내부적으로 정리되고 그 시점이 가까이 오면 김정은 정부는 중국에 의하여 몰려나거나 실권(失權)할 수도 있었고, 그런 위기적 상황이 일어날 작은 물밑 변화가 조금이라도 탐지되었다면 관련 조치는 분명하고도 신속할 수밖에 없었다. 미국의 샤프는 김정은을 대체할 다른 세력이 없다고 판단했지만 중국의 수뇌부들은 장성택이 김정은의 대체 세력이 될 수 있다고 판단했기 때문이다. 장성택을 살려 둘 수 없었던 것은 중국이 장성택을 숙청하지 못하게 했을 것이기 때문이고, 김정은 정부는 중국이 장성택 구금사실을 알고 이에 대응할 시간을 갖지 못하도록 즉각 처형한 것으로 이해할 수 있다.

따라서 장성택 본인의 직접적 연관성 및 사실 여부를 떠나서 중국과 친밀한 관계를 형성할 수 있는 북한의 권력 제2인자는 김정은에게 언제나 위협적인 존재이며 김정은 정부의 안전을 위하여 시급히 제거되어야 할 대상이라고 하겠다. 그래서 상대적으로 중국과 긴밀한 관계가 없었던 최룡해를 중국에 파견하였으며 최룡해를 통하여 중국의 정황을 확인한 이후, 장성택에 대한 긴급체포와 즉각 처형은 불가피했다고 볼 수 있다. 체포 4일 만에 고모부인 장성택에 대한 처형이 단행되지 않았다면 중국은 어떤 압력을 넣어서라도 장성택을 살려 냈을 것이기 때문이다.

2. 북한 핵개발로 인한 일본의 재무장화

그런데 이 과정에서 더욱 복합적 상황을 일으키는 변수가 일본 관련 사안이다. 북한의 핵무기는 일본의 재무장과 함께 일본의 핵보유를 가능하게 할 가능성을 열어주고 있기 때문이다. 현재까지는 최선을 다하여 미국이 일본의 핵무기 보유를 막고 있지만 과연 언제까지 그렇게 할 수 있는가의 여부는 그 누구도 장담할 수 없다. 단지 분명한 것은 일본이 핵보유국가가 될 경우, 필연적으로 동북아시아의 미・중 세력균형체제는 깨지고 일본과 중국이 직접적으로 충돌할 수 있는 전쟁단계로 돌입할 가능성이 높아질 수 있음이다. 이는 미국과 중국 모두 북한의 핵보유를 근본적으로 원하지 않는 이유이기도 하다. 그렇지만 중국의 입장에서 평가할 때, 중국의 합리적 판단은 매우 단순하게 도출된다. 만일 북한의 핵무기가 중국 자신들의 통제 하에 있다면 북한 핵이 크게 우려될 부분이 아니라고 생각하기 때문이다. 그래서 중국은 북한에 대하여 다른 시도를 할 수도 있다. 인종적으로 구분이 되지 않고 북한말을 할 수 있는 중국인 조선족 수백만 명이 있는 상황에서 중국은 북한의 정권교체만을 시도할 가능성이 높다는 것이다.

북한의 핵무기는 그래서 핵의 딜레마 상황을 극명하게 보여주고 있다. 북한의 핵무기는 동북아시아의 세력균형 체제에 변동성을 가져오고 중국은 이를 막기 위하여 북한의 정권교체를 시도할 수 있다. 그러나 동시에 일본은 세력균형의 변동 과정에서 패전국 일본의 지위를 벗어나 동북아시아의 새로운 패권국으로 복귀하려는 시도를 다각적으로 모색할 가능성을 증폭시키고 있다. 이미 중국과 일본의 서로 다른 입장과 갈등은 북한의 핵무기를 사이에 두고 북한은 물론이고 한반도 전체를 위기로 몰고 가고 있다. 북한이 핵무기에 의존하여 어느 외적도 북한을 공격할 수 없을 것이라는 안일함에 빠지는 우(憂)를 저질러서는 안 되는 분명한 이유이다.

사실 북한이 핵무기를 보유하고 있는 이상, 국가 상호간 전면적 총력전(戰)은 막을 수 있다. 그렇지만 테러와 쿠데타와 같은 정변의 발생가능성은 오히려 더 커질 수 있다. 폐쇄적인 권력구조 속에서 외부세력과 내부세력이 어느 수준 이상으로 연계된다면 제2의 장성택 사건은 실패가 아닌 성공으로 뒤바뀔 수 있기 때문이다. 또한 일본의 재무장이 가

속화되고 있는 상황에서 북한에 어느 순간, 작은 쿠데타라도 발생해서 핵무기 관리에 문제가능성이 있다고 판단된다면, 일본은 즉시 일본군대

Small Talk

장성택 처형 판결문(2013년 12월 13일 로동신문)

장성택을 그토록 급작스럽게 처형하면서 그 이유를 밝히고 있는 처형 판결문에는 북한의 정치체제를 둘러싼 보이지 않던 정치적 역학관계가 드러나고 있다. 북한 내부의 친중국파와 반중국파, 개방파와 보수파, 그리고 정권의 변동을 추구하는 집단과 그렇지 않은 집단 상호간의 충돌이 함축적으로 설명되고 있다.

".......장성택은 석탄을 비롯한 귀중한 지하자원을 망탕 팔아먹도록 하여 심복들이 거간군들에게 속아 많은 빚을 지게 만들고 지난 5월 그 빚을 갚는다고 하면서 라선경제무역지대의 토지를 50년 기한으로 외국에 팔아먹는 매국행위도 서슴지 않았다(註, 중국을 대상으로 한 비판). 2009년 만고역적 박남기놈을 부추겨 수천억원의 우리 돈을 람발하면서 엄청난 경제적 혼란이 일어나게 하고 민심을 어지럽히도록 배후조종한 장본인도 바로 장성택이다.......(중략).......장성택놈은 심리과정에 《나는 군대와 인민이 현재 나라의 경제실태와 인민생활이 파국적으로 번져지는데도 불구하고 현 정권이 아무런 대책도 세우지 못한다는 불만을 품게 하려고 시도하였다.》고 하면서 정변의 대상이 바로 《최고령도자동지이다.》고 만고역적의 추악한 본심을 그대로 드러내놓았다(중략).

장성택놈은 정변을 일으킬 시점과 정변이후에는 어떻게 하려고 하였는가에 대하여 《정변시기는 딱히 정한것이 없었다. 그러나 일정한 시기에 가서 경제가 완전히 주저앉고 국가가 붕괴직전에 이르면 내가 있던 부서와 모든 경제기관들을 내각에 집중시키고 내가 총리를 하려고 하였다. 내가 총리가 된 다음에는 지금까지 여러가지 명목으로 확보한 막대한 자금으로 일정하게 생활문제를 풀어주면 인민들과 군대는 나의 만세를 부를것이며 정변은 순조롭게 성사될것으로 타산하였다.》고 토설하였다(註, 개방파에 대한 비판).

장성택은 비렬한 방법으로 권력을 탈취한 후 외부세계에 《개혁가》로 인식된 제놈의 추악한 몰골을 리용하여 짧은 기간에 《신정권》이 외국의 《인정》을 받을수 있을것이라고 어리석게 망상하였다(註, 정권변동세력에 대한 비판). 모든 사실은 장성택이 미국과 괴뢰역적패당의 《전략적인내》 정책과 《기다리는 전략》에 편승하여 우리 공화국을 내부로부터 와해붕괴시키고 당과 국가의 최고권력을 장악하려고 오래전부터 가장 교활하고 음흉한 수단과 방법을 다 동원하면서 악랄하게 책동하여온 천하에 둘도 없는 만고역적, 매국노라는것을 똑똑히 보여주고있다.(이하 생략)"

를 북한에 파병하여 북한을 점령하고 북한지역을 통제할 가능성이 매우 크다.[3] 이와 관련해서 일본은 이미 미국과 사전조율작업을 마친 상태이고 한국의 묵시적 동의도 요구한 바 있다.[4] 이와 같은 빠른 국제적 역학관계의 조류변화 속에서 북한의 전쟁전략은 새로운 형태의 지속가능한 국가발전과 국가안보전략으로 교체되어야 한다.

3. 비엔나의 평화전략

미국과 중국의 강대국 사이에서 북한이 취하고 있는 전략은 전형적인 힘의 논리, 즉 핵무기 개발을 통한 전쟁전략이다. 핵전쟁의 위협으로 상대방에게 대폭적인 양보를 요구하는 전략인 셈이다. 그러나 비슷한 상황에서 전혀 다른 전략을 추구한 국가가 있었다. 중부유럽에 위치한 오스트리아가 그 사례이다. 한때 신성로마제국을 이끌었던 오스트리아였고 나폴레옹 전쟁 이후에는 비엔나체제를 주도했었던 강국이었지만 제1차 세계대전에서 패하면서 제국은 해체되었다. 더욱이 오스트리아는 히틀러의 나치정권에 의하여 독일에 합병되면서 지도에서 아예 사라졌던

3) 2015년 10월, 한민구 국방장관과 나카타니 겐(中谷元) 일본 방위상은 한-일 국방장관회담을 열고 "타국의 영역 안에서 일본 자위대가 활동할 경우 국제법에 따라 해당 국가의 동의를 얻을 것"이라는 내용을 담은 공동보도문을 발표했다. 그런데 문제는 공동보도문에 적힌 타국은 한국을 의미할 뿐이었다. 한반도에 일본자위대가 파병될 경우, 한국의 요청과 동의가 있어야 한다는 한국 국방장관의 요청에 대하여 일본 방위상은 그 범위를 한반도의 북한에는 적용하지 않을 것임을 분명히 하였다. 일본 방위상은 한국의 명시적 요청을 거부하면서 북한지역은 한국의 주권이 미치지 않는 지역이므로 일본의 자위대 파병에 한국 동의를 구할 필요가 없다는 사항을 일본 언론에 발표까지 하였다(중앙일본 2015년 10월 20일자 보도 참고). 이와 같은 일본의 입장은 이미 미국과의 상당한 교감하에 진행된 사안이고 특히 북한에서 쿠데타가 발생하여 핵무기 관리에 약간의 문제가능성만 보여도 일본은 미국을 대신하여 즉각적으로 북한에 자위대를 파병할 근거를 마련한 셈이다. 사실상 한국 역시 미국의 입장에 정면으로 반대하기 어려운 상황에서 일본의 북한에 대한 자위대 파병을 막기 위하여 군사적 행동을 취하기 어렵다고 하겠다.

4) 일본 방위상의 공개발언에서 일본 자위대가 북한에 진입할 경우 한국정부의 승인이 필요하지 않다는 취지의 발언을 하면서 논란이 커지고 있는 가운데 2015년 10월 22일부터 한국, 미국, 일본 안보당국자들이 도쿄에서 비공개로 실무회의를 열었다. 현재까지 사실보도는 없었지만 실무회의에서 일본의 자위대가 북한에 진입하는 문제 등에 대한 미국과 일본의 입장은 크게 차이가 없었을 것이라는 관측이 지배적이었다. 따라서 한국정부의 적극적 견제에도 불구하고 사실상 일본 자위대의 북한 진입이라는 사안은 미국 동의만 있다면 신속히 이루어 질 수 있으며, 그 위험성을 배제할 수 없다.

국가였다. 제2차 세계대전 이후 독일이 패망하면서 히틀러의 압제에서는 벗어날 수 있었으나 4대 강국(미국, 소련, 영국, 프랑스)에 의해 국토는 분할 점령되어 미래가 불확실한 상황에 이른 적도 있었다.

이때 오스트리아는 전쟁의 폐허 속에서 자신들의 국가를 재건하기 위해서는 반드시 평화의 상징, 스위스와 같은 영세중립국이 되어야 한다고 판단했다. 국제정세의 중요 흐름을 간파한 결과였다. 소련과 미국의 세력균형이라는 틈바구니에서 오스트리아가 중립을 안정적으로 유지하지 못할 경우, 오스트리아는 소련의 위성국으로 전락하든 아니면 국토가 4등분되어 쪼개질 위험성이 높았기 때문이다. 전후 오스트리아를 이끌었던 렌너(K. Renner)[5]의 지도자적 판단은 정확했고, 렌너를 이은 오스트리아 정치인들도 그 판단을 계속 이어 받았다. 이른바 중부 유럽의 평화체제에 도움이 될 수 있어야 오스트리아가 독자적으로 국가를 재건할 수 있다는 생각이었고, 그래서 오스트리아는 1945년부터 1955년까지 10년 동안 줄기차게 스위스와 같은 영세중립국이 되겠다는 입장을 미국과 소련 양쪽에 적극적으로 전달했다.

이와 같이 어려운 상황에서도 오스트리아 임시연립정부는 두 가지 중요한 선택을 한다. 그것은 미국과 소련 어느 쪽도 크게 자극하지 않고 매우 실리적으로 오스트리아의 이익을 추구하는 선택이었다. 첫째, 경제적으로 미국의 권유를 적극적으로 받아들인 용기 있는 선택을 한 것이다. 소련의 수많은 방해공작과 견제를 겪으면서도 오스트리아는 미국이 1947년에 제안한 마샬 플랜(Marshall Plan)에 가입했다. 이를 가벼이 볼 수 없는 것은 이웃나라 체코슬로바키아의 경우와 확연히 구분

---

5) 1945년 4월 소련군이 비엔나를 함락했을 때, 당시 온건한 사회당 당수였던 칼 레너는 국민당과 공산당을 포함한 오스트리아의 새로운 임시연립정부 수립을 선언했다. 이 선언을 통하여 오스트리아의 제1공화국에서 제정했던 헌법(1920)의 효력을 회복하고자 했으며 히틀러의 나치즘을 배격하고 신속하게 제2공화국 수립의 틀을 만들고자 했다. 오스트리아는 연합국에 의하여 분할되어 4등분으로 쪼개져서 통치되었으나 레너의 공헌으로 오스트리아는 내부적 혼란을 최소화했고 자유주의와 공산주의로 나뉘어 이념적으로 갈등하지 않았다. 소련의 지원으로 레너는 임시정부를 이끌 수 있었으나 그는 결코 외세에 의존하지 않았고 이념갈등을 피했으며 그 결과, 국민통합에 성공적으로 접근할 수 있었다.

되기 때문이다. 체코슬로바키아도 당초 미국의 마샬 플랜에 적극 가입하려고 했으나 결국 소련의 압력에 의하여 할 수 없었다. 그리고 경제 상황이 급속히 악화되면서 소련은 체코슬로바키아를 쉽사리 자신들의 위성국으로 편입시킬 수 있었다. 오스트리아의 선택은 소련의 압력 하에서도 매우 교묘하게 자국의 이익을 극대화할 수 있도록 경제적 측면에서 미국의 손을 적극 쥐어 잡은 것이다. 그런데 반대로 미국의 회유를 뿌리치고 소련의 입장을 적극 지지한 선택도 있었다. 두 번째의 경우가 그것이다.

1949년 미국을 비롯한 서방국가들은 소련의 팽창정책을 집단적으로 봉쇄하기 위하여 앞서 언급한 바와 같이 NATO를 결성하였고, 그 결과 동독과 서독의 분단은 고착화되었다. 미국의 강력한 지원 하에서 강력한 자유진영의 서독정부가 등장하자 소련은 극도로 긴장하였다. 더욱이 오스트리아 정계에서 공산당의 입지는 날로 약화되어 연립정부에 끼지도 못하는 상황이 되자 소련은 노골적으로 자신들의 입장을 밝히기 시작했다. 소련군은 자신들이 피를 흘려 점령한 오스트리아에서 결코 물러날 수 없다는 식이었다. 이때, 오스트리아는 미국이 요청하는 NATO 가입을 매우 적극적으로 거부하는 의사를 밝히고 그 근거로서 오스트리아는 영세중립국으로 거듭날 것이기 때문이라는 점을 재차 강조했다.

오스트리아의 정치적, 군사적 중립화 입장표명은 당시 미국의 공세에 의하여 수세에 몰렸던 소련의 입장을 간접적으로 지지하는 효과가 분명 있었다. 이에 소련은 오스트리아의 중립적 입장이 자신들에게 장기적으로 도움이 될 수도 있겠다는 판단을 하게 된다. 소련은 본래 오스트리아-헝가리제국의 영역이었던 체코슬로바키아와 헝가리를 모두 위성국으로 편입한 것처럼 오스트리아까지 모두 공산권에 편입시키려 했으나 그럴 필요성이 적어졌다고 판단했다. 오스트리아를 소련의 위성국으로 만들 수 없다면 오스트리아가 미국 쪽으로 가는 것을 막기 위하여 오스트리아의 영세중립을 지지하는 것도 나쁘지 않겠다는 생각을 갖게 된 것이다.[6)]

미국과 소련이라는 강대국 사이에서 오스트리아는 전형적인 평화의 논리, 즉 평화를 향하는 영세중립국이 되겠다는 주장을 했다. 미국과의 긴밀한 경제적 관계를 강화하면서 동시에 정치적, 군사적 부분에서는 엄정 중립을 취하여 어느 쪽으로도 기울지 않겠다는 것이 오스트리아의 국가 전략이었다. 제2차 세계대전 당시 소련군이 점령했던 지역을 되돌려 받기 위하여 10년 동안 소련을 설득하여 결국은 국토가 분할되는 것을 막았던 오스트리아의 전략은 지극히 평화적인 접근 전략이었다. 동시에 냉전으로 치닫고 있던 유럽의 동서 분단 상황에서 오스트리아의 평화전략은 독일이 분단된 것과 달리 통일을 완수하였다. 또한 체코슬로바키아와 헝가리가 소련의 위성국으로 전락한 것과 달리 완전한 독립을 쟁취할 수 있었다. 오스트리아는 평화를 추구하면서 핵무기를 개발하는 것이 아니라 핵물질의 평화적 관리를 위한 국제원자력기구(IAEA)를 비엔나에 유치하였고 뒤이어 UN비엔나본부까지 세울 수 있었다. 그 결과, 전 세계의 핵문제와 관련된 공통된 규범이 비엔나에서 만들어지고 있다

오스트리아가 세계평화와 관련하여 최근에 가장 주목받은 대표적 사례는 2015년 7월에 실행된 이란 핵협상이었다. 미국을 비롯한 주요 서방국가들과 이란의 오랜 핵 협상이 비엔나에서 타결되면서 비엔나는 이란에 대한 서방 각국들의 투자계획 및 협상이 이루어지는 장소가 되고 있다고 BBC방송은 보도했다. 이제 비엔나는 스위스의 제네바만큼이나 많은 국제기구들에 의한 세계규범이 정해지는 장소로 발전하고 있다. 이것은 비엔나가 세계의 중요한 플랫폼 가운데 하나가 되고 있음을 의

---

6) 1950년대 소련과 미국 그리고 오스트리아의 미묘한 관계를 엿볼 수 있는 부분이다. 이 대목을 현재의 중국과 미국 그리고 북한의 관계에 대입하여 보면 이렇게 해석할 수 있다. 중국은 북한이 자신들에게 순종할 수 있는 위성국으로 계속 존재하기 원하지만 만일 반대로 북한이 그렇게 될 수 없다면 차라리 중립국으로서 미국과 중국의 중간에서 완충국가로 존재하는 것이 차선책이라는 판단을 내릴 가능성이 높다. 만일 북한이 미국의 세력권으로 넘어 들어간다면 중국은 최악의 상황으로 판단하고 대응할 수밖에 없기 때문이다. 최악을 피하고 차선을 택하는 전략에서 세력균형체제가 안전하게 유지될 수 있다면 중국은 북한의 영세중립국화에 적극적으로 동의할 가능성이 매우 높다.

미한다. BBC에 따르면, 이란 정부 군(軍)관리는 수년 만에 처음으로 비엔나에서 열리는 회의에 참석했는데 오스트리아와 독일 회사들은 세계 환경규제에 적합한 디자인, 제조, 차 엔진 테스트 등을 위한 이란투자계약에 서명했고 그 계약액수는 약 1억 3,000만 달러를 상회한다고 전했다. 평양의 전쟁전략과 상반된 비엔나의 평화전략은 국가안전과 번영으로 이어지고 있다.

이란정부가 오스트리아 비엔나에 기증한 동방박사 조각상

터키정부와 시리아정부

제 1 단계 중동지역과 이슬람교의 이해

무함마드(Muhammad)가 창시한 이슬람교를 살펴보는 것은 현대 중동지역을 이해하기 위한 출발점이 될 수 있다. 예수가 탄생한지 570년, 아라비아반도 홍해 연안에 위치한 메카(Mecca)에서 명문 상업귀족 가문에서 태어난 무함마드는 25세에 결혼하였다. 15세 연상의 미망인(하디자)과 결혼한 무함마드의 사업은 더욱 크게 번창했으며 메카의 부호가 되었다. 상업으로 부를 축적한 무함마드가 40세 되었을 때, 천사 가브리엘의 계시를 받고, 깨달은 바 있어 610년 유일신 알라(하나님)를 섬기는 이슬람교를 창시한다. 고향(메카)에서 포교했던 무함마드는 귀족들의 박해를 심하게 받았고 어쩔 수 없이 622년, 소수의 신도들과 함께 인근 도시인 메디나로 이주한다. 이를 가리켜 성스러운 천도(聖遷) 즉 '헤지라'(Hijrah)로 부르는데 아랍권에는 헤지라를 계기로 종교적, 정치적 이슬람 공동체가 형성되었다고 보아 이슬람력의 기원년으로 삼고 있다.

예언자 무함마드의 가르침을 기록한 '반드시 읽어야만 하는 것'이라는 의미의 '코란'은 아랍어로 작성되었고 이슬람 신자들의 신앙규범서로 사용되고 있다. 아랍인, 아랍어와 이슬람교는 바로 코란에 의하여 정신적으로 연결되고 있음을 알 수 있다. 전 세계의 이슬람교도는 현재 약 7억 명으로 추산되고 있는데 여러 분파가 있지만 크게 수니파(Sunnis)와 시아파(Shia)로 갈리고 있다. 신자의 약 85%~90%는 수니파로서 이슬람공동체의 관행과 범례에 따르는 사람들이라는 뜻을 갖고 있다. 이에 비하여 약 10%는 시아파인데 주로 페르시아인(이란인)들이 대부분이다. 수니파는 자신들을 정통파라고 칭하면서도 융통성 있는 형식을 채택했고 새롭게 이슬람교로 들어오는 다양한 공동체의 관습을 허용하는 관용성을 보이면서 교세를 크게 확장했다. 그래서 중동지역뿐만 아니라 인도네시아와 아프리카 등 새롭게 이슬람교를 받아들인 대부분의 나라들은 수니파 이슬람교에 속한다.

한편 서기 632년, 예언자 무함마드가 사망한 이후 그를 대신할 칼리프(Caliph)를 선출하였고 정통칼리프가 이끌었던 아랍제국은 시리아와 이집트 그리고 이란지역까지 그 영역을 확장하였다. 661년에는 정통칼리프를 대신하여 시리아 총독이 스스로를 칼리프라 칭하면서 옴미아드 왕조를 세우고 지중해 연안 대정복에 나섰다. 이슬람교의 본격적인 유럽진출과 시리아가 밀접한 관련성이 있는 대목이다. 아랍권은 동쪽으로 인더스강에서부터 북아프리카와 이베리아반도(스페인)까지 광활한 지역에 걸쳐서 이슬람제국을 건설했으며 아랍인들의 전성기를 실현하였다. 당시 유럽에서는 남부 프랑스 지역에서 간신히 이슬람의 진격을 방어했을 뿐이었고 지중해 대부분의 지역은 이슬람 영향권에 속하였다. 이후 서기 750년, 이란계 아바스(압바스라고도 표기한다) 왕조로 교체되면서 당시로서는 혁명적인 아바스사상이 펼쳐졌다. 이른바 아바스 혁명으로 모든 이슬람교도는 평등하다는 원칙하에 민족주의에 빠져있던 아랍인들의 특권을 폐지하고 동시에 이란계 시아파도 제압하면서 하나의 통일된 이슬람제국을 건설하고자 했다. 이슬람제국은 쇠퇴와 분열을 겪으면서 11세기부터 13세기에 걸쳐 유럽의 십자군과 격돌하기도 하였다.

한편 14세기에 이르러 이슬람제국이 약화되면서 과거 동북아시아의 흉노, 돌궐의 후예들이 중앙아시아 평원지대에서 중동지역으로 빠르게 진출하였고, 이슬람교를 신봉하는 강력한 오스만투르크제국(Osman Turk Empire, 터키)을 건설하게 된다. 터키인들이 한국인들과 형제라고 하는 것은 그들이 돌궐의 후예이기 때문이기도 하다. 어쨌든 오스만제국은 더욱 강성한 이슬람제국으로 성장하였고 1453년 유럽의 천년왕국 동로마제국을 멸망시키면서, 유럽역사의 주역으로 등장했고 뒤를 이어 게르만계 신성로마제국과 충돌하게 된다. 오스만은 16세기 전성기를 구가했으며 아시아, 아프리카, 유럽의 3개 대륙에 걸쳐 거대 제국을 형성하였다. 동서로는 카스피해에서 대서양 지브롤터 해협, 남북으로는 아프리카 소말리아에서 유럽 오스트리아 비엔나 인근까지 영토가 확장되었다. 오스만제국은 이슬람교를 신봉하면서 동시에 지정학적 특성상 동서교류의 중심지 역할을 했다.

제 2 단계 터키의 정부체제

제1차 세계대전 중 오스만제국은 동맹국으로 참전하였다. 독일제국, 오스트리아-헝가리 제국, 불가리아와 함께 싸웠으나 패전국으로 전락하면서 영토의 대부분을 승전국인 영국(이집트, 팔레스타인 지역)과 프랑스(시리아 지역)에게 빼앗기고 소아시아와 유럽의 일부지역 영토만을 유지할 수 있었다. 이후 그리스의 침공까지 받으면서 국가 존망이 위태로운 상황에서 1922년 무스타파 케말(M. Kemal)의 영도 하에 터키군은 그리스군을 앙카라에서 격파할 수 있었으며 이스탄불에서 대승을 거둠으로써 현재의 터키공화국 영토를 확정짓게 되었다(로잔조약). "투르크의 아버지"로 추앙받고 있는 케말은 몰락한 오스만제국을 승계한 국가로서 그 주권을 국제적으로 인정받았으며 1923년 새 수도 앙카라에서 터키공화국을 정식으로 건국하였다.

케말은 공화국의 초대 대통령이 되었으며, 옛 오스만제국의 잔재를 털어내고 여러 급진적 개혁을 추진했다. 그는 632년 이래 1300년 동안 이어져 오던 칼리프제도를 폐지했으며, 공화국 법제도를 새로이 제정하였다. 이로써 오스만제국의 이슬람 종주국 역할도 약화되었으며, 1925년에는 여성들의 복장을 해방시키고, 남녀평등교육을 시행하였으며, 이슬람력을 폐지하고 유럽식 그레고리력으로 대체했다. 1926년에는 일부다처제를 금지하고, 1928년에는 터키어의 아랍 문자 표기법을 폐기하고 로마자 표기법으로 변경했다. 제2차 세계 대전 기간 중 터키공화국은 중립을 취하였으나, 1945년 독일이 패색이 확실할 때 연합군 측에 참전했으며, 1945년 유엔 창립 회원국이 되었다. 한편 미국과 소련의 냉전체제에서는 소련의 위협에 대항하기 위하여 반공국가의 선두에 서서 미국으로부터 대규모의 군사 및 경제 원조를 받은 바 있다. 터키공화국의 반공주의는 한국전쟁의 참전에서도 명확한 입장으로 표현되었으며 1952년 북대서양 조약기구(NATO)에 가입하여 소련의 팽창을 막는 역할도 담당하였다. 한편, 국내정치 측면에서는 1945년까지 일당제를 마무리 짓고 1950년부터 평화적으로 다당제 정치체제로 전환하였으나 이후 상당기간 정치적 불안 상태가 계속되었다. 1960년, 1971년, 1980년에 군사쿠데타가 일어났으며 최근까지도 군부의 영향력은 터키정치에 강하게 작용하고 있는 것으로 평가된다.

터키의 공식국가명칭은 터키공화국(Republic of Turkey)이며 국토면적은 783,562㎢로 한반도 면적의 약 3.5배이다. 인구는 약 8천만 명으로 남북한 전체 인구와 비슷한 수준이고 종교적으로는 대부분 이슬람이지만 정교(政敎) 분리원칙에 따라서 국교를 금지하고 있다. 터키인들의 대부분은 수니파에 속하여 있으며 터키어를 공용어(75%)로 사용하지만 소수민족 쿠르드족이 전체의 약 18%를 차지하고 있어 내부적으로 민족갈등 요소도 안고 있다. 터키의 수도는 공화국의 수립 이후, 앙카라(475만명)로 정해졌지만 옛 오스만제국의 600년 수도였던 이스탄불(1,410만명)이 가장 큰 터키의 도시라고 하겠다. 한편 터키공화국 정부의 특징은 공화제적 의회민주주의(Republican Parliamentary Democracy)라고 할 수 있는데 삼권분립이 명확히 구분되지 않은 대통령제 요소가 강한 내각책임제로 구성되어 있다.

2007년 헌법 개정으로 5년을 임기로 2회까지 연임할 수 있는 대통령 직선제를 채택하고 있으며 2014년에 에르도간(R. Erdogan)이 대통령으로 선출되어 현재 강력한 리더십을 발휘하고 있다. 터키의 대통령은 국가원수로서 터키를 대표하며 국회개원 연설권, 국회소집권, 법령공포권 및 법령재심 요구권,

헌법개정 제안권, 국회에서 결정된 헌법개정안의 국민투표 회부권, 각료회의 및 국가 안보회의 주재권, 국가의 질서 파괴, 경제위기, 천재지변과 같은 위기 상황에서 비상사태 선포권, 헌법재판소 판사 및 대법원 판사의 1/4 임명권, 검찰총장 및 군법회의 판사 임명권, 대학총장 임명권 등의 막강한 권한을 갖고 있다. 대통령은 국회의원 가운데 수상을 지명할 수 있으며 수상이 터키정부의 내각 각료를 지명할 수 있다. 터키공화국의 입법부인 국회는 단원제이며 지역구 유권자들에 의하여 선출된 4년 임기의 국회의원 약 550명으로 구성되어 있다.

제 3 단계 시리아의 정부체제

근대 시리아의 역사는 오스만제국의 역사와 함께 하고 있다. 시리아는 16세기 초, 오스만제국에 정복된 이후 20세기 초까지 약 400년 동안 오스만제국의 지배를 받으면서 제국내 시리아 주(province)로 지칭된 지역이다. 제1차 세계대전에서 패전한 오스만 제국이 해체되는 과정에서 1920년, 시리아의 고도(古都) 다마스쿠스에서 시리아는 아랍 왕국으로 독립을 선언한 바 있으나 프랑스의 방해로 독립은 좌절되었다. 이후 시리아의 독립은 제2차 세계대전이 끝나고 1946년 4월이 되어서야 가능했다. 시리아는 일시적이지만 1958년 이집트와 함께 통일아랍공화국(United Arab Republic)을 결성한 적도 있었다. 그러나 1961년 이집트와 시리아는 다시 별도의 독립국가로 분리되었고, 이후 시리아아랍공화국(Syrian Arab Republic)이 되었다.

제2차 세계대전 이후 팔레스타인지역의 분쟁으로 아랍과 이스라엘의 중동전쟁이 잇달았고 1967년 발생했던 아랍-이스라엘 전쟁(제3차 중동전쟁)에서 시리아는 이스라엘에게 골란고원 지역을 빼앗기는 수모도 당하였다. 이를 계기로 시리아는 미국과 서방국가에 적대적 태도를 취했고 소련을 비롯한 공산권국가와 매우 친밀한 관계를 유지했다. 시리아의 친공산권 분위기 속에서 1970년 사회주의 바스(Ba'th)당의 하피즈 알 아사드(Hafiz al-Asad)는 무혈쿠데타로 시리아의 정권을 장악했는데 1973년 시리아는 이스라엘을 상대로 잃어버린 땅을 찾고자 다시금 전쟁(제4차 중동전쟁)을 일으킨 바 있다. 중동지역의 긴장 속에서 아사드정권은 약 30년 동안 1인 장기집권체제를 유지할 수 있었다. 2000년, 아버지 아사드가 심장마비로 갑자기 죽자 의사 출신인 아들 바샤르 알 아사드(Bashar al-Asad)가 뒤를 이었고 그는 형식적인 국민투표를 통하여 시리아 정권을 승계 받게 된다.

권위적 아사드 정권에게 있어서 2011년 1월에 시작된 아랍의 봄은 재앙의 전주곡이었다. 2011년 1월, 튀니지의 벤 알리 대통령이 독재적 장기집권을 포기하고 사우디아라비아로 망명한 것을 시작으로 2011년 2월, 이집트의 무바라크 대통령도 권좌에서 내려와 감옥으로 갔다. 리비아의 철권 통치자 카다피 일가는 평화적 퇴진을 거부하고 2011년 2월부터 내전을 벌였으나 10월에 결국 사살당하는 비참한 최후를 맞이하였다. 시리아에서도 오랜 기간 군림했던 아사드 대통령에 대한 퇴진운동이 급속히 확산되었다. 아사드정부는 국민들과 타협을 시도하기도 하였지만 이미 너무 많은 희생자가 발생하여 기회를 놓쳤고, 국민들은 아사드의 퇴진 이외의 방법을 허용하지 않았다. 결국 알리, 무바라크 대통령의 비참함을 목격한 아사드는 정권의 평화적 퇴진결정을 철회했고 2011년 7월, 시리아의 정부군은 국민들을 향하여 총탄을 발사했다. '라마단 학살'은 돌이킬 수 없는 시리아 내전의 시작을 알렸고 이는 중동의 군사적 강자였던 시리아를 세계의 재앙국가로 전락시켰다.

공식적인 국가명칭은 시리아 아랍공화국(Syrian Arab Republic)이며 수도는 다마스쿠스(인구 426만명)이고, 내전발생 직전까지의 총인구는 약 2,251만 명이었다.(2010년 기준) 언어는 아랍어를 공용어로 사용하고 있지만 영어와 불어도 통용되는 지역이다. 종교에 있어서도 이슬람의 수니파가 대부분(74%)이지만, 기독교도가 전체 인구의 약 10%이상을 차지하고 있을 정도로 서구적 요소도 많이 지니고 있는데 이는 프랑스에 의한 통치기간이 있었기 때문이다. 한편, 시리아정부의 주요 특징에서는 권위적 또는 독재적 대통령 중심제(Republic under an Authoritarian Regime)를 취하고 있는 것으로 평가된다. 대통령은 7년 임기로 직선제이며 2회까지 연임할 수 있지만 선거는 형식적이고 정부운영에서 민주적 정당성을 찾아보기는 어렵다. 시리아의 대통령은 부통령과 수상 그리고 정부각료를 모두 지명할 수 있으며 정부의 정책결정에서 절대적 권한을 행사할 수 있다. 입법부는 상원이 없는 단원제 국회이며 지역구 유권자들에 의하여 선출된 4년 임기의 국회의원 약 250명으로 구성되어 있지만 행정부를 적절하게 견제하는 기능을 갖추고 있지는 못한 것으로 평가된다.

요약 비교 터키와 시리아의 정부비교

앞서 살펴 본 바와 같이 터키정부와 시리아정부는 모두 오스만제국과 밀접한 관련을 갖고 있는 중동의 이슬람권 국가들이다. 민족과 언어의 차이는 있었지만 양국 모두 오랜 기간 이슬람 문화권에서 수니파로서 종교적 일체성을 지니고 있었다. 제1차 세계대전 이후 오스만제국이 해체되면서 터키공화국은 오스만제국을 승계하였고, 시리아는 약 20여년의 프랑스 통치기간을 종식시키고 1946년에 독립하였다. 터키는 인구가 약 8천만 명이고, 시리아도 내전 이전까지 약 2,200만 명으로 양 국가를 합치면 1억 명을 상회하는 중동지역에서 인구가 많은 국가에 속한다. 터키의 공식수도는 앙카라이지만 가장 큰 도시는 이스탄불이다. 인구 1,400만 명을 상회하는 이스탄불과 함께 시리아의 수도 다마스쿠스 또한 도시역사 5,000년이 넘는 역사적 유래가 깊은 중동지역의 대표도시이며 중동지역을 연구하는 데 있어서 중요한 유적과 유물들을 많이 발견할 수 있는 곳이다.

이처럼 중동의 고도인 다마스쿠스는 아랍제국의 전성기였던 7세기 옴미아드 왕조의 중심지였고, 제1차 세계대전 직후 시리아인들이 아랍왕국을 세우고자 했던 도시였다. 그러나 프랑스의 방해로 아랍왕국을 건국하지 못하였고 제2차 세계대전이 끝날 때까지 독립을 기다려야 했다. 이와 같은 배경에서 시리아인들은 다른 중동지역 국가들에 비하여 프랑스와 인연은 깊지만 그다지 민족적 감정은 좋지 않았다. 최근 시리아 인근지역에서 세력을 확장하고 있는 IS가 파리테러를 계획한 것도 프랑스와 시리아의 오랜 역사적 앙금을 활용한 측면이 있다. 결국 오늘의 사건을 거슬러 올라가면 과거의 사건과 연결되어 실타래를 풀듯이 연결되어 나오는 부분들이 있다.

이슬람의 기하학적 무늬로 치장된 중동지역 타일예술품(UN 소장품)

터키정부와 시리아정부의 요약 비교*

비교 / 항목	현대 터키의 공식국가명칭	현대 시리아의 공식국가명칭
	터키공화국 Republic of Turkey	시리아 아랍 공화국 Syrian Arab Republic
역사적 배경	오스만 투르크 제국의 승계국가	오스만 투르크 제국의 식민지
인구	약 8,000만 명	약 2,200만 명
면적	783,562㎢	185,180㎢
수도	앙카라(475만명) 참고: 최대도시는 오스만제국의 수도였던 이스탐불(1,410만명)	다마스쿠스(426만명) 참고: 5,000년 역사 전성기 아랍제국의 중심지
언어	터키어	아랍어
종교	이슬람교(수니파)	이슬람교(수니파)
정부형태	공화제적 의회민주주의 Republican Parliamentary Democracy	독재적 대통령 중심제 Republic under an Authoritarian Regime
정부의 특징	대통령제, 내각책임제의 혼용	독재적 정책결정체제

*) 대한민국 외교부 관련 자료와 미국의 CIA 최근 자료를 참조하여 재구성.

제 2 편

유럽전쟁과 영세중립국의 탄생

유럽은 로마제국의 정치적 유산과 기독교신앙을 담고 있다. 게르만족의 침공으로 로마제국이 해체되면서 유럽은 분열되었지만 기독교신앙을 지키고 로마제국을 재건하기 위하여 로마교황청과 신성로마제국은 끊임없이 협력을 모색하였다. 그러나 게르만을 비롯한 수많은 민족들이 서로 패권을 추구하면서 세력균형을 이룬 결과, 동아시아의 진(Chin)과 같은 절대적 권력을 쟁취한 왕조는 등장하지 못했다. 합스부르크(Habsburg) 가문도 신성로마제국의 제위를 계속 이어받으면서 유럽을 하나로 만들고자 했지만 끝내 성공하지는 못했다. 로마 카톨릭(구교)에 저항했던 신교도(프로테스탄트)와의 전쟁, 자유주의를 요구하는 시민혁명군과의 전쟁 등에서 합스부르크 가문이 패하면서 유럽은 다양한 국가들로 성장했기 때문이다.
(앞면 사진: 합스부르크 황실의 상징)

제4장

유럽의 합스부르크 가문

1. 합스부르크 가문의 소개

합스부르크 가문은 천년 이상 이어온 유럽 최고의 가문이고 지금의 유럽국가 대부분 왕족들도 합스부르크 가문과 직접적, 간접적으로 연결되어 있다. 합스부르크 가문은 11세기 스위스의 작은 성, 합스부르크에 기원을 두고 있으며 신성로마제국에 황제가 없었던 대공위시대(大空位時代)를 마무리하고 합스부르크 출신의 루돌프 1세가 13세기, 황제로 선출되면서 유럽무대의 전면에 등장하게 된다. 그의 아들, 오스트리아 공작이 황제에 선출되었으나 곧 암살되고 합스부르크 가문에 위기가 닥쳤지만 이 가문은 끈질기게 그 영향력을 확대하였다. 특히 합스부르크 가문은 결혼정책을 통하여 영역을 확대한 것으로 유명한 왕조이다. 합스부르크 가문은 15세기부터 대를 이어서 신성로마제국의 황제로 등극하였으며 스페인 왕실과 혼인하면서 전 유럽을 장악할 것처럼 보였다.

왕가의 결혼을 통하여 현재의 벨기에, 룩셈부르크, 네덜란드의 영토를 얻었으며 스페인과 포르투갈까지 합스부르크 가문의 영역이 되어 유럽뿐만 아니라 아메리카대륙과 필리핀에 이르기까지 통치범위가 전 세계로 펼쳐졌다. 그러나 합스부르크 가문의 유럽 통치에 적극적 반기를 든 인물들이 있었고 그 중 대표적인 남녀 두명의 인물을 거론하지 않을 수 없다. 16세기 영국의 엘리자베스 1세, 19세기 프랑스의 나폴레옹이 바로 그들이다. 앵글로색슨계 영국과 라틴계 프랑스가 게르만의 유럽통치를 거부한 사건들이다. 일단 두 인물은 합스부르크 가문이 통치하는 통일된 유럽에 대항했고, 진시황제 이후 한 덩어리가 된 중국과는 달리 춘추전국시대의 중국처럼 다양성 있는 유럽을 만든 인물들이다. 먼저 16세기말, 합스부르크 가문과 엘리자베스 1세의 전쟁이 시작되었다.

2. 합스부르크와 영국 여왕의 대결

16세기 유럽은 종교적 갈등이 심화되던 시기였다. 영국인들은 구교에 반대하였고 신교파의 지지를 받아 등극한 영국 여왕 엘리자베스 1세는 로마교황청에 노골적으로 반기를 들었다. 이에 대하여 합스부르크의 스페인 왕은 영국의 여왕에게 결혼을 청하였다. 합스부르크의 전통적인 결혼정책의 일환으로 영국을 자연스럽게 구교로 복귀시키고, 합스부르크의 통치범위를 영국까지 확장하겠다는 전략이었다. 그러나 영국 여왕은 이를 거부했고 당시 최강의 스페인 군대와 목숨을 건 일전을 벌였으며 마침내 스페인의 무적함대를 격파하는 기적 같은 일이 일어났다. 합스부르크 가문에 대한 영국 여왕의 도전은 유럽이 하나의 제국이 되는 것을 막아섰다. 이후 유럽의 합스부르크 가문에서 영국은 자유로울 수 있었고, 스페인에서 독립한 네덜란드와 함께 영국은 유럽대륙이 아닌 대서양을 넘어 세계로 향하는 해양국가의 길을 걷는다.

영국과 네덜란드를 놓치고 얼마 후에는 프랑스의 부르봉 왕가에게 스페인 왕위까지 빼앗기면서 합스부르크 가문의 세력은 크게 위축되었다. 서유럽의 국가들이 지중해와 대서양 시대를 넘어 대항해 시대로 접어들자 로마교황청과 합스부르크의 영향력은 더욱 약화되었다. 설상가상으로 동쪽에서 계속 침공해 오는 이슬람(오스만제국)의 공격은 합스부르크의 지위를 흔들었으며 비엔나 주변에서 중부유럽의 기독교 수호자 지위를 간신히 유지할 뿐이었다. 빈번한 전쟁 속에서 신성로마제국 황제의 지위와 권위는 추락했으며 내부적 통제력도 약화되었다. 결국 30년 전쟁(1618~1648)을 치루면서 합스부르크는 베스트팔렌조약(Peace of Westfalen)을 맺고 크고 작은 유럽 국가들의 독립성을 인정할 수밖에 없었다. 그렇지만 위기에 처했던 비엔나의 합스부르크가문은 다시금 노련한 외교력을 발휘하기 시작했다. 18세기, 마침내 서유럽의 프랑스를 다시금 합스부르크 왕가로 통합하기 위한 집요한 노력을 시도한 것이다.

3. 앙투아네트의 죽음과 나폴레옹의 등장

오스트리아의 여제 마리아 테레지아의 딸 마리 앙투아네트는 합스부르크 가문 전체를 통틀어 가장 아름다운 여인으로 알려져 있다. 어린 음악신동 모차르트조차 사랑했던 그녀가 프랑스 부르봉 왕가의 루이16세에게 시집을 가게 된 것이다. 합스부르크 출신의 마리 앙투아네트와 부르봉 왕가의 프랑스왕 사이에서 낳은 자녀가 훗날 왕이 된다면 이는 유럽의 양대 왕조가 하나로 통합되는 것을 의미했고 합스부르크는 드디어 유럽의 전 지역을 통치할 수 있는 단일 왕조로 등극할 수 있었다. 오스트리아에서 프랑스로 시집간 그녀의 아름다움에 프랑스 사교계 전체가 일순간 빠져 들었다. 그러나 유럽의 역사는 합스부르크와 로마교황청이 통제했던 중세로의 회귀를 원치 않았다. 새로운 산업혁명이 꿈틀대던 유럽에서 과거로 돌아가기 위한 합스부르크의 복고주의는 태풍을 만났다. 휘몰아치는 영국의 명예혁명, 미국의 독립혁명에 이은 프랑스의 시민혁명으로 프랑스의 왕(부르봉 가문)과 왕비 마리 앙투아네트(합스부르크 가문)는 1793년, 모두 단두대의 이슬로 스러졌다.

프랑스의 왕비이며 오스트리아의 공주였던 앙투아네트의 처형은 유럽의 왕과 귀족들을 경악하게 했으며 특히 합스부르크의 분노를 폭발시켰다. 합스부르크는 프랑스 혁명을 저지하기 위하여 여러 형태로 파리를 포위하고 압박했다. 이때 위기에 처한 프랑스를 구하기 위하여 등장한 평민출신의 인물, 나폴레옹 1세가 유럽무대에 등장하였다. 나폴레옹은 합스부르크 세력의 배후지였던 이탈리아를 점령함으로써 합스부르크의 통치력을 크게 약화시켰고 1806년, 천년 가까이 존속했던 신성로마제국을 해체시켰다. 비엔나의 합스부르크는 신성로마제국의 황제 칭호를 잃고 간신히 오스트리아 왕으로 존속했지만 게르만을 대표했던 가문의 위상은 이미 땅에 떨어졌다. 프랑스의 내부혼란 속에서 새로운 황제로 등극했던 나폴레옹은 합스부르크의 신성로마제국을 해체시킴으로써 동시에 게르만의 제국도 해체시킨 것이다. 이로서 게르만의 제1제국, 신성로마제국은 나폴레옹에 의하여 사라지고 합스부르크의 권위는 추락했다.

비엔나의 상징, 슈테판 대성당(1360년 합스부르크 왕가에서 고딕식으로 1차 완성)

제 5 장

유럽전쟁이 낳은 영세중립국

1. 나폴레옹 전쟁에서 등장한 영세중립국

프랑스의 급격한 혁명은 반동의 시대를 낳았고 유럽은 전쟁을 통하여 나폴레옹을 몰아냈다. 그리고 그 선봉에 비엔나의 합스부르크 가문이 있었다. 1815년 메테르니히 재상을 선두로 구축된 비엔나 체제는 나폴레옹 전쟁 이전으로 유럽을 복귀시키는 구질서 회복에 주력했다. 이처럼 당시의 유럽은 혼동의 도가니였지만 치열했던 나폴레옹 전쟁에서 유독 한 국가는 전쟁의 처절함을 피해갈 수 있었다. 스위스였다. 스위스는 전쟁에서 중립을 지켰고 주변의 전쟁 속에서 상대적으로 많은 것을 얻을 수도 있었다. 전쟁 속에서 자신을 방어할 능력을 갖추고 동시에 평화를 추구하는 중립정책은 그래서 다른 표현을 빌린다면 스위스의 합리적 국익추구 노력이라고 할 수 있었다. 나폴레옹 전쟁을 종결하는 비엔나 회의에서 스위스는 영구히 중립국으로 지낼 수 있도록 국제사회가 인정해줄 것을 원했고 또한 이를 구체적으로 요구하였다. 그리고 오스트리아, 프랑스, 영국, 프러시아, 러시아, 스페인, 포르투갈 스웨덴 등이 이를 승인함으로써 영세중립국 스위스가 등장할 수 있었다.

스위스의 영세중립국화를 향한 공식적 절차와 과정은 다음과 같다 (Sherman, 1915: 222-233). 먼저 스위스 의회는 1813년 나폴레옹 군대와 전쟁을 치루고 있는 영국, 프러시아, 러시아, 오스트리아 등 연합국과의 전쟁 상황에서 철저하게 중립정책을 취했고 모든 교전 강대국들에 대해 엄정중립을 지킬 것을 선언하였다. 1815년 전후 처리를 위하여 비엔나에 모인 연합국들은 3월 20일 스위스의 영세중립국 지위를 인정하겠다는 선언을 스위스에 전달하였고, 스위스 연방의회는 공식문서로서 연합국의 선언을 성실히 준수할 것을 약속하였다. 나폴레옹 전쟁이 완전히 종료된 직후, 11월 20일 파리선언에서 스위스의 영세중립국화 부분을 연합국들이 재차 확인하였고 이로서 스위스는 영세중립국의 전형(典型)이 되었다. 유럽의 나폴레옹 전쟁이 유럽의 중심부, 알프스산맥의 산악국가, 스위스를 영세중립국으로 탄생시킨 계기를 만들어 준 것이다.

스위스는 16세기 프랑스와의 전쟁에서 패배한 이후 주변 열강들의 틈바구니에서 자국이 생존하기 위한 전략으로 영세중립화를 고려하기 시작했다고 한다. 이후에 30년 전쟁의 치열함 속에서도 중립주의 정책을 견실히 추구하여 1648년 독립을 승인받았고 1674년, 완전한 중립을 선언하고 어떤 전쟁에도 개입하지 않을 것을 천명한 바 있었다. 스위스의 중립화 정책은 다민족으로 이루어진 스위스의 국가적 특성과도 밀접한 관계가 있는데 현재에도 스위스는 4개의 공식 언어를 사용한다. 독일어, 프랑스어, 이탈리아어, 토속어인 로망쉬(Romansch)를 동시에 사용할 만큼 다양한 민족이 함께 공존하고 있기 때문에 중립을 지키지 않을 경우 국가적 정체성이 붕괴될 수도 있는 국가이다. 그래서 스위스는 대내외적으로 더욱 더 영세중립국의 지위를 공고히 할 수밖에 없었고, 그 전통은 스위스의 내부적 갈등을 해소하고 하나의 국가로 안정화시키는데 중요한 기초가 되었다.[1)]

2. 제1차 세계대전과 합스부르크의 몰락

합스부르크는 나폴레옹을 쫓아내고 비엔나체제를 통하여 구질서를 회복시키려 하였으나 이미 게르만에게 합스부르크의 영향력은 절대적일 수 없었다. 더욱이 1848년 3월 혁명으로 구체제를 대변했던 오스트리아의 메테르니히가 실각하면서 제국의 통치하에 있던 각 민족들의 해방운동은 본격화되었고 합스부르크의 힘은 더욱 쇠잔해졌다. 혁명은 간신히 막아냈으나 오스트리아는 이미 북유럽 프로이센의 산업화에 한참이나 뒤처져 있음을 인정해야만 했고 낡은 체제를 유지하는 것은 시대에 맞지 않았다. 1866년, 오스트리아-프로이센 전투에서 오스트리아는 프로이센의 상대가 될 수 없었다. 철혈(鐵血)정책을 외쳤던 베를린의 비스마르크 수상의 영도 하에 프로이센은 곧이어 프랑스까지 제압하면서 신성로마제국에 이은 새로운 게르만의 제국, 프러시아가 주도하는 게르만의 제2제국, 이른바 독일의 제2제국을 세우게 된다. 더 이상 오스트리아의 합스부르크 가문은 게르만을 대표할 수 없는 작은 왕가로 전락한 셈이다.

사실상 합스부르크의 마지막 황제였던 프란츠 요세프 1세는 1848년 3월 혁명으로 갑작스럽게 왕위를 전달받았다. 그의 큰아버지가 혁명으로 물러나면서 18세의 어린 나이에 황제에 등극한 요세프는 1916년까지 왕좌에 있었는데 그 기간이 장장 68년이었다. 숱한 우여곡절을 겪으면서 합스부르크의 명예와 존엄을 끝까지 지키고자 하였으나 결국 그는 합스부르크의 마지막 왕으로 기록된다. 요세프는 수차례의 암살 위험을 피했지만 프러시아에 패하면서 게르만의 왕좌를 베를린에게 양보하는 수치도 겪었다. 합스부르크의 불행은 오스트리아라는 국가뿐만 아니라 황제의 가족에게도 아픈 고통을 안겨 주었다. 요세프의 외아들 루돌프

---

1) 미국 CIA자료(2015)에 따르면 스위스의 국민들은 독일어(64.9%), 프랑스어(22.6%), 이탈리아어(8.3%), 크로아티아어(2.5%), 알바니아어(2.6%), 포르투갈어(3.4%), 스페인어(2.2%), 영어(4.6%), 토착어(Romansch, 0.5%), 기타언어(5.1%)를 사용하고 있는 것으로 보고되고 있다.

황태자는 자살했고, 사랑하는 아내 엘리자베트(애칭 씨씨)는 암살당했다. 요세프는 조카 페르디난트를 후계자로 정했으나 그마저 사라예보에서 암살당했고 이를 계기로 제1차 세계대전이 일어났다. 이로써 수백 년을 이어온 합스부르크 왕조는 사실상의 종말을 고하게 된다.

오스트리아를 둘러싼 제1차 세계대전의 전후사정은 이러했다. 요세프의 합스부르크는 19세기 중엽, 북유럽의 프러시아에는 패했지만 반대로 동유럽으로 세력을 확장할 절호의 기회는 얻을 수 있었다. 급속히 약화된 오스만제국의 동유럽 쪽으로 합스부르크의 영향력을 확대시키면서 오스트리아는 배후에 있던 러시아와 경쟁하는 상황까지 치달았다. 이러한 합스부르크의 팽창주의는 범 게르만(오스트리아+독일 등)과 범 슬라브(세르비아+러시아 등)의 충돌로 이어지고 그 여파로 오스트리아-헝가리제국의 황태자, 앞서 언급한 페르디난트가 세르비아 청년에게 암살당하는 사건이 발생한다. 1914년 시작된 첫 번째 세계전쟁은 이렇게 합스부르크의 황태자 암살사건에서 시작되었고, 그 세계대전은 합스부르크 가문의 불행한 종말로 마무리 된다.

3. 패전국 오스트리아의 굴욕

오스트리아는 1919년 제1차 세계대전에서 패했다. 오스트리아-헝가리의 이중제국은 강제로 해체되었고 헝가리와 체코슬로바키아는 독립했다. 오스트리아의 영토 일부는 폴란드와 유고슬라비아 그리고 루마니아 등 전후 새로 등장한 신흥국에 귀속되었고 오스트리아의 국토는 패전 이후 1/4 규모로 축소되었다. 패전국에 대한 승전국의 요구는 잔인할 정도였다. 군비의 제한뿐만 아니라 엄청난 액수의 배상의무로 비엔나의 경제는 마비상태에 빠져들었다. 전후 독일이 물자부족이나 산업부진 그리고 엄청난 물가상승으로 고통 받았고 그래서 나치즘이 등장했다는 내용은 많이 알려져 있지만 오스트리아의 고통은 상대적으로 덜 알려져 있다. 제1차 세계대전의 패전국으로 독일보다 오스트리아의 상황은 더욱 심각하였다. 독일은 국가가 쪼개지지는 않았지만 다민족으로 구성되어 있었던 오스트리아는 통합된 오랜 국가의 틀 자체가 쪼개졌다. 그 결과 경제뿐만 아니라 정신적으로도 오스트리아의 비엔나는 공황상태였다.

비엔나를 방문할 경우, 시내 표지판을 주의 깊게 살펴본다면 흥미로운 사실을 하나 발견할 수 있다. 비엔나 시내에는 유독 프라하, 브라티슬라바, 부다페스트로 향하는 도로 표지판이 많다. 자칫 체코에 있나 싶을 만큼 혼동을 일으키게 할 정도이다. 오스트리아 사람들의 심리를 명확하게 검증하기는 어렵지만 비엔나 사람들의 내면에는 체코와 헝가리에 대한 애착이 강했다. 과거 오스트리아-헝가리 제국에 대한 향수를 감추고 살아가는 것 같은 모습이다. 비엔나에게는 린츠, 잘츠부르크, 그라츠보다 체코의 프라하, 슬로바키아의 브라티슬라바, 헝가리의 부다페스트가 더 중요한 도시로 비엔나의 도로표지판에 나타나 있기 때문이다. 비엔나에 있어서 알프스산맥의 잘츠부르크보다 보헤미아 평원의 프라하가 더욱 소중하였다. 패전에 의하여 분리되었지만 비엔나에게 있어서 프라하는 너무도 소중한 도시였고, 부다페스트는 오스트리아-헝가리의 공동수도였던 제국의 추억이 남아있는 도시였다. 그래서 제1차 세계대전의 가장 큰 패전국은 사실 독일이라기보다는 오스트리아이며 그들의 정신적 충격은 더욱 컸다.

제1차 세계대전 이후 오스트리아의 왕정은 폐지되었고 공화정이 출범했다. 그렇지만 독일보다 더 심각한 물자부족이나 산업부진으로 고통 받았다. 전쟁 이후, 비엔나에 세워진 오스트리아의 제1공화국(1919~1938)은 심각한 인플레이션으로 타격은 받았지만 배상금의 지불유예로 일단은 재정적으로 조금씩 재정비되었으며 연합국들과의 관계도 점차 개선되었다. 그러나 1930년대 세계적인 대공황을 전후로 또다시 재정위기에 빠졌고 이후 독일에 급속히 접근하게 된다. 비엔나에는 보수주의를 신봉하는 그리스도교 사회당과 혁신적인 사회민주당의 2대 정당이 대립하고 있었으나 독일에서 나치스가 정권을 획득한 이래(1933), 과거 오스트리아제국이 꿈꿨던 대독일의 건설을 외치는 자가 등장했다. 히틀러(A.

Hitler)였다. 그래서 독일의 나치스는 오스트리아 사람들에게 두 가지 야누스적 얼굴로 투영되었다. 오스트리아의 미술학도였던 히틀러가 독일의 나치스를 이끌었고 그의 주장은 오스트리아가 외쳤던 대독일주의였기 때문이다.

합스부르크 왕조의 유물과 기념동상으로 가득 찬 비엔나

박물관, 미술관, 정부청사로 사용되고 있는 합스부르크 왕궁

제 6 장

베를린과 결별한 비엔나의 선택, 영세중립국

1. 히틀러의 오스트리아 강제 병합

히틀러에 대한 비엔나 추억에 비엔나미술학교가 있다. 린츠(Linz)라는 오스트리아의 작은 도시 출신이었던 히틀러는 화가가 되고자 비엔나미술학교(Academy of Fine Arts Vienna)에 1907년 응시하였으나 소묘실력이 부족하다는 이유로 낙방하였고 재수를 하였으나 그 다음해에도 연거푸 탈락하였다. 비엔나에서 예술가의 길로 가고자 했던 감수성 많은 히틀러였지만 시험낙방으로 그림을 포기하고 전혀 다른 의외의 길을 선택하게 된다. 히틀러는 당시 어려웠던 독일의 경제상황에서 독버섯처럼 자신의 정치력을 급속히 성장시켰고 민중의 지지를 받기 시작했다. 히틀러는 독일을 손에 넣은 직후, 자신의 고국을 향해서 외쳤다. "게르만의 새로운 제국을 만들자."

이른바 독일의 제3제국을 향해서 오스트리아 출신의 히틀러는 비엔나 사람들 마음속에 깊숙이 누르고 있던 과거의 추억을 자극했다. 합스부르크의 영광, 신성로마제국을 승계하는 새로운 게르만 제국을 만들자는 히틀러의 외침에 사람들은 어쩔 수 없이 젖어 들어갔다. '사운드 오브 뮤직'이라는 영화가 있었다. 오스트리아의 아름다운 알프스 배경과 요들송, 특히 도레미 송으로 유명한 이 영화는 독일의 히틀러 군대가 몰려오던 오스트리아에서 나치즘을 거부하고 고국을 떠나는 장교의 실화를 그렸던 영화이다. 당시 오스트리아의 정부는 1932년 히틀러의 나치스 분파 활동을 억제하고자 했지만 1934년 나치스를 반대하던 정치인들이 숙청되고 독일정부의 압력이 거세지면서 1938년 오스트리아의 나치스당이 정치권력을 장악하고, 독일군이 오스트리아에 주둔하도록 명목상 합의를 한다. 비엔나 시민들은 무언의 동의를 할 수밖에 없었고 오스트리아 출신의 히틀러가 총통이 되어 귀환하는 것을 바라보는 상황이 되었다. 일부는 환호했고 일부는 반대했지만 같은 게르만으로서 히틀러의 비엔나 점령은 정말 점령인 듯 아닌 듯 묘한 의미로 비엔나 시민들에게 받아들여졌다.

어찌되었든 이제 비엔나, 그 화려했던 합스부르크 가문의 황도(皇都)는 사실상 독립국 지위조차 상실했고 독일의 제3제국에 속한 작은 지역으로 전락했다. 그리고 1939년 독일의 나치스정부에 의하여 비엔나 역시 제2차 세계대전에 돌입하게 된다. 제1차 세계대전의 패전국 오스트리아는 이제 어려운 경제상황뿐만 아니라 몰락한 황제국의 비참함 속에서 스스로 자국의 운명조차 결정할 수 없는 상황이었다. 독일에 이끌려 또 다시 세계전쟁에 휩쓸려 들어갔지만 결국 또 다시 패하였다. 오스트리아는 비참하게 전쟁에서 패했지만 이제는 패전국의 지위조차 모호할 정도로 독일의 일부였다. 1945년 소련군에게 강제 점령당한 비엔나는 과연 국가로서의 존재를 인정받을 수 있을까 할 만큼 미래를 알 수 없는 상황이었다. 승전국 미국, 영국, 프랑스, 소련에 의한 4국 신탁통치에 의하여 오스트리아의 운명이 결정되는 상황이었고 비엔나는 힘이 없었다.

2. 베를린과 결별한 비엔나의 영세중립국 전략

오스트리아는 1938년부터 1945년까지 지도상에서 삭제되었다. 그리고 독일의 나치 독재정권이 몰락한 이후인 1945년 4월에 오스트리아는 제2공화국으로 재탄생할 수 있었지만 그 결정은 오스트리아를 점령한 4국 연합국 위원회에 의하여 좌우될 수밖에 없는 상황이었다. 오스트리아는 독일처럼 분단이 될 수도 있었기에 서두르지 않았다. 국제관계의 엄중한 상황을 잘 간파하였던 합스부르크의 오랜 노하우가 발휘된 순간이었다. 1945년 이후 10년 동안 연합국들이 오스트리아를 점령하고 있는 기간에도 일단 1945년 8월, 연합국 승인 하에 임시정부가 출범하였으며, 1945년 11월 최초의 자유・민주적 선거가 치러졌다. 선거결과, 165석 중 국민당이 85석, 사민당 76석, 공산당이 4석을 차지하였고, 이후 국민당과 사민당의 연정 정부는 오스트리아 정부 구성의 표준이 되었다.

비슷한 시기에 한반도에서도 남북한의 동시선거가 시도되었다. 그러나 미・소 공동위원회의 결렬로 실패하였고, 3년 후인 1948년 5월에서야 UN한국임시위원단의 도움으로 남한에서만 자유・민주적 선거가 실행되었다. 당시 한반도의 서울과 오스트리아의 비엔나에서 국민들과 지도자들의 행태는 분명 달랐다. 한반도에서는 좌파와 우파로 나뉘어 갈등하였으나 오스트리아는 그 갈등을 슬기롭게 피하고 소련의 치밀한 분열책동을 물리치면서 단일한 임시정부를 구성했기 때문이다. 오스트리아는 이미 제1공화국 당시 좌파와 우파로 나뉘어 독일에 국권을 빼앗겼던 실책을 반복하지 않기 위한 국민적 각성이 있었다. 오스트리아의 제2공화국을 출범시키는 시점에서 국민들과 지도자들은 일치단결된 모습을 보여주었으며 소련도 더 이상 민주적 선거를 방해하게 할 수 없었다. 비엔나 정부는 불안정한 미래에도 불구하고 매우 노련한 정치력을 발휘했으며 수백회 이상의 협의를 거쳐 마침내 미국, 영국, 프랑스, 소련이라는 강대국들과 오스트리아 국가조약을 10년 만에 체결하고 독립한다.

당시의 오스트리아는 연합국 상호간의 서로 다른 이해관계, 특히 미국과 소련의 냉전 상황을 적절하게 활용하면서도 미·소 어느 쪽도 자극하지 않는 중도노선을 취하였다. 중립국화 정책을 취한 것은 오스트리아가 17년(1938~1955)만에 주권을 회복할 수 있었던 기초가 되었음은 분명하다. 독일군에 의한 7년, 연합군에 의한 10년이라는 짧지 않은 기간의 식민통치기간을 겪었지만 지혜롭게 인내했던 비엔나의 노련함과 강대국 사이에서 중립으로 자국의 이익을 극대화할 수 있었던 오스트리아의 빛나는 순간이었다. 신생 오스트리아 공화국은 군비제한과 독일과의 정치적, 경제적 결합 등을 금지하는 요구를 구체적으로 받았으나 전쟁에 대한 배상의무는 피할 수 있었다. 나치 독일에 의한 첫 번째 피해국임을 강조했기 때문이다. 오스트리아는 1955년 5월 국가조약으로 독립을 승인받고, 10월 헌법에 영세중립국임을 규정하였으며 12월, UN회원국이 되었다.

비엔나정부는 체코슬로바키아와 헝가리가 소련의 위성국으로 전락하는 상황에서 정말 훌륭한 외교적 조치들을 취하였고, 독일이 동·서독으로 분단되는 상황을 보면서 국민들의 의견을 하나로 모으는데 총력을 기울였다. 여기에는 단합된 국민적 인식과 함께 민족적 자긍심이 작동했기에 가능했으며, 비엔나정부는 국제정세의 엄중함 속에서 자신들의 중립자세를 매우 견실히 취하였다. 극단적 주장을 펼치지 않았으며 좌·우 어느 쪽으로도 쏠리지 않았다. 특히 공산당은 있었지만 국민적 판단과 선택으로 공산당의 성장을 막았다. 이유는 간단했다. 공산주의 자체보다도 공산당을 지지하는 것은 자칫 모스크바를 비엔나로 끌어들이는 위험한 길이라고 판단했기 때문이었다. 지혜로운 비엔나 시민들의 생각과 행동은 최악의 상황에 처하여 있던 오스트리아를 통일된 영세중립국으로 재탄생 시켰다. 이는 동시에 비엔나 합스부르크의 오랜 외교적 전통과 노하우가 아직 살아있음을 입증하는 쾌거였다.

3. 진정한 영세중립국을 원했던 비엔나

수백 년 동안 비엔나는 합스부르크 가문의 찬란했던 역사와 함께 했다. 20세기 초, 합스부르크 가문이 몰락하면서 비엔나는 비운의 역사로 점철되었다. 제1차 세계대전에서 패전하면서 모든 국토가 갈기갈기 쪼개지고, 황제가 사라진 비엔나에 들어선 공화국 정부는 히틀러의 나치 정부에 강제 병합되는 수모까지 겪었다. 제2차 세계대전 당시에는 소련군이 비엔나를 점령했으며 미국, 영국, 프랑스, 소련이라는 4대 강대국의 분할 통치를 받았지만 1955년, 평화롭게 독립과 통일을 동시에 이루어냈다. 치욕의 역사로 얼룩진 비엔나가 20세기 후반부터는 과거의 영광을 조금씩 회복하기 시작했다. 독일은 분단되었고, 체코슬로바키아와 헝가리는 소련의 위성국으로 전락했지만 오스트리아는 영세중립국을 약속하면서 독립과 통일을 얻어냈다. 분단이냐 위성국이냐의 위기를 아슬아슬하게 벗어나면서 보여주었던 비엔나의 빛나는 외교는 경탄스럽다. 수백 년 동안 유럽을 주도했던 합스부르크 후예들의 역량이 다시금 살아 꿈틀거리는 것 같았다. 그러면서 비엔나의 시민과 정부는 이런 판단에 이르게 되었다. “21세기, 우리에게 필요한 것은 핵무기가 아니라 핵을 관리할 수 있는 국제기구이다.”

비엔나의 국가안보가 핵을 보유한 소련으로부터 위협을 받았을 때, 비엔나가 선택한 것은 핵무기가 아닌 핵무기를 관리할 국제기구였다. 오랫동안 합스부르크 가문에서 익혀왔던 국제정세 판단력은 영세중립국으로서 독립과 통일을 동시에 얻어냈다. 더 이상은 전쟁에 휘말리지 않고 평화로운 중립국가로 영원하고자 했던 그들의 열망이 담겨져 있었다. 그러나 오스트리아를 둘러싸고 있는 강대국의 충돌을 지켜보면서 비엔나는 자신을 가장 잘 지켜줄 수 있는 것이 실질적으로 무엇인가를 구체적으로 고민하지 않을 수 없었다. 그리고 오스트리아는 이런 판단을 하게 되었다. 엄청난 수의 핵탄두를 소유하고 있는 소련으로부터 오스트리아를 가장 안전하게 지켜줄 수 있는 무기는 핵무기가 아니라 오히려 핵을 다루는 국제기구라는 판단이었다.

더 나아가 오스트리아는 스위스와 같은 영세중립국이 되어 국가안보를 확고히 지키기 위해서는 스위스의 UN제네바본부와 같은 UN의 지역본부가 반드시 비엔나에 세워져야 한다고 생각하였다. UN본부를 비엔나에 세우는 것이야말로 어떤 강대국도 비엔나를 넘볼 수 없게 하는 난공불락의 성곽이라는 판단에 이른 것이다. 드디어 비엔나가 생각을 행동으로 옮겨야 할 충격적 사건이 벌어졌다. 1968년, 모스크바가 프라하를 침공한 것이다. 이는 마치 베이징이 평양을 침공하는 것을 연상케 할 정도였다. 누구도 설마 했겠지만 현실에서는 소련이 형제국가라는 체코슬로바키아를 탱크로 밀어붙이는 상황이 얼마든지 발생할 수 있었다. 과거 오스트리아제국이 러시아제국을 대적했던 시대와는 상황이 너무도 달랐다. 모스크바의 프라하침공 이후, 제네바에 있는 UN본부와 같은 시설을 비엔나에도 반드시 세워야 한다고 판단했고 오스트리아는 이를 실천에 옮기기 시작했다.

비엔나는 1955년 독립과 통일을 얻는 대신에 반드시 중립을 지킬 것이고 스위스와 같은 영세중립국이 되겠다고 하였다. 비엔나 스스로 원하는 바였고, 양대 세계대전의 피해자로서 정말 영원히 전쟁에 끼어들지 않는 영세중립국이 되고 싶었다. 그렇지만 영세중립국의 지위는 말로만 지켜질 수 있는 것이 아니었다. 같은 공산진영 내에서도 모스크바가 프라하를 침공하는 것을 보면서 언제든지 비엔나가 모스크바의 다음 목표물이 될 수 있었다. 그리고 진정 스위스와 같은 영세중립국이 되기 위해서는 스위스 제네바에 있는 UN본부가 오스트리아의 비엔나에도 있어야 영세중립국의 지위가 보장된다고 판단했다. 외교란 화려한 말의 잔치보다 구체적 실체에 의하여 더욱 확실히 영향력을 미칠수 있기 때문이었다. 당시 유럽에 또 다른 UN본부를 세운다는 것은 불가능에 가까웠다. 그렇지만 합스부르크의 노련한 인재들은 그 불가능을 가능하게 만드는 작업을 단계별로 실행하였다. 이른바 UN비엔나본부 설립을 위한 치밀한 노력은 약 25년간에 걸쳐서 시도되었고 마침내 1980년, 오스트리아는 그 불가능할 것 같아 보였던 UN비엔나본부를 갖게 되었다.

세계에서 가장 아름다운 시청이라는 평을 받고 있는 비엔나 시청

비엔나 시청의 내부(건축가 F. Schmidt의 1883작품)

독일정부와 오스트리아정부

제 1 단계 기독교와 합스부르크 가문

유럽의 수많은 국가들은 서로 다른 언어를 사용하면서 크고 작게 나뉘어져 있어 공통점을 찾기 어렵다. 그렇지만 종교적으로는 기독교, 정치적으로는 신성로마제국의 합스부르크 가문을 기본 축으로 살펴보면 예상보다 쉽게 유럽지역의 특징들을 이해할 수 있다. 일단 유럽의 문명은 로마제국을 기초로 세워졌다고 하여도 과언은 아닐 것이다. 그렇기에 로마제국이 기독교를 국교로 받아들이면서 유럽은 종교적으로 기독교, 정치적으로는 로마라는 갈등관계가 하나로 일원화되었다. 로마가 동·서로 분리되고, 서로마지역이 붕괴된 이후(5세기), 종교와 정치가 일치했던 동로마지역과 달리 서유럽은 로마교회와 게르만의 세속왕국들의 관계로 분리되면서 이원화되었다. 로마 교황은 기독교적 신앙으로 서유럽을 통제하려 했지만 실질적 군사력은 게르만의 왕들에게 의존할 수밖에 없었기 때문이다. 그래서 신앙적 지도자인 교황과 정치군사적 지도자인 세속군주 사이에서 크고 작은 분쟁이 끊이지 않았다.

교황은 서유럽의 패권국가로 성장한 왕국에 로마황제의 권위를 부여함으로써 그 왕이 로마교회를 지키도록 하였다. 이러한 배경에서 9세기, 신성로마제국이 출범하였으며 19세기, 나폴레옹에 의하여 신성로마제국이 붕괴될 때까지 게르만에 의한 천년 제국, 이른바 독일의 제1제국이 형성되었다. 신성로마제국의 황제는 명예직에 가까웠지만 13세기부터는 합스부르크 가문이 대를 이어서 황제에 등극함을 계기로 합스부르크는 서유럽의 왕들을 배출하는 대표적 왕조로 군림하였다. 그래서 합스부르크는 로마교회를 지키고 기존의 보수적 기독교 체제를 옹호하는 역할을 담당했으며 합스부르크와 로마교회는 대부분 비슷한 입장을 취했다. 그러나 16세기 로마교황이 면죄부를 판매하는 것을 비판했던 루터가 종교개혁을 외쳤던 사건이 일파만파로 서유럽을 흔들면서 큰 변화가 시작되었다. 파문을 당한 루터는 성경을 독일어로 번역하여 세상의 일반인들에게 하나님의 뜻을 알리고자 하였고 합스부르크와 로마 교황의 권위에 도전하는 정치세력들은 루터의 개혁주의를 열렬히 지지하였다.

로마교회를 옹호하는 합스부르크의 신성로마제국은 구교(舊敎), 루터의 종교개혁을 지지하는 쪽은 신교(新敎), 구교와 신교의 오랜 전쟁은 이렇게 시작되었다. 이러한 시각에서 보면 스페인과 영국의 전쟁도 결국은 종교전쟁이었다. 구교의 지원을 받은 합스부르크 출신의 스페인왕과 신교인 프로테스탄트의 지원을 받은 영국의 엘리자베스여왕은 목숨을 건 전쟁을 벌였다. 종교적 갈등에서 시작하여 누가 바다를 차지할 것인가의 제해권 다툼까지 연결되면서 스페인과 영국의 전쟁은 치열하게 전개되었고 스페인의 무적함대가 영국의 해적선에 침몰하면서 일단락된다. 그렇지만 전쟁은 여기에서 끝나지 않았다. 구교와 신교간의 최대 종교전쟁은 유럽의 30년 전쟁(1618~1648)이었다. 유럽의 대표적 종교전쟁에서 신성로마제국은 더욱 황폐화되었고 전쟁의 결과, 베스트팔렌조약이 체결되면서 유럽의 게르만은 더욱 분열되었으며 각기 다른 국가로 성장하게 되었다. 베스트팔렌조약이 지닌 중요성은 그 조약을 기점으로 유럽의 각 국가들이 자신의 독립성을 지킬 수 있고, 국가들 상호간에 조약체결이 가능해지면서 유럽 지역에서 국제법규의 체제가 만들어지는 계기를 제공했다는 측면에서 1648년은 국제법과 국제정치의 출발점이 되고 있다. 30년 전쟁 이후, 라틴계 프랑스는 유럽대륙에서의 세력을 크게 확대하였고, 앵글로 색슨계 영국은 유럽대륙과 구분되는 해양세력으로서의 지위를 확장시켰으며, 네덜란드와 스위스를 비롯한 많은 중소 국가들은 독립국이 되었다. 따라서 유럽의 30년 전쟁은 로마교회와 신성로마제국의 공동 지배력을 붕괴시켰지만, 유럽에 다양성 있는 새로운 질서를 가져왔다. 합스부르크 왕가의 유럽 지배력은 전 유럽에서 중부유럽으로 축소되었지만 유럽의 세력은 전 세계로 팽창할 수 있는 계기를 마련할 수 있었다.

제 2 단계 독일의 정부체제

현재 유럽에서 슬라브계 러시아를 제외한다면 가장 강력한 경제력과 가장 많은 인구를 지니고 있는 국가는 독일이다. 독일은 20세기 전반, 세계대전을 두 번이나 일으킨 국가이면서 또한 동시에 패전 국가였다. 제2차 세계대전의 종전과 함께 미국, 영국, 프랑스, 소련에 의하여 분할 점령되었고 오스트리아와 영구히 분리되었으며 냉전으로 독일은 1949년 동·서독으로 재차 분단되었다. 1990년 소련의 붕괴와 냉전의 종식으로 독일은 하나의 통일국가를 회복할 수 있는 기쁨을 누렸지만 오스트리아와의 통일은 금지된 상태 그대로이다. 통일된 독일의 국토면적은 357,022㎢으로 한반도의 1.5배 정도이며 인구는 약 8천만 명이다. 대부분 독일어를 사용하는 독일계 민족국가이며 소수의 터키인을 포함한 타민족 비중은 8% 이하이다. 종교적으로는 전체 인구 가운데 기독교가 다수(68%)를 차지하고 있으며 그 가운데 신교는 34%, 구교는

34%로 거의 비슷한 비율을 보이고 있다.

독일의 정식국가명은 독일연방공화국(Federal Republic of Germany)이며 16개 주(state)로 구성된 연방공화제를 채택하고 있으며 수도는 베를린(Berlin)이다. 독일의 연방대통령은 독일 연방공화국의 국가원수로서 대외적으로 국가를 대표하는 지위에 있으며, 연방 총리 및 연방 공무원에 대한 임면권 등 극히 제한적이고 상징적인 권한만을 가지며, 국정에는 간접적인 영향력만을 행사한다. 연방대통령 권한에는 외국과의 조약체결, 외교사절의 파견 및 접수, 법령의 서명 및 관보를 통한 공포, 연방하원에 대한 총리후보 추천 및 연방하원에 의해 선출된 자를 총리로 임명, 연방총리의 제청에 따른 연방각료 임면, 연방판사, 연방공무원, 군장교 및 하사관의 임면, 사면권, 연방총리의 제청에 따른 연방하원 해산 등이 있다. 그러나 연방대통령의 명령 및 결정에는 연방총리 또는 주무 장관의 동의를 필요로 하기 때문에 행정부에 대한 실질적 권한은 연방대통령이 아닌 연방총리에게 있다고 하겠다.

연방대통령의 임기는 5년이며, 1차에 한하여 연임이 가능하고, 유고 시 연방 상원의장이 대행한다. 대통령 임기 종료 30일 이전에 연방 특별회의를 소집해서 간접선거 방식으로 후보자들 중 절대 과반수 이상을 득표한 사람을 연방대통령으로 선출한다. 연방 특별회의는 연방하원의원(현재 622명)과 각 주에서 선출된 같은 수의 주 대표(622명)로 구성된다. 각 주 선거인단 수는 인구수에 비례하며, 주 의회를 구성하고 있는 의석 수 비율에 따라 선거인단이 결정된다. 각 주 선거인단은 주로 주의회 의원, 정치인, 저명인사 등으로 주의회에서 선출되며 선거 후 임무가 완료된다. 따라서 독일의 연방대통령은 국민들이 직접 선거하는 직선제 대통령과 비교할 때 그 정치적 권한이 매우 제한적이다.

독일은 상원과 하원의 양원제를 택하고 있는데 독일의 연방상원은 주 총리, 주 장관, 시장 등으로 구성되며, 이들은 국민이 아닌 주 정부의 선출로 구성된다. 연방상원도 연방하원이 통과시킨 법안을 거부할 수 있지만, 사실상 대부분의 경우 연방하원은 다수결로 연방상원의 표결을 무효로 할 수 있기 때문에 실질적인 입법권은 연방하원에 속한다. 따라서 독일의 연방하원만이 진정한 독일의 연방의회라고 할 것이며, 독일 정치체제에서 연방하원만이 유일하게 국민이 직접 선출하여 구성하는 헌법기관인 셈이다. 연방하원의 의원 임기는 4년이며, 18세 이상의 유권자가 1인 2표제로 투표한다. 주요 법률의 제정, 연방총리의 선출, 정부활동에 대한 감시 등의 권한을 행사하며 제1투표에서 299개 지역구 의원을 선출하며, 제2투표에서 비례대표 후보(지역구 의원 수와 동수)를 선출한다.

독일 연방정부의 행정부를 책임지는 연방총리는 연방대통령의 제청으로 연방하원에서 재적 과반수의 득표로 선출된다. 연방대통령은 연방총리를 제청할 때 연방하원 내 의석 다수관계를 고려하여 선출될 가능성이 있는 총리후보 1명을 지명하는데 대통령이 제청한 총리후보가 연방하원에서 재적 과반수의 득표를 하지 못하는 경우 연방하원은 14일 이내에 재적 과반수의 찬성으로 다른 사람을 총리로 선출한다. 연방총리는 연방정부의 기본정책노선을 결정하고, 연방대통령에 대한 연방각료 임면을 제청하고, 연방대통령에 대한 연방하원 해산을 제청하며, 연방 각료 수와 소관 업무를 결정하는 권한을 가진다. 만일 연방하원이 연방총리에 대한 불신임을 결의하면 연방대통령은 연방총리를 해임하고 연방하원이 선출한 후임 총리를 임명한다. 총리 불신임안이 재적 과반수의 동의를 얻지 못할 경우, 대통령은 총리의 제안에 따라 21일 이내에 연방하원을 해산할 수 있다.

제 3 단계 오스트리아의 정부체제

한때 오스트리아-헝가리 공동제국의 중심이었던 오스트리아는 제1차 세계대전에서 패전한 이후 작은 공화국으로 축소되었다. 1938년 히틀러의 나치독일에 의하여 오스트리아가 합병되면서 한때 지도에서 국가 이름조차 사라진 경험도 있다. 독일의 패전과 함께 1945년 미국, 영국, 프랑스, 소련에 의하여 분할 점령된 오스트리아는 이후 10년 동안 국가적 운명을 정할 수 없는 상태에 있었지만 오스트리아 임시정부는 오스트리아가 더 이상 지도에서 사라지지 않도록 최선의 외교적 노력을 다하였다. 소련의 스탈린이 사망하고 한국전쟁이 끝난 직후, 냉전이 잠시 주춤한 상황에서 소련의 새 지도부는 오스트리아 임시정부의 거듭된 입장을 마침내 받아들였다. 그것은 독일과 영구히 결별할 것이며 동시에 미국과 소련 사이에서 오스트리아가 반드시 중립을 지킬 것이라는 약속이었다.

오스트리아와 소련은 영세중립국이 될 것 등을 조건으로 약정한 내용을 1955년 4월 모스크바 각서(Moscow Memorandum)로 명문화했고, 다음달 5월에는 오스트리아 국가조약(Austrian State Treaty)을 미국, 영국, 프랑스, 그리고 소련과 체결할 수 있었으며 오스트리아는 드디어 분단되지 않은 채 평화적으로 점령국의 통제에서 벗어날 수 있었다. 같은 해 10월, 오스트리아는 헌법에 자신들이 영세중립국임을 구체적으로 명시하여 소련과의 약속을 성실히 이행한 바 있고 경제적으로는 미국, 정치적으로는 소련이라는 줄타기 외교를 기막히게 실현하였다. 냉전시대의 오스트리아 수도, 비엔나는 자유진영과 공산진영의 스파이들이 치열한 첩보전을 벌였던 중립지대로 유명했다. 그러나 1991년 소련이 붕괴한 이후, 오스트리아는 중립성의 의미를 완화하여 실리를 추구하기 위하여 1995년 유럽연합(EU)에도 가입하였다. 그럼에도 불구하고 오스트리아는 여전히 국제사회에서 발생하고 있는 정치적, 종교적 이념을 비롯한 다양한 갈등을 완충하고 조정하는 영세중립국으로서의 국제적 역할을 더욱 강화하고 있다.

오스트리아의 공식적 국가명칭은 오스트리아 공화국(Republic of Austria)이며 국토의 면적은 83,871㎢로 대한민국보다 조금 작다. 인구는 860만 명 정도이며 대부분 오스트리아인으로 구성되어 있다. 언어는 전체 인구의 약 90% 정도가 독일어를 사용하고 있기 때문에 과거뿐만 아니라 오늘날에도 오스트리아와 독일이 하나이며 큰 차이가 없음을 보여주고 있다. 단지 차이가 있다면 오스트리아는 합스부르크의 영향력이 살아있는 지역이고 그래서 기독교 가운데 로마 가톨릭이 절대적으로 많다는 정도이다. 어쨌든 오스트리아의 정부형태도 독일과 마찬가지로 9개의 주(state)로 구성된 연방공화국(federal republic)체제를 취하고 있다. 수도는 비엔나(Vienna)이며 오스트리아의 중앙정부는 대통령제와 의원내각제를 적절하게 혼합한 형태를 띠고 있다.

오스트리아정부와 독일정부 사이에 가장 큰 차이점이 있다면 그것은 대통령의 권한 차이라고 할 수 있다. 독일의 대통령이 간선제인 것에 비하여 오스트리아의 대통령은 국민들이 직접 선출하는 직선제 대통령이기 때문이다. 오스트리아의 대통령 임기는 6년이면서 동시에 연임도 할 수 있기 때문에 독일 대통령에 비하여 오스트리아 대통령의 권한이 훨씬 강력하고 실질적이라고 하겠다. 그렇지만 오스트리아의 대통령도 미국의 대통령보다는 그 권한이 상대적으로 약하다. 오스트리아의 대통령은 평소 강력한 권한을 행사하고 있지 않으며 내각의 총리에게 대부분 국정실무를 담당하게 하기 때문이다. 그렇지만 내각의 총리가 정치적 위험에 빠졌을 때 또는 정국이 갈등을 빚는 경우, 국가를 대표하여 통치할 수 있는 균형자적 권한을 대통령이 발휘할 수 있다는 측면에서 대통령의 정치적 영향력은 총리에 우선한다고 평가될 수 있다.

오스트리아의 대통령은 대외적으로 국가를 대표하며 연방의회(하원)에서 다수당을 차지한 다수파 당수를 수상으로 임명한다. 이는 독일의 내각책임제(강한 수상)와 미국의 대통령중심제(강한 대통령)를 절충한 중립적 성격으로 양쪽의 장단점을 합친 '혼합형 정부체제'라고 하겠다. 이와 같은 오스트리아의 혼합된 정부체제는 이웃나라인 체코공화국에서도 최근 헌법 개정으로 비슷하게 적용되고 있는데 직선제 대통령과 의회 다수당 출신의 수상이 공동으로 국정을 운영하는 방식을 취하고 있기 때문이다. 어쨌든 오스트리아는 연방에 기초한 의회 민주주의 국가로 내각이 의회에 책임을 지고 있는 방식(내각책임제)을 채택하고 있지만 직선제 대통령을 국가수반을 두고 있기 때문에 영국이나 독일의 정부운영체제와는 분명 다른 부분이 있다.

한편 오스트리아의 연방의회는 양원제이며 하원(국민의회)의 의원은 4년 임기이며 국민에 의하여 선출된다(약 180명). 상원은 연방을 대표하여 각 주 의회에서 파견된다. 따라서 상원은 하원의 입법 활동을 잠시 견제할 수는 있지만 방해할 수는 없고 실질적 정부운영은 하원의 다수파 당수가 구성한 내각에 의하여 이루어진다고 하겠다. 오스트리아에서는 진보성향의 사민당(SPO)과 보수성향의 국민당(OVP)의 양당체제를 중심으로 정권을 주고받거나 연정으로 내각을 구성하면서 정부를 운영하여 왔다. 오스트리아에는 극우성향의 자유당(FPO)도 존재하고 있으며 공산당도 존재하지만 의회에 진출하지 못할 정도로 세력은 약한 편이다. 물론 오스트리아의 대도시 지역을 제외한 시골에서는 극우주의적 나치성향의 자유당 영향력이 강하다고 하는데 실제로 이들은 독일과 통합을 주장하여 주변 국가의 강력한 비판을 받은 적도 있다.

요약 비교 독일과 오스트리아의 정부비교

오스트리아는 과거 합스부르크 가문이 통치했던 신성로마제국이나 다민족 국가 오스트리아-헝가리제국과 비교할 때 큰 변화가 있었다. 현재의 오스트리아는 제1차 세계대전 이후 국토면적이 1/4로 축소된 상태에서 현 국토경계선이 확정되었기 때문에 터키어(2.3%), 세르비아어(2.2%), 크로아티아어(1.6%) 등 독일어가 아닌 외국어를 사용하는 인구는 과거에 비하여 크게 줄었다. 그럼에도 불구하고 오스트리아는 국토의 특성상 바다가 없는 내륙 국가이고 다양한 민족들이 혼재되어 살아왔던 지역이어서 인접지역의 국토 경계선과 민족 구분이 시기별로 모호한 측면이 있다. 지금도 오스트리아의 비엔나에 가면 독일의 베를린에 비하여 체코의 프라하, 슬로바키아의 브라티슬라바, 헝가리의 부다페스트 등이 더 가깝게 느껴지고 있음은 오스트리아가 오랜 기간 다민족 국가의 역사를 지니고 있었기 때문이라고 하겠다.

게르만의 제1제국이었던 신성로마제국의 황제를 배출하였던 합스부르크 가문은 로마교회와 함께 유럽을 통치할 가능성이 가장 컸던 왕조였다. 그러나 신성로마제국이 프랑스의 나폴레옹에 의하여 붕괴되었고 이후, 게르만의 제2제국은 프러시아왕국을 중심으로 세워졌다. 당시 프러시아중심의 소(小)독일주의에 반대했던 오스트리아(대독일주의)를 프러시아가 전쟁으로 굴복시켰지만 정작 프러시아의 명재상 비스마르크는 전통의 오스트리아 황실을 존중해야 함을 역설한 바 있다. 이처럼 오스트리아와 독일의 관계는 다른 점도 있지만 상호 같은 민족으로서 강한 동질성도 지니고 상호 경쟁하면서 동시에 외적에 대해서는 강하게 연대하는 측면을 빈번히 보여주었다.

그러나 종교적인 부분에서 아직도 오스트리아와 독일은 분명한 차이가 있다. 오스트리아는 합스부르크 가문의 본고장으로서 로마교황청의 가톨릭교도(구교)가 대부분이다. 전체 인구 가운데 기독교 신자가 80%에 달하지만 구교는 75%, 신교는 5%에 불과하다. 오스트리아의 신교와 이슬람교 비율이 모두 4%정도로 비슷한 것은 우연이 아니다. 그래서 오스트리아는 민족적으로는 독일과 같고 언어도 동일하지만 신앙적으로는 독일과 차이가 있고 그래서 가치관에서도 약간의 차이는 있다. 독일은 제2차 세계대전의 책임을 정부가 통렬하게 반성하고 있지만 오스트리아는 독일과 달리 자신들이 전쟁의 피해국이라는 생각도 강하게 지니고 있다.

독일과 오스트리아는 제1차 세계대전에서 같이 싸웠고 패하였으며, 제2차 세계대전 직전에는 오스트리아 출신의, 대독일주의를 외쳤던 독재자 히틀러에 의하여 오스트리아를 지도에서 지웠던 적도 있었다. 그러나 1955년, 오스트리아의 비엔나는 독일의 베를린과 영원히 결별할 것을 국제사회에 약속하였고 그 결과, 패권주의를 취하는 것이 아니라 영세중립국으로서 민주주의와 번영을 추구하는 국가로 전환했다. 물론 지금도 오스트리아의 병적인 일부 극단적 보수주의자들은 나치주의를 추종하지만 풍요롭고 자유로운 오스트리아에서 그들은 극소수에 불과하다. 단지 유럽의 경제상황이 악화되고, 중동지역의 이슬람 난민들이 유입되고, 그리스의 파산과 유로존의 붕괴와 함께 각종 테러로 정치적 상황까지 불안정해진다면 대독일주의를 외치는 나치주의는 언제든지 중부유럽의 독일과 오스트리아를 휩쓸 수 있음을 간과해서는 안 된다.

합스부르크 왕궁을 개축하여 사용하고 있는 오스트리아 대통령 관저

요셉 프란츠시대에 건축된 의회건물(1883)

독일정부와 오스트리아 정부의 요약 비교*

비교 / 항목	현대 독일의 공식국가명칭 독일연방공화국 Federal Republic of Germany	현대 오스트리아의 공식국가명칭 오스트리아 공화국 Republic of Austria
역사적 배경	신성로마제국의 전통을 거부하고 새로운 국가건설 (프로이센중심의 소독일주의)	신성로마제국과 합스부르크 가문의 전통이 강함 (신성로마제국의 대독일주의)
인구	약 8,000만 명	약 860만 명
면적	357,022㎢	83,871㎢
수도	베를린(약 350만 명) 참고: 프로이센의 수도	비엔나(약 180만 명) 참고: 신성로마제국의 수도
언어	독일어	독일어
종교	기독교(신교,구교가 비슷한 비율)	기독교(구교가 대부분)
국가형태	연방제 공화국 Federal Republic	연방제 공화국 Federal Republic
정부의 특징	내각책임제	대통령제와 내각책임제 혼용

*) 대한민국 외교부 관련 자료와 미국의 CIA 최근 자료를 참조하여 재구성.

제 3 편

서울과 평양의 새로운 관계 모색

제7장 한반도의 평화적 통일비용
제8장 통일보다 부드러운 이혼
제9장 동북아 4강체제와 남북한의 관계변화
[강대국의 상호 비교]: 미국, 중국, 일본, 러시아

과연 통일은 한반도에서 전쟁의 가능성을 줄이는 최선의 방안일까? 앞서 살펴 본 독일과 오스트리아 사례에서 본 것처럼 동일한 게르만 민족이지만 독일과 오스트리아는 세계전쟁을 두 번이나 치룬 이후, 서로 다른 국가로 분리되어 평화적 번영을 추구했다. 1955년 오스트리아는 영세중립국으로 독일과 완전히 결별하였고, 동·서독으로 분단되어 있던 독일은 소(小)독일주의 차원에서 오스트리아를 제외하고, 1990년 평화적으로 통일을 일구어냈다. 비슷한 시기, 체코슬로바키아연방은 체제전환과정에서 부드럽게 국가이혼서류에 도장을 찍었지만 유고연방은 참혹한 전쟁을 겪었다. 각 공화국들이 해체되고 체제가 전환되면서 코소보 내전을 비롯한 비참한 민족분쟁이 발생한 것이다. 1990년대 유럽의 민족통일과 민족분단의 다양한 사례를 토대로 동아시아의 한반도, 서울과 평양의 새로운 관계를 모색하여 본다.

(앞면 사진: 전통의 비엔나 구도심에 새워진 현대식 건축물)

제7장

한반도의 평화적 통일비용

1. 독일식 통일의 비용

한반도에서 남한과 북한의 통일관련 비용이 얼마나 소요될 것인가에 관련하여 많은 연구가 있었다. 대표적으로 한국의 국책연구기관인 한국개발연구원(KDI)은 1991년 남북한이 독일과 같이 급진적으로 통일할 경우 예상되는 비용으로 3,121억 달러가 필요할 것으로 추정했다. 물론 남북한이 좀 더 천천히 점진적으로 통일할 경우에는 비용이 2,102억 달러로 줄어들 수 있다고 부연 설명하였다. 독일이 매우 빠른 과정을 거치면서 통일했던 당시의 상황에서 연구된 자료이지만 어쨌든 급진적 통일이 점진적 통일보다는 불가피하게 더 많은 비용이 든다는 분석이었다. 약 15년이 경과한 지난 2005년, 민간연구기관인 삼성경제연구소도 비슷한 기준에서 통일비용으로 최소한 546조원은 필요하다고 예측하였다. 이를 달러기준으로 환산하면 약 4,500억 달러 규모라고 할 수 있는데 물가인상분을 반영하면 현재 기준으로 약 1조 달러 정도이며 원화로 환산하면 약 1,200조원에 달하는 액수이다.

외국의 연구기관에서도 남북통일에 관련한 비용을 추계한 바 있는데 미국의 랜드연구소(Rand National Defense Research Institute)에 따르면 2005년 기준으로 남북통일비용으로 최대값은 6,670억 달러, 최소값은 500억 달러가 필요하다고 추정하였다. 그런데 그 편차가 너무 커서 통일비용이 얼마나 들 것인가를 구태여 조사할 필요가 있을까라는 의구심을 갖게 할 정도였다. 최대값과 최소값의 차이가 12배 이상 차이가 났기 때문이었다. 당시 연구를 주도했던 울프(C. Wolf)는 그런 자신의 연구를 보완이나 하듯이 5년 후인 2010년, 포브스(Forbes)에서 한국의 통일비용에 대하여 주목할 만한 언급을 하였다. 그는 독일 통일의 사례와 비교하면서 한국의 통일비용이 더욱 커질 수 있다고 지적한 것이다. 통일된 독일정부는 동독주민들에게 서독수준의 임금 및 연금을 지불하고자 했으며 그래서 20년 동안 통일비용으로 총 3조 달러 이상을 지불했다는 것이다. 이것은 독일식 통일의 실증적 경험에 의하여 측정된 실측값에 근거하기에 앞서의 어느 연구보다 더욱 중요한 의미를 지니고 있었다. 그렇다면 독일식으로 남북한이 통일할 경우, 한국은 통일비용으로 20년 동안 최소 1조 7천억 달러 이상을 지불하여야 한다는 것인데 과연 한국이 그 정도의 국가자본을 통일에만 쏟아 부을 정도로 잘 살고 있는가에 대해서 심각하게 고민하게 한다.[1)]

통일을 최상위의 목표로 보는 입장에서는 얼마의 비용이 들더라도 통일을 해야 한다고 주장할 수 있다. 그렇지만 2010년 기준으로 약 2,000조원 이상의 비용을 지불해야 하는 독일의 통일방식이라면 현재 시점에서는 약 3,000조원에 가까울 수 있으며 그럴 경우, 한국인의 대부분은 통일을 거부할 수도 있다. 한국이 그동안 축적했던 한국 전체의

1) 울프의 2010년 포브스 논평에서 제시한 통일비용 1조 7천억 달러는 2005년 그가 책임연구자로 참여한 랜드연구소에서 발간한 통일비용 최대 예측 값 6,670억 달러보다 약 3배 가깝게 증가된 것이다. 5년의 시간적 격차 사이에서 동일 연구자의 연구결과임에도 예측값이 크게 폭증한 이유는 독일의 경험적 자료가 발표되면서 이에 기초하여 재분석한 연구결과이었기 때문이다(Wolf, 2010; 김은영, 2010).

국가자본 상당부분을 통일비용으로 소진한다면 한국은 파산할 가능성이 대단히 높기 때문이다. 통계청에서 최근 발표한 한국국토의 총 자본가치가 약 3,500조원임을 감안한다면 이런 설명도 가능하다. 한국의 토지 대부분을 외국에 팔아 치워야 통일비용을 낼 수 있다는 말이다. 한국의 국토를 모두 매각한 이후에 그 대가로 통일비용을 지불해야 한다면 과연 그 통일을 왜 하는가라고 반문할 수밖에 없다.

통일직전까지 서독의 경제는 세계 최고 수준이었고 통일 이후, 20년 동안 독일의 경제는 심각한 상황이었다. 통일비용으로 3조 달러 이상을 썼는데 경제가 좋을 수 없었음은 당연했다. 다행스럽게도 2010년 이후부터 독일의 경제가 빠르게 회복되고 안정화되면서 긍정적인 평가도 많이 나왔으나 2014년 독일의 베를린 현지에서 만났던 서독 출신 50대 남성들과의 인터뷰에서 그들은 우리의 예상과는 전혀 다른 답변을 하였다. 서독의 중년층들은 독일의 통일 이후의 상황을 매우 부정적으로 평가했으며 20년 전 자신들이 30대 서독 직장인들이었을 당시에 겪었던 체험을 생생하게 증언하였나. 그들은 진정으로 독일의 통일 자체에 대해서는 기뻐했지만 통일 이후의 현실에서는 생활이 참담했으며 젊은 서독근로자의 상당수가 통일 이후 직업을 잃었던 아픈 경험이 있었음을 고백했다.

2. 급진적 통일이 불가피했던 독일

그럼에도 불구하고 1990년의 독일 선택은 불가피했다. 만일 한국도 당시의 독일 상황이었다면 다른 대안을 찾을 겨를이 없었을 것이다. 독일이 급진적인 통일을 추진한 것은 국제관계의 세력균형 질서가 재편되는 과정에서 부득이했고 당시로서는 매우 합리적인 서독의 결정이었다. 제2차 세계대전 직후 단행된 독일의 분단이 독일 자체의 민족적 갈등에 의한 자발적인 것이 아니었음은 누구나 알고 있는 사실이다. 패전국 독일의 분단은 승전국들에 의한 강제적인 것이었고 동·서독 상호간에는 직접적으로 전쟁을 한 경험도 없었기 때문에 동·서독의 통일을 심각하게 반대하는 국내 여론도 없었다. 오히려 동·서독은 통일을 위해서 통일이라는 단어를 사용해서는 안 될 정도였다. 그런데 누구도 예상하지 못했던 1989년, 국제적으로 독일 통일에 유리한 상황이 급작스럽게 전개되면서 그 짧은 격동적 변화 시기를 서독으로서는 결코 놓칠 수가 없었다.[2] 물론 독일의 통일과정에서 나타난 심각한 소유권 갈등과 동·서독 근로자간의 소득격차를 해소하기 위하여 동독 근로자의 임금을 서독 수준으로 올리는 것에는 많은 문제점이 있었다. 그럼에도 불구하고 통일정부가 동독 근로자의 마음을 얻지 못했다면 안정적으로 통일을 달성할 수 없었을 것이라는 가능성도 분명 존재했다.

작은 분쟁과 갈등이라도 있었다면 독일 주변의 국가들이 적극적으로 독일의 통일을 반대했을 것이 분명했기 때문이다. 또한 동시에 통일정부가 서독에 거주하는 동독지역의 과거 토지 소유주들 마음을 얻지 못했다면 통일에 대한 반대여론이 서독 내에서도 심각히 제기될 수 있었다. 결국 독일은 통일에 반대할 수 있는 대외적 관계뿐만 아니라 내부적 반대 여론까지도 최소화시키는데 노력했고, 그 대가로 엄청나게 많은 통일비용을 지불하였다. 독일은 동독에 주둔하여 있던 소련군의 철수과정에 막대한 지원을 아끼지 않았으며 동독의 근로자들에게도 많은 혜택을 주었다. 베를린 장벽이 붕괴된 이후에도 동독인들이 서독으로 몰려나오지 않자 서독은 자신들의 값비싼 화폐와 동독의 저렴한 화폐를 동일한 수준으로 평가하고 교환해 주겠다고 했을 정도였다. 동독사람들은 자신들의 화폐를 서독화폐로 바꾸기 위하여 아우성쳤고 순식간에 동·서독의 모든 분단선은 그 의미를 잃고 동독사람들은 돈을 바꾸기 위하여 서독으로 몰려나올 수밖에 없었다. 동·서독의 1:1 화폐교환으

2) 동독의 공산당 총서기장이었던 호네커(E. Honecker)는 1989년 1월에 있었던 유럽안보협력회의에서 베를린 장벽은 최소 100년은 더 존속할 것이라고 장담했지만 같은 해 11월 베를린 장벽은 무너졌다. 그리고 연쇄적으로 변화했던 동유럽의 자유화와 소련의 해체는 독일의 분단을 해소하기 위한 국제적 환경변화의 빠른 조류였으며 독일은 그 조류에 따라서 경제적 이해관계보다는 국제정치적 이해관계를 우선시 하였고 통일을 이루어냈다.

로 서독은 큰 손해를 보았지만 동독 시민들이 기꺼이 동독을 버리고 서독을 택할 수 있게 하였다.

만일 1990년대, 동독과 서독이 분쟁을 벌여서 독일에서 작은 분쟁이라도 발생했다면 필연적으로 소련은 그 싸움에 개입하였을 것이고 프랑스와 영국도 독일 통일을 적극적으로 반대했을 것이다. 그렇지만 동·서독은 싸우지 않았고 작은 갈등조차 표면화시키지 않았다. 패전국으로서 강제 분할된 동·서독이 드디어 하나가 될 수 있는 절호의 기회를 놓칠 수 없었기 때문에 어떤 경제적 희생도 감수했다. 그러나 독일과 비교하여 볼 때, 한국은 이미 동족상잔의 6.25전쟁을 경험했고, 치열한 이데올로기적 앙금이 여전히 상존하고 있어서 현대사를 제대로 적지도 못하는 현실이다. 동족이지만 300만 명의 사상자와 1,000만 명의 이산가족이 발생한 한반도의 상황과 독일의 상황은 크게 다르다는 것이다. 더욱이 한반도의 전쟁에는 미국과 중국이 직접 참전하였고 그들의 희생도 막대하였다. 따라서 1990년대의 독일사례는 참고해야 하지만 동시에 오스트리아는 독일과 완전히 결별하고 영세중립국이 되었음도 함께 고려하여야 한다. 만일 독일이 오스트리아까지 포함해서 통일을 하려고 했다면 동·서독의 통일도 불가능했을 것이기 때문이다. 따라서 비슷한 시기에 바로 옆에서 민족적 분쟁이 치열했던 유고연방의 상황도 참고하지 않으면 안 된다. 내전을 겪었던 한반도의 분단 상황은 이와 같은 이유에서 독일의 사례와 함께 유고연방의 분쟁사례도 함께 살펴 볼 필요가 있다.

3. 독일 통일사례가 보여준 교훈

독일은 급진적 방식으로 서독에 동독을 편입시킨 사례이다. 독일은 급진적으로 통합할 수 있는 기회가 갑작스럽게 찾아 왔기 때문에 여러 가지 문제점과 엄청난 통일비용을 고민할 상황이 아니었다. 독일식 통일방식을 한국에 그대로 적용할 경우, 앞서 울프가 예측한 엄청난 통일비용이 실제로 한국에 요구될 수도 있다. 그러나 신창민의 연구에서 주장된 바와 같이 독일의 급진적 통일과정에서 행해졌던 중대 실책을 한반도에서 재반복할 필요는 없다.[3] 비슷한 맥락에서 2011년 이종원의 연구에서 나타난 바와 같이 독일의 통일과정에서 부동산의 원 소유주 권리를 인정하고 현금보상을 하는 등의 비용지불을 한국의 통일과정에서 할 필요는 없다는 것이다.[4] 독일의 통일과정에서 분단 이전의 소유권에 대한 인정조치로 230만 건 이상의 소유권 분쟁이 발생하였고, 동독 근로자의 임금과 연금을 급격히 인상함으로써 서독정부는 막대한 공적자금을 통일비용으로 투입하지 않을 수 없었으며 20년 동안 독일의 경제가 위축되었기 때문이다. 결국 이상적 접근보다는 현실적 접근방식으로서 독일식 통일방식과는 차원이 다른, 보다 발전적인 관점에서 접근할 필요가 있다.

일단 1990년대 유럽의 상황과 현재의 아시아 상황은 크게 다르다. 소련이 해체되면서 유럽의 세력균형체제에는 급격한 변동이 있었지만 동아시아는 현재, 미국과 중국의 세력균형이 그대로 유지되고 있다. 단지 북한의 핵문제로 일본의 재무장이 이루어졌고 중국·일본의 긴장관계가 고조되고 있을 뿐이다. 따라서 미국을 중심으로 하는 해양세력과 중국을 중심으로 하는 대륙세력의 틈바구니 속에서 한반도의 평화전략이 절실히 요청되는 시점이고 이는 1955년 당시의 오스트리아가 직면했던 상황과 크게 다르지 않다.[5] 독일식 통일처럼 비용이 많이 들어가

---

3) 독일식 급진적 통일의 많은 문제점이 있었음을 지적하면서 상대적으로 점진적 통일에 기초하여 통일 후에도 상당기간 동안 남북 양측이 경제적으로 분리되어 관리하는 방식이 필요하다고 주장하는 연구도 있다(신창민, 2010: 21-33).

4) 서독은 동독지역에 대한 원상회복(restitution)원칙에 입각한 사유화를 실시하였는데 그 결과, 소유관계의 불확실과 소유관계가 해결되지 않은 수많은 기업이나 공장부지에 대한 다툼이 발생하였고 상당기간 통일독일의 발전에 큰 장애가 되었다(이종원, 2011: 185-215).

5) 1989년 유럽에서 베를린 장벽이 무너지고 다음해 독일이 통일되는 과정을 본 많은 한국인들은 한반도에도 통일의 봄이 가까이 왔다고 생각했다. 그렇지만 이후 수십 년이 지났음에도 불구하고 한반도는 독일과 같은 통일의 감동을 맛볼 수 없었다. 유럽에서 소련의 약화와 해체가 몰고 온 세력균형의 변동과는 달리, 아시아에서는 중국이 변함없이 공산체제를 유지했고 한국전쟁 이후의 세력균형 기본체제는 그대로 유지되었기 때문이다. 만

는 방식이 아니라 한반도의 평화가 한반도의 가치를 증폭시킴으로써 남북한 모두에게 새로운 융합적 시너지 창출기회를 얻을 수 있게 함이 더 필요하다고 하겠다.

이와 같은 맥락에서 한반도의 평화와 번영을 위하여 통일보다 오히려 한반도의 부드러운 이혼을 논할 필요성이 제기될 수 있다. 오스트리아와 독일이 같은 언어를 사용하고 동일한 게르만이지만 결별을 공식화했던 즉, 1955년 오스트리아가 영세중립국가로서 독일과 결별하고 국가조약을 체결했던 상황을 다시금 재평가할 필요가 있다는 것이다. 미국과 중국이 대치하는 상황에서 일본이 재무장하고 한반도 주변의 세력균형체제가 위협받을 수 있음을 결코 가벼이 보아서는 안 되기 때문이다. 기존의 세력균형을 안정화시키고 한반도의 평화체제를 공고히 하기 위하여 독일에서 오스트리아를 분리시킨 것처럼 한반도에서 북한을 분리시켜 영세중립국으로 체제 전환할 수도 있다는 것이다. 이와 관련하여 최근의 관련 사례로 체코슬로바키아의 부드러운 이혼 즉, 벨벳이혼(Velvet Divorce)을 떠올릴 수 있다. 체코공화국과 슬로바키아공화국이 부드럽게 이혼한 사례는 1990년대 비슷한 시기, 민족적 갈등과 종교 갈등이 폭발적으로 표출된 유고연방의 내전 사례와 대조적이다. 이와 같은 측면에서 먼저 유고연방의 코소보 내전과 함께 체코슬로바키아의 부드러운 국가이혼 사례를 비교해 본다.

약 중국이 1989년 톈안먼 사태 이후 자유체제로 바뀌었다면 아시아에서도 질서변화가 있었을 것이고 그 결과, 한반도에서도 급진적 변동이 있었을 가능성이 높다. 그렇지만 소련만이 해체되었을 뿐, 1953년 이후 형성된 미국과 중국의 세력균형은 그대로 한반도에 적용되었고 현상은 바뀌지 않았다. 한국인들이 독일과 같은 통일의 환희도 통일의 어려움도 경험할 수 없었던 근본적 이유이다.

개교 650년을 맞은 비엔나대학교(1365년 설립)

제 8 장

통일보다 부드러운 이혼

1. 코소보 내전과 민족갈등

앞서 누차 언급한 바와 같이 한반도 통일과 관련하여 우리가 결코 놓쳐서는 안 될 중요 부분이 있다. 기존의 세력균형체제에 균열이 일어날 경우, 독일과 같이 좋은 기회를 얻을 수도 있지만 동시에 동유럽에서 발생했던 것과 같은 수많은 내전의 참혹함을 겪을 수도 있다는 가능성이다.[1] 독일이 통일되었던 1990년대, 독일의 남동부 지역에 인접한

1) 300만 명의 사상자와 1,000만 명의 이산가족이 발생했던 한반도에서 동서독과 같이 평화적인 통일이 반드시 이루어질 것이라는 희망은 가정에 불과할 수도 있다. 오히려 비슷한 시기, 독일의 남서부 지역에 위치한 유고연방에서 발생했던 내전의 참혹함이 한반도에서 또 다시 재연될 수 있음을 간과해서는 안 된다. 현재, 일본이 급속히 재무장하고 있는 상황에서 중국의 패권주의가 북한지역을 사이에 두고 직접적으로 충돌하였음 때를 가정하여 볼 수 있다. 만일 북한에서 정변이라도 발생한다면 일본은 미국의 요청을 받아들여 북한의 핵무기를 제거하기 위하여 북한에 직접 군대를 파병할 것이고 이에 대응하기 위한 중국의 군대도 압록강을 넘지 않을 수 없다. 한반도는 1894년 청 · 일전쟁 당시의 조선반도 상황에 더하여 1990년대 발칸반도에서 벌어졌던 내전 상황이 겹쳐진 최악의 상황으로 치달을 수 있음을 경계하여야 한다.

북부 발칸지역의 유고슬라비아는 연방이 해체되면서 민족갈등과 대규모 살상 그리고 내전이 발생했다. 기존의 미·소 세력균형체제가 붕괴되면서 동독과 서독처럼 평화적으로 재통합한 것이 아니라 민족적, 종교적 갈등이 표출되면서 분쟁과 내전이 재연된 것이다.

소비에트 연방이 해체되었던 1990년대, 유고슬라비아 연방에 소속되어 있던 6개 공화국들은 큰 혼란에 빠져들었다.[2] 이 지역은 신성로마제국(오스트리아)과 오스만터키제국이 오랜 기간 각축을 벌였던 곳으로 인종과 종교가 서로 다른 크고 작은 공화국들이 하나의 유고연방으로 통합되었던 지역이다. 1945년 이후, 소련의 막강한 공산체제하에서 유고연방으로 통합되어 1991년까지 평화가 유지되었던 지역이다. 그런데 소련이 해체되고 자유주의 흐름이 이어지면서 각자의 민족적 이해관계가 충돌하였고 그 결과, 유고연방도 해체의 수순에 들어갔다. 1991년 6월, 슬로베니아와 크로아티아가 유고연방을 탈퇴하여 독립을 선언했고 이후, 많은 사상자와 난민을 동반한 내전이 유고연방지역에서 꼬리에 꼬리를 물고 이어졌다. 강력하고 폐쇄적인 공산체제하에서 인종과 종교의 차이로 인한 갈등과 대립은 억압되고 통제되었으나 자유화 분위기 속에서 여러 갈등 요소들이 급속히 악화되면서 내전이 발생한 것이다. 갈등을 해소할 수 있는 대화와 안정적 체제전환이 형성되기 이전에 전쟁이라는 극단적 갈등해결방안이 유고연방 전 지역에서 벌어졌다. 슬로베니아

2) 1945년 제2차 세계대전의 결과로 유럽의 발칸반도에 수립된 유고연방의 공식명칭은 '유고슬라비아 사회주의 연방공화국'이다. 세르비아(Serbia), 크로아티아(Croatia), 보스니아-헤르체고비나(Bosnia-Herzegovina), 슬로베니아(Slovenia), 마케도니아(Macedonia), 몬테네그로(Montenegro) 등 6개 공화국과 보이보디나(Vojvodina)와 코소보(Kosovo)라는 2개의 세르비아 자치주로 구성되었다. 14세기 이후 오스만제국의 이슬람문명이 발칸지역에 진입했고 이에 대항한 신성로마제국(오스트리아)을 중심으로 기독교문명과 전쟁이 빈번히 일어났다. 이 지역은 로마가톨릭교, 그리스정교, 이슬람교 등 3개의 종교권역이 중첩되고, 민족적으로도 알바니아계, 그리스계, 터키계, 불가리아계, 세르비아·크로아티아계 등 5대 민족이 공존하면서 민족적·종교적 갈등이 상존했던 곳이다. 제1차 세계대전의 원인을 제공했던 유럽의 화약고였다. 제2차 세계대전 이후에는 히틀러 통치에서 벗어난 북(北)발칸반도에서 1945년 티토(J. Tito)의 영도 하에 유고연방으로 통합되었으며 소련과의 갈등도 있었지만 공산국가 유고연방은 1991년까지 안정적으로 유지되었다(www.britannica.com/event/Kosovo-conflict 참조).

국경에서 시작된 분쟁은 그 해 보스니아 전역으로 퍼졌으며 1992년 보스니아-헤르체고비나로 확산되었다. 특히 세르비아의 지도자들은 인종분리 정책을 펼치기 시작하였고 이에 따른 인종 청소가 자행되기까지 했다.

특히 코소보의 상황은 매우 심각했다. 유고지역에서의 변동시기에 코소보의 알바니아인들도 1991년, 코소보의 독립을 묻는 투표를 실시했다. 이어 알바니아계 자치의회는 코소보의 독립을 선언했고 1992년 대통령 선거를 실시했으며 루고바(I. Rugoba)를 코소보의 새로운 대통령으로 선출했다. 그러나 세르비아는 이 모든 것을 불법으로 간주했고 세르비아계와 알바니아계는 서로를 인정하지 못한 채 극단적으로 대립했다. 약 90%에 가까운 코소보 주민이 알바니아계임을 감안하면 독립이 일견 당연할 수 있지만 세르비아인들에게도 코소보 지역은 알바니아계에게 결코 양보할 수 없는 지역이었다. 세르비아인들에게 코소보 평원은 자신들의 본향과 같은 곳이었기 때문이다. 결국 1995년, 알바니아계 주민들은 코소보 해방군을 조직해 세르비아인들에게 대항했고 내전은 본격화되었다.

세르비아인들은 1998년 알바니아계 주민들을 향하여 무자비한 무력진압을 감행했으며 유혈사태가 격화되었고 결국 1999년 나토(NATO)군이 개입하여 세르비아군을 향하여 공습을 감행했다. 이로써 코소보 내전은 더 이상 발칸지역의 분쟁으로 한정되지 않았으며 전쟁은 유럽으로 확산되었다. 특히 세르비아계 밀로셰비치(S. Millošević) 대통령은 '인종청소'의 명목으로 코소보 내 알바니아계 주민들을 학살했으며 그 결과, 약 1만여 명의 사망자와 90만 명에 달하는 난민이 발생하였다.[3] 코소

3) 소련이 해체되고 동구권에 변화가 일어나면서 유고연방이 해체되었으나 새롭게 등장한 세르비아공화국의 밀로셰비치는 1992년 4월 세르비아와 몬테네그로, 자치주였던 보이보디나와 코소보를 합하여 신유고연방을 결성했다. 이 과정에서 알바니아계의 코소보가 세르비아로부터 독립하고자 했고 세르비아는 이를 강압적으로 저지하면서 심각한 내전이 발생했다. 코소보 내전에서는 수많은 사상자와 난민이 발생하였으며 이때 대규모 살인을 저지른 밀로셰비치는 '발칸의 도살자'라 불리며 알바니아계 주민들에 대한 처참한 인종청소를 벌이다가 2000년 실각하게 된다. 그는 국제형사재판소(ICTY)에서 전쟁범죄와 학

보 내전은 1999년 6월 UN결의 제1244호에 의해 종료되었으나 여전히 분쟁의 씨앗은 그대로 남아있었다. 2000년 총선 패배로 밀로셰비치가 실각한 이후, 여러 우여곡절 끝에 2008년 코소보가 독립을 선언하였으나 러시아와 중국은 코소보의 UN 가입을 반대했다. 또한 코소보에 거주하는 소수의 세르비아계 주민들도 2012년 알바니아계의 코소보 통치권을 거부하는 주민투표를 한 바 있는데 이는 최근 러시아의 크림반도 자치공화국 합병당시 행해진 주민투표와 비교되면서 언제든지 이 지역에서 또 다시 내전이 재연될 가능성을 남겨두고 있다.

2. 체코슬로바키아연방의 벨벳혁명

20세기의 전반 50년 동안, 체코슬로바키아의 국가적 운명은 마치 롤러코스터를 타는 것처럼 부침이 심했다. 1918년 체코슬로바키아는 제1차 세계대전 이후 합스부르크 통치에서 벗어났고 5개 지역을 하나의 영토로 통합한 이른바 하나의 체코슬로바키아 즉, 체코슬로바키즘(Czechoslovakism)으로 통합되었다. 보헤미아의 프라하를 중심으로 서쪽에는 독일계 민족이 다수 거주하는 슐레지엔, 남쪽에는 모라비아, 동쪽에는 슬로바키아와 루테니아지역이 그것이다. 독일계 합스부르크 왕조의 통치하에서는 5개 지역의 경계는 상호 모호했지만 체코슬로바키아가 독립을 하면서 독일과 분명한 경계선이 그어졌다. 이에 대하여 히틀러는 체코지역에 독일인이 많이 거주한다는 명분을 내세워(인구의 35%), 1938년 뮌헨협정을 이끌어 냈고 영국과 프랑스의 묵인 하에 체코의 보헤미아, 모라비아, 슐레지엔을 독일에 강제 편입시켰다.

당시 체코인들은 나치 독일에 저항하고자 하였으나 상대적으로 슬로바키아인들은 나치 독일에 동조하면서 체코와 분리된 슬로바키아 공화

살죄, 반인도적 범죄 혐의로 체포되어 전범으로 재판을 받던 중 2006년 감옥에서 사망한 바 있다. 그리고 같은 해, 6월 세르비아와 몬테네그로도 각기 분리 독립하면서 신유고연방이 완전히 해체되면서 발칸의 평화가 찾아왔다. 1992년부터 2006년까지 발칸의 봄은 참으로 참담하였다.

국이 제2차 세계대전을 전후로 잠시 분리되어 세워졌던 시기가 있었다. 이 과정에서 체코인들과 슬로바키아인들은 감정적으로 좋지는 않았으나 1944년 슬로바키아에서 발생했던 반(反)파시스트적, 반(反)나치적 저항운동을 계기로 체코인과 슬로바키아인들은 다시금 하나의 체코슬로바키아라는 의식을 강하게 갖게 되었다. 이후 나치 독일이 패망하면서 체코슬로바키아는 동부의 일부 지역(루테니아)을 소련에 할양한 채 하나의 독립국으로 체코슬로바키아를 재건하였다.

그러나 소련의 영향권이 크게 확장되면서 체코슬로바키아는 1948년 공산쿠데타에 의하여 소련의 위성국으로 전락하였다. 1960년 공산당 1당 독재가 확고히 자리 잡으면서 공식적으로 국가 명칭을 '체코슬로바키아 사회주의 공화국'으로 정한 시기도 있었다. 그러나 슬로바키아의 브라티슬라바 출신 둡체크(A. Dubček)가 주도한 1968년의 '프라하의 봄'이 소련의 군사력에 의하여 실패로 돌아간 이후, 소련은 교묘하게 체코와 슬로바키아간의 불평등한 관계 등을 해결한다는 명목 하에 1969년 보헤미아와 모라비아 지역은 '체코사회주의공화국', 슬로바키아 지역은 '슬로바키아사회주의공화국'으로 분리하여 2개의 공화국에 의한 연방제 국가로 정치체제를 개편하였다. 체코슬로바키아연방이 출범한 것은 또 다른 '프라하의 봄'을 막기 위한 소련의 분할 통치적 조치였다.

체코슬로바키아는 언어와 문화적 배경이 비슷하며 민족적으로도 크게 차이가 나지 않았지만 경제적, 산업적 측면에서 체코와 슬로바키아는 확연한 차이가 있었기에 상호 분리되는 것이 편리한 부분도 있었다. 체코지역은 공업화되었고 상대적으로 소득이 높은 지역이었지만 슬로바키아는 상대적으로 농업을 기반으로 소득이 낮은 지역이었던 차이가 분명했다. 비유한다면 미국과 캐나다 정도의 차이라고 하면 체코와 슬로바키아의 차이를 설명하는데 적절할 것으로 판단된다.

어쨌든 1969년부터 1989년이 끝나 갈 때까지 약 20년 동안 체코슬로바키아연방에서는 큰 변화가 없었다. 역사의 수레바퀴가 갑자기 움직인 것은 1989년 11월 17일 프라하의 작은 길 모퉁이에서였다. '영원히'

지속될 것처럼 보였던 소련 제국이 급속히 변화되면서 소련은 해체되었고 권력과 가치의 새로운 분할구도가 갑작스럽게 형성되었다. 벨벳혁명(Velvet Revolution)이었다. 벨벳처럼 피 흘리지 않고 부드럽지만 그 변화는 공산주의에서 개방화된 민주주의로의 급속한, 혁명적 변화였다. 그들은 용기 있었으며 놀라웠다. 잃어버렸던 '프라하의 봄'은 다시 시작되었고 곧 바로 뜨거운 여름이 되는 것 같았다. 1989년 11월, 프라하에서 발생한 평화로운 학생 시위는 경찰에 의해 무자비하게 진압되었지만 그것은 프라하의 벨벳혁명을 촉발한 중요한 사건이 되었다. 더욱이 은둔하고 있던 둡체크 전 서기장이 그의 20년 은거지인 슬로바키아의 수도, 브라티슬라바를 떠나 프라하 시위에 합류함으로써 반정부시위는 더욱 격렬해졌다.

한편 중부유럽에서 이미 유명한 반체제 인사로 주목받고 있던 하벨(V. Havel)은 작은 시민포럼(OF) 지도자에서 범 민주적 총괄세력의 지도자가 되어 있었다. 비슷한 시민운동이 슬로바키아의 브라티슬라바에서도 결성되었고, 명칭은 반폭력 대중정당(VPN)이었다. 이제 시민포럼과 반폭력대중정당은 벨벳혁명을 이끌어 갈 주요 조직으로 전면에 나서게 되었다. 11월 27일, 바츨라프 광장을 가득 메운 수많은 대중들의 거센 압력 앞에서 아다메츠(L. Adamec)총리가 이끌고 있던 공산정부는 드디어 민주세력과 협상을 시작했고 이는 벨벳혁명이 일어난 지 불과 10일만이었다. 그리고 협상 이후 공산당원으로 가득 차 있던 의회에서 모두를 깜짝 놀라게 했던 사건이 발생했다. 민주지도자 하벨이 공산당 소속 의원들에 의하여 새로운 대통령으로 선출된 것이다. 혹자는 부드러운 벨벳혁명을 가리켜 이렇게 말한다. "민주화를 위하여 폴란드에서는 10년의 시간이 필요했고, 헝가리에서는 10개월이 필요했으며, 동독에서는 10주가 필요했는데 프라하에서는 단지 10일만이 필요했다." 1989년 11월 17일에서 11월 27일, 프라하에서 일어난 사건들을 함축적으로 설명하고 있다.

3. 체코슬로바키아연방의 벨벳이혼

(1) 체코와 슬로바키아의 분리주의: 체코슬로바키아연방의 벨벳혁명이 밝은 측면만 가져온 것은 아니었다. 단일 국가의 범주 내에서 체코와 슬로바키아 상호 관계에 관한 문제를 핵심주제로 제기한 적도 있었지만 적극 대응하지 못한 결과, 갈등상황은 점차 심각해졌다. 공산당 1당 독재정부의 권위적 통제가 사라지면서 체코와 슬로바키아는 서로의 통합 상태가 불편하고 어렵다는 것을 뒤늦게 인정할 수밖에 없었다. 양측의 분쟁은 급속히 확산되었으며 수개월 동안 정치적으로 안정된 통제가 불가능한 상황까지 치달았다. 그러면서 체코와 슬로바키아에서는 각기 자연스럽게 단일 국가의 새 이름에 대한 저항감이 생겨났다.

1990년 1월 하벨 대통령은 연방의회에서 '사회주의'라는 단어가 새로운 국명에서는 빠져야 한다고 제안했는데 이는 전통적인 '체코슬로바키아 공화국(Czechoslovakia Republic)'으로의 복귀를 주장한 것이었다. 그러나 하벨의 기대와는 성 반내로 그의 제안은 의회를 통과하지 못했다. 더욱이 슬로바키아에서는 국명을 두고 상당히 큰 소동이 일어났으며, 슬로바키아 정치인들은 1918년 이래 복잡했던 체코와 슬로바키아 사이의 관계에 대한 여러 가지 좋지 않았던 역사적 기억들을 떠 올리기 시작했다. 슬로바키아인들은 제1차 세계대전 이후 독립하면서 수립되었던 체코슬로바키즘(Czechoslovakism) 즉, 체코와 슬로바키아가 단일 민족이라는 사상에서 중앙집권적 통제적 개념을 연상시켰고 거부감을 표시하면서 어떤 대안도 수용하지 않았다.

(2) 하이픈 전쟁: 이와 같은 상황에서 체코와 슬로바키아 사이에 난데없이 '하이픈 전쟁'(Hyphen War)이 발생하였다. 여기서 하이픈 선쟁이란 1990년에 일어난 체코슬로바키아의 공식 명칭에 대한 체코와 슬로바키아 상호간의 다툼이었다. 1990년까지의 체코슬로바키아 공식 명칭

인 체코슬로바키아 사회주의 공화국(Czechoslovakia Socialist Republic)에서 하벨 대통령은 '사회주의'를 뺄 것을 제안했지만, 슬로바키아 출신의 정치인들은 '체코'와 '슬로바키아' 사이를 하이픈(-)으로 나누어 줄 것을 요구했고 이를 수용하여 체코-슬로바키아 공화국(Czech-Slovakia Republic)이라는 이름으로 다시 제안한 바 있었다. 체코 측은 슬로바키아인들이 이름에 대해서 주장하고 있는 특이한 변형들 예컨대 체코-슬로바키아, 체코-슬로바키아 연방, 체코-슬로바키아 공화국 등을 기괴하다고 생각했다. 그러나 슬로바키아는 아주 오랫동안 거부당했던 자신들의 국가 지위를 마침내 분명히 강조하길 원했고 그것이 하이픈 전쟁으로 표출된 것이었는데 체코는 이를 가볍게 무시했다.

1990년 4월 마침내 여러 차례의 협상과 극적인 논쟁 이후 연방의회는 절충안으로 이름 문제에 대한 다소 복잡한 해법인 '체코와 슬로바키아 연방 공화국'(Czech and Slovak Federal Republic)을 채택했다. 그러나 체코인들은 그때까지도 국가지위에 대한 슬로바키아인의 심각한 피해의식에 대한 불만을 충분히 인식하지 못했다. 독일의 통일과정에서 서독이 동독에 대하여 매우 관대한 정책을 펼쳤던 것과 같은 조치가 필요했었다. 그러나 체코는 슬로바키아에 대하여 관대하지 못했고 오히려 슬로바키아인들의 분리 의도에 대해 의심하고 비판하기 시작했다. 슬로바키아 측에서 제기한 하이픈 논쟁은 정치적 공리주의로부터 인종적, 민족적 편협성의 사례에 이르기까지 다양한 방식으로 드러났으며 상호간 민족감정은 더욱 악화되어 하이픈 전쟁에까지 이를 정도였다.

(3) 내전보다는 부드러운 이혼: 체코슬로바키아에서 일어난 벨벳혁명은 인근의 다른 동구권 국가들에 비하여 매우 급속히 전개되었다. 동시에 그 혁명적 변화는 어느 체제전환 국가에서도 찾아 볼 수 없을 만큼 부드러우면서도 강한 개혁과 개방의 적극적 조치들로 가득 찼다. 반세기 이상 기득권을 누렸던 공산당 간부들은 민주화 개혁세력에게 크게 양보하였고, 새롭게 등장한 자유 시민들도 유혈투쟁이나 비제도적 폭력

을 행사하지 않았으며 상대를 배려하고 존중하였다. 급격한 체제전환과정을 겪으면서도 상호 합리적 갈등해결을 위한 대화과정이 있었고 서로의 이해갈등을 최소화했다. 그러나 체코와 슬로바키아의 분리주의는 막지 못했다. 알게 모르게 상호간의 감정적 앙금이 오랜 기간 쌓여 있었는데 특히 슬로바키아 주민들은 체코 주민들에 대한 피해의식이 존재했지만 체코인들은 그런 피해의식을 무시하고 모르는 척했다.

체코슬로바키아와 독일의 경우가 상호 대비를 이루는 부분이 여기에 있었다. 독일은 분단된 상태에서 서독이 동독을 향하여 막대한 손해를 감수하면서 돈을 쏟아 붓듯이 관대한 정책으로 일관하였다. 20년 동안 3조 달러를 쓰면서 동독인들의 불만을 줄여나가고자 노력하였고 어찌 보면 서독의 동독에 대한 배려는 눈물이 날 정도였다. 물론 그럼에도 불구하고 많은 동독인들은 서독정부에 대하여 온갖 불만을 내뱉었다. 상대적으로 우월한 지위에 있었던 서독은 자신들의 우월적 지위를 내세우지 않았고 바로 그것이 분단되어 있던 동서독을 하나로 통합시킬 수 있는 출발점이었다. 그러나 체코는 서독이 동독에 한 것처럼 할 수 없었다. 그렇게 하기에는 체코는 서독처럼 그리 우월적 지위에 있지도 못했고 그렇게 할 만한 경제적 여유도 없었다. 결국 민족적 피해의식이 강했던 슬로바키아인들과 체코인 사이에는 갈등만 증폭되었고 해결의 기미가 보이지 않았다. 만일 상황이 더욱 더 심각해진다면 그래서 체코가 강제로 슬로바키아를 압박한다면 유고연방에서와 같은 내전이 발생할 수도 있는 상황까지 치달았다.

이러한 내전의 위기 속에서 체코와 슬로바키아는 부드럽게 합의하였다. 프라하의 봄으로 대표되었던 슬로바키아 출신 둡체크(연방의회 의장)와 벨벳혁명으로 대표되는 체코 출신 하벨(대통령) 모두가 체코슬로바키아의 국가이혼을 막아보려고 안간힘을 썼으나 분리될 수밖에 없었다. 체코슬로바키아는 독일과 같이 통일하지는 못했지만 유고연방과 같이 내전의 소용돌이에 빠지지는 않았다. 다행스럽게도 체코와 슬로바키아는 상호 평화적인 합의하에 서로 싸우지 않고 1993년 1월 1일부터 각기 다른 독립된 공화국으로 국가를 분리하는 부드러운 벨벳이혼(velvet divorce)을 단행했다. 국가이혼 이후 약 20여년이 지난 최근, 각 국가 국민들에 대한 친밀도 조사내용이 발표된 바 있었다. "당신(체코인)이 가장 좋아하는 국민들은 누구인가?"에 대한 답변에서 절대적으로 가장 높은 응답결과는 '슬로바키아인'이었다. 슬로바키아인들의 응답도 비슷했다. 국가는 이혼했지만 민족적 동질성은 거의 잃지 않았고 사이도 오히려 더 좋아졌음을 입증해 준 조사결과였다. 오늘날 양국은 경제적 생활수준에서 상당한 격차가 발생하고 있지만 서로 다른 국가이기 때문에 오히려 갈등은 발생하지 않는 측면도 있다.

비엔나대학교(학교를 빛낸 동문들)에서 만난 마사리크 대통령 흉상

Small Talk

보헤미안과 체코슬로바키아, 그리고 이승만

체코슬로바키아의 역사는 9세기, 중부유럽의 보헤미아 평원에서 시작된다. 보헤미안의 수호신으로 추앙받고 있는 바츨라프 왕은 한민족에 비유한다면 한글을 창제한 세종대왕 같은 인물이었다. 보헤미아 왕국은 프라하 지역을 중심으로 번영하였으며 14세기, 보헤미아 출신의 카를4세가 신성로마제국의 황제가 되면서 보헤미아의 프라하성은 일약 유럽의 핵심지로 우뚝 섰다. 그러나 17세기, 유럽의 30년 전쟁에서 보헤미아 왕국은 패전하였고, 합스부르크 왕가가 통치하는 신성로마제국에 수백 년 동안 편입되는 슬픈 보헤미안 역사를 갖게 되었다.

그러나 제1차 세계대전 이후 합스부르크 왕조는 몰락했고, 체코슬로바키아는 독립의 기회를 얻었다. 당시 프라하대학 교수이며 독립운동가로 활약했던 마사리크(T. Masaryk)는 오랜 민족독립운동 끝에 빛나는 결실을 맺었고 보헤미아 지역을 중심으로 체코슬로바키아공화국을 건국하였다. 마사리크는 한국의 이승만에 비유되는 인물이라고 할 수 있는데 기록에 의하면 두 사람은 나이 차이가 25살이나 났지만 독립운동가로서 학자로서 미국의 뉴욕에서 상호 교류했던 각별한 관계였다고 한다. 이승만과 마사리크는 프린스턴 대학교수이며 훗날 미국의 대통령이 되었던 윌슨(W. Wilson)과 친분관계가 있었는데 이승만은 윌슨의 제자였고, 마사리크는 윌슨의 친구였다. 이승만과 마사리크의 만남이 공식적으로 기록된 자료는 1919년 뉴욕에서 개최된 약소민족대회에서의 회합이었다.

제1차 세계대전 이후, 체코슬로바키아는 독립하였지만 한국은 독립할 수 없었다. 체코슬로바키아에서는 독립 이후 마사리크 대통령의 제자였던 베네시(E. Beneš)가 차기 대통령으로 선출되었으나 안타깝게도 히틀러의 독일군 침략과 뮌헨협정에 의하여 체코슬로바키아는 붕괴되었다. 제2차 세계대전에서 독일이 패망하자 베네시는 체코슬로바키아의 국권을 재빨리 다시 회복시켰지만 소련의 스탈린 계책에서 빠져 나오지 못했다. 동부 유럽의 새로운 패권국가로 급부상한 소련의 스탈린은 치밀한 공작을 벌였고 1948년 2월, 공산쿠데타에 의하여 베네시는 대통령직에서 하야(下野)했다. 소련의 스탈린은 이를 계기로 체코슬로바키아를 소련의 위성국으로 재빨리 편입시켰다. 그런데 비슷한 시기, 체코슬로바키아의 상황을 반면교사로 삼았던 한반도의 이승만은 스탈린의 패권주의를 정확히 간파할 수 있었고 그 결과, 서둘러 남한단독정부를 추진하였으며 같은 해인 1948년 8월, 대한민국 정부가 출범할 수 있었다.

제9장

동북아 4강체제와 남북한의 관계변화

1. 1950년 미 · 중 전쟁과 한반도

한민족은 언제가 남북한의 통일을 반드시 이루어야 한다. 그러나 역설적으로 한민족이 소리 높여 통일을 말할수록 통일하기 어려운 것이 우리가 직면한 국제관계의 현실이다. 한반도에서 북한을 분리시켜 영세중립국으로 체제 전환할 필요가 있음은 국제적 역학관계를 면밀히 관찰하여 판단할 경우, 그럴 수밖에 없는 상황이기 때문이다.

(1) 국제적 역학구조와 한국전쟁: 300만 명의 사상자와 1,000만 명의 실향민이 발생한 처절한 한반도의 내전이라고 하지만 그것은 동시에 미국과 중국이 살을 맞대고 싸웠던 미국-중국의 국제 전쟁이 분명했기에 어느 날 아무 일도 없듯이 남북한이 평화적으로 통일을 이루기는 참으로 어렵다. 남북합의에 의한 통일이라는 것이 너무도 이상적인 희망사항이라는 의미이다. 그래서 분단 70년이 넘었음에도 불구하고 6.25전쟁

의 고통스러운 기억은 여전히 우리에게 남아 있고 자체적으로 풀려고 하지만 잘 되지 않는 부분도 분명 존재한다. 이러한 고통의 기억은 미국과 중국에도 여전히 남아 있다. 동북아시아에서의 국제관계는 1953년 이후 그대로 박제된 상태처럼 현상 유지된 반면, 유럽에서의 소련은 해체되었다. 소련의 해체는 독일에게 동서독의 통일을 가져 왔지만 그렇다고 오스트리아와의 통일까지 가져 올 수는 없었다. 체코와 슬로바키아는 분리된 채 체제전환하였고, 이에 비하여 유고연방은 치열하게 내전을 치루면서 조각 조각 나뉘었다. 그러나 동아시아에서 중국은 여전히 공산국가로서 이전보다 더욱 강력한 존재로 등장했고 동아시아의 현상은 변하지 않았다. 그래서 한반도의 현 상황은 유럽의 1990년대 상황과 분명 다를 수밖에 없다.[1)]

(2) 한반도에 대한 미국과 중국의 영향력: 간혹 우리는 1950년의 한반도 전쟁을 한국인들의 전쟁이라고 생각하는 경향이 있다. 한반도에서 발생했기 때문이라면 동학혁명으로 야기된 청·일전쟁도 조선의 내전이라고 해야 할 것이다. 그렇지만 조선에서 벌어졌다고 하여도 청·일전쟁을 조선의 내전이라고 할 수는 없다. 중국과 일본의 청·일 전쟁처럼 미국의 사상자가 15만 명이고 중국의 사상자가 90만 명이었음은 사실상 미국과 중국이 벌였던 미·중 전쟁의 성격도 있는 것이다. 물론 UN군으로 참전한 미국이외의 군인들도 그 숫자가 적지는 않지만 현재 한반도의 상황을 좌지우지할 큰 변수는 아니다. 또한 한국전쟁의 시작은 소련이 보이지 않게 조정하고 지원했기 때문에 소련의 영향력이 초기에

1) 남북으로 분단되었던 베트남이 전쟁으로 하나가 된 것처럼 통일이 될 수도 있다. 그렇지만 또 다시 전쟁이라는 최악의 수단으로 통일을 해야 한다면 단언컨대 그런 통일은 상상조차 해서는 안 될 일이다. 또한 북한이나 남한에 급작스러운 정치적 변동이 발생하여 국가의 경계선이 허물어지고 그래서 마치 봇물 터지듯이 하나가 될 수도 있다. 동독이 국경이 붕괴되고 어느 날 갑자기 통일을 할 수 있었던 독일의 경우이다. 바람직하다고 할 수 있지만 사실은 이 부분에서 우리가 쉽게 잊고 지나치는 것이 있다. 독일의 경우 동서독이 상당한 갈등이 있었고 대치했다고 하지만 상호 전쟁을 한 적은 없었다는 사실이다. 오히려 내부적 갈등이 심각하게 잠재되어 있던 유고연맹은 현상 변동이 발생하였을 때, 연방이 해체되고 오랜 기간 참혹한 내전을 겪게 되었음을 간과해서는 안 된다.

는 절대적이었지만 전쟁의 진행과정에서 소련이 아닌 중국이 참전 당사국으로 역할을 주도했기 때문에 소련은 1953년 이후, 한반도에서 큰 변수가 될 수 없었다. 그러나 직접적으로 많은 사상자를 내면서 전쟁을 주도했던 미국과 중국은 한반도의 현 상황까지 가장 분명한 중대변수로 작용하고 있다.

(3) **한반도의 현상유지체제를 흔든 천재지변:** 이른바 전쟁으로 정해진 현상을 깨기 위해서는 또 다른 전쟁이나 그 이상의 천재지변이 있어야 한다. 이는 국제관계에서 전쟁이라는 가장 극단적 수단에 의하여 정해진 질서의 틀에서 결코 힘의 논리를 무시할 수 없음에 근거한다. 그 힘의 논리에 따르면, 한국의 주도하에 중국과 전쟁을 벌이거나 중국과 이해관점이 동일해서 차이가 없거나 또는 중국이 해체되어 기존의 세력균형체제가 붕괴되어야 한다. 그렇지만 현 상태에서 중국과 전쟁을 벌일 수도 없고, 중국과 이해관계가 일치할 수도 없고, 중국이 해체될 가능성은 더 더욱 희박하다.[2] 그런데 결코 변하지 않을 것 같았던 동북아시아의 국제관계에서 두 가지 중요한 천재지변이 2010년대에 들어와 한반도와 그 주변에서 연거푸 발생했다. 전쟁이 일어난 것은 아니지만 그 이상의 효과를 초래할 사건들이 발생한 것이다. 그 첫 번째는 2011년 3월, 일본에서 발생한 엄청난 규모의 쓰나미(tsunami)라는 천재지변과 함께 발생한 후쿠시마 원전붕괴사고였고, 두 번째는 2013년 2월, 북

2) 1953년 이후 약 60년 넘게 한반도 주변에서는 전쟁이 발생하지 않고 단지 휴전상태가 지속될 뿐이었다. 이는 매우 견고한 미국-중국 상호간의 세력균형이 한반도 주변에 설정되어 있었기 때문이다. 어쩔 수 없는 평화의 존속시기에 일본은 가장 먼저 경제적으로 성과를 올렸다. 한국도 급속한 발전을 이루었으며 특히 제2차 세계대전 이후 독립한 국가들 가운데 가장 먼저 산업화와 민주화를 동시에 달성한 성공사례가 되었다. 중국도 개방 이후 급속한 경제발전을 달성하였고 어느새 일본의 경제규모를 제치고 세계의 G2국가로 우뚝 섰다. 한편 미국은 제1차 세계대전 이래, 모든 면에서 최고 수준을 달성하였고 1990년대 소련이 해체된 이후에는 유일 초강대국으로 세계의 경찰국가 역할도 담당하고 있다. 그래서 한국전쟁 이후 약 두 세대가 지나는 동안, 한반도 주변의 세력균형체제는 크게 바뀐 것이 없었고 그 결과, 미국과 중국의 세력균형은 동북아시아에서 매우 안정적인 구조로서 그 견고함이 어떤 누구도 흔들기 어려울 정도였다.

한이 핵무기를 개발하면서 실행한 제3차 핵실험 사건이었다. 공교롭게도 핵과 관련된 일본과 북한의 대사건은 전쟁은 아니지만 전쟁 이상의 영향력을 지닌, 그래서 오랜 기간 유지되었던 동북아시아의 현상을 급격히 변동시킬 수 있는 기폭제로 작용했다.

2. 후쿠시마 원전사고와 북한의 제3차 핵실험

일본의 후쿠시마 원전사고는 흔히 소련의 체르노빌 원전사고에 비유되는 경우가 많다. 1986년 4월에 발생한 체르노빌 원전사고 이후 5년이 지난 1991년 12월, 당시로서는 누구도 예상하지 못했던 소련의 해체가 선언되었다. 체르노빌의 원전사고는 비옥했던 곡창지대를 죽음의 땅으로 돌변시켰다. 그 결과, 소련이라는 거대한 제국은 체르노빌 사고를 변곡점으로 급격히 몰락의 길을 걷게 되었다. 물론 당시의 소련 당국은 현장에서 작업자 2명이 숨지고 화재 진압 과정에서 소방대와 군인 29명이 사망한 것 등 극히 일부 희생만 인정하고 정보를 차단했다. 그렇지만 환경단체와 서구의 언론 등이 밝힌 바에 따르면 체르노빌 사건이 직접적 원인이 되어 5~6년 이내에 죽은 사망자의 수는 약 8천명이며 현재까지 수십만 명이 추가로 목숨을 잃고 있는 것으로 파악되었다. 또한 체르노빌 사고는 지금도 끝난 것이 아니어서 계속 오염 방재가 필요하고 철저한 방재가 있다고 하여도 계속적인 유전자 변이를 일으키면서 미래세대의 질병으로 연결되고 있다.

그런데 그 참혹한 체르노빌 원전사고가 발생한지 25년이 경과한 2011년 3월, 일본에 밀어닥친 거대한 쓰나미는 약 1만 명의 목숨을 앗아갔고 3,000억 달러 이상의 피해를 발생시켰다. 그러나 경제대국 일본을 휘청거리게 한 것은 쓰나미보다는 그 이후에 발생한 후쿠시마 원전사고에서였다. 후쿠시마 원전사고에 의한 직접적인 피해자와 피해규모는 현재까지도 정확하게 밝혀지지 않고 있다. 단지 원전사고 당시, 일본정부는 후쿠시마 제1원전의 사고 수준을 레벨 7로 격상한다고 발표했는데 레벨 7은 국제원자력기구(IAEA)가 만든 0~7까지의 국제원자력사고등급(INES) 중 최고 위험단계로 체르노빌 원전사고와 동일한 등급이었다는 사실이다. 특히 2011년 4월, 후쿠시마 토양에서는 골수암을 일으키는 스트론튬이 검출되기도 했으나 이후 어떠한 죽음이 후쿠시마 원전사고와 연계되어 일어나고 있는가에 대한 구체적인 조사와 그에 대한 공식적인 발표는 이루어지지 않고 있는 실정이다. 다만 후쿠시마 원전사고와 체르노빌 원전사고가 동일한 수준의 위험수준이었다는 사실에 근거하여 추정한다면 일본은 중장기적으로 사람들이 살기에 부적합한 지역이 될 수 있다는 판단을 할 수도 있다.[3)]

후쿠시마 원전사태는 이전의 일본과 이후의 일본을 전혀 다르게 만들었다. 2012년 12월 총선에서 민주당이 참패하면서 자민당이 다시금 정권을 거머쥐었는데 여기에는 정권교체 이상의 의미가 있었다. 극단적 보수주의를 표방하는 아베(安倍)정부가 등장했기 때문이다. 아베는 일본의 경제회복을 기치로 강한 일본을 외치며 선제적이며 공격적인 전쟁도 할 수 있는 일본을 만들고자 했다.[4)] 1945년 이후 금기시되었던 전쟁할

---

3) 후쿠시마 원전 주변에서는 요오드와 세슘 외에 수많은 방사성물질이 검출됐다. 이같은 물질은 정상적 자연 상태에서는 매우 희귀한 것들로 핵연료봉 내 우라늄이 핵분열을 일으킬 때 생기는 핵분열 생성물이고 핵무기 원료로 익숙한 플루토늄까지 검출되고 있는 실정이다. 전 세계에서 가장 먼저 핵폭탄 공격을 받은 일본은 핵무기에 대한 잠재적 공포심이 세계에서 가장 높은 국가이며 핵 오염에 대한 두려움을 가장 뼈저리게 경험했던 국민들이다. 따라서 일본 국민은 후쿠시마 핵공포에서 벗어날 수 있다면 그래서 안전하게 생존할 방법을 어떤 정부라도 정확히 제시만 한다면 그 정부의 결정에 기꺼이 따를 심리적 준비가 되어 있다고 추정할 수 있다. 이는 아베정부가 평화헌법을 수정함에도 불구하고 그 정부를 계속 지지하는 국민들의 투표결과에서 확인되고 있으며 인근의 어떤 국가와 전쟁을 한다고 하여도 주저하지 않고 전쟁을 지지할 수 있는 국민으로 일본이 급격히 바뀌었음을 시사한다.

4) 후쿠시마 원전사태는 과거 1921년 9월의 일본 상황과 비교된다. 당시 일본의 도쿄와 요코하마에서는 상상을 초월하는 천재지변이 발생했는데 이는 바로 간토 대지진이었다. 지진 발생과 함께 도시는 불탔으며 뒤이어 엄청난 쓰나미로 수만 명의 사람들이 죽었다. 섬이라는 폐쇄된 공간에 살고 있는 일본인들은 천재지변 이후, 엄청난 공포 속에서 집단적 광기에 사로잡혀 많은 조선인들을 살해했다. 동시에 일본정부는 국민들의 공포를 이용하여 일본의 저명한 평화주의자들도 상당수 제거하였다. 간토 대지진을 계기로 하라 다카시(原敬)내각은 극단적 보수주의자들을 앞세워 본격적인 중국점령계획을 구체화했다. 1921년의 간토 대지진과 2012년의 후쿠시마 원전사태는 일본인들을 극도의 공포상태로 몰고 갔고 일본정부는 그 공포를 이용하여 전쟁을 시작할 수 있는 계기로 활용하곤

수 있는 일본에 대한 새로운 밑그림을 그릴 수 있었던 것은 후쿠시마 원전사태 이후 모든 일본열도에 거주하는 일본인들의 공포에서 시작되었다. 섬나라에서 탈출구를 찾을 수 없는 국민들의 공포를 이용한 아베 정부의 거침없는 우경화 정책과 군국주의는 일본 국민들의 평화주의를 말살할 수 있는 좋은 구실이 되고 있다. 마치 곤경에 처한 독일에서 히틀러가 등장하여 총통으로 등극하는 상황과 크게 다르지 않다. 그렇지만 일본이 일본열도를 탈출하기 위하여 군국주의로 향하는 것을 대외적으로 표방할 수는 없다. 미국이라는 분명한 승전국이 일본이라는 패전국을 압도하고 있기 때문이다. 그런데 북한의 핵무기 개발과 미사일 실험은 일본의 재무장을 위한 좋은 구실이 되었다. 특히 북한의 제3차 핵실험을 계기로 일본은 미국의 지원을 받아서 군사적 재무장을 적극적으로 할 수 있게 되었기 때문이다.

3. 왜 북한의 영세중립국화가 필요한가?

2015년 5월, 일본의 방위상은 일본의 국내방송 인터뷰를 통하여 북한기지에 대한 선제공격 가능성을 언급했다. 그는 북한이 미국을 미사일로 공격하거나 이에 상응한 위험이 발생할 경우 '집단적 자위권'을 발동하여 일본이 북한을 공격할 수 있음을 공공연히 명시한 것이다. 이와 같은 일본정부의 자신감에 넘친 발언은 2015년 4월, 미-일 신방위협력지침(The New Guide Lines)이 확정되면서 가능하게 되었다. 미국의 군사적 행동이 일본과 전 방위적으로 함께 할 수 있게 되면서 기존의 미국-중국 상호간의 안정된 세력균형체제는 상당히 흔들리기 시작했다.[5)]

우선 일본이 북한 지역내 군사작전을 공식적으로 할 수 있다고 언급한 것은 북한지역에 대한 일본 군대의 진입 가능성을 열어 놓은 것이

하였다.

5) 앞서 언급한 바 있지만 2015년 10월 일본 방위상이 "일본자위대가 북한에 진입할 경우, 한국정부의 승인을 필요로 하지 않는다"라는 공개발언을 가능하게 한 배경도 2015년 4월의 미-일 신방위협력지침에서 비롯되었다.

다. 이는 북한에 어떤 쿠데타나 정변이 발생할 경우 즉, 북한 지역내 핵무기 관리에 약간의 문제 가능성이 나타난다면 일본은 미국을 대신하여 북한에 일본군을 즉각적으로 파병하고 북한 지역을 점령하여 핵무기 제거작업을 할 수 있다는 것을 의미한다. 또한 일본이 북한 지역내 군사작전을 감행할 경우, 필연적으로 중국의 군사적 개입을 초래할 수 있는데 이와 관련하여 미국과 일본은 신방위협력지침에 따라서 추호의 주저함도 없이 미국과 일본이 함께 연합하여 중국군을 공격할 수 있다는 것을 의미한다. 미-일 연합군이 북한에서 군사적 작전을 펼친다면 이는 제2의 청일전쟁, 제2의 러일전쟁이 북한지역에서 발생하는 상황과 유사하게 전개될 수 있음이고 동시에 동북아시아의 세력균형체제는 붕괴되는 것을 의미한다.[6)]

조선말의 상황과 비슷하게 역사의 흐름이 만들어지고 있지만 당시의 상황과 다르게 역사의 흐름을 바꿀 수 있는 가능성이 아직은 분명 존재한다. 물론 시기를 놓치고 결정을 잘못한다면, 그 가능성의 문은 닫히겠지만 현재 한민족에게는 산업화와 민주화를 모두 성취한 대한민국이라는 잠재력을 갖춘 공동체가 있기에 달라질 수도 있다. 북한 또는 북조선만 있다면 조선말의 상황과 비슷하게 흘러가겠지만 일단 한국은 북한과 분명 다른 존재로서 다른 주체로 움직일 수 있기 때문이다. 그것은 북한이 영세중립국으로 체제전환할 수 있도록 한국이 외교적으로 돕는

6) 전시작전권이 미국에게 있는 현 상황에서 한국은 미국과 일본의 군사작전에 수동적일 수 밖에 없다. 심지어 주한 일본인들의 안전한 귀향을 이유로 일본은 한국에도 일본군을 파견할 수 있다. 1894년 7월, 동학혁명이 일어난 조선에서 청국과 일본국이 전쟁을 시작했던 것과 비슷한 상황이다. 당시에도 일본군은 조선에 있는 일본인들의 안전을 이유로 파병하였기 때문이다. 청국과 일본국의 육군들은 9월 평양의 대동강 남쪽 기슭과 현무문 밖에서 격렬하게 전투를 벌였다. 이때 조선정부는 사실상 어떤 역할도 할 수 없었다. 평양전투가 시작되자 청국은 일본국에 패하여 일주일 만에 후퇴를 거듭했고 결국 압록강을 건너 중국으로 돌아갔다. 현 상황에서도 일단 북한의 평양지역에 미국과 일본이 연합하여 신속히 진입한다면 중국의 개입이 사실상 어려울 수 있다. 한국도 특별한 조치를 취하기 어렵다. 북한의 핵무기 때문에 더욱 그러하다. 핵무기를 안전하게 해체하기 위한 선제적 조치라는 이유를 내세운다면 (특히 미국을 지원한다는 명목 하에서) 일본의 북한에 대한 군사적 조치는 국제적 여론에서도 정당화될 수 있다. 1902년, 일본이 영국과 영일동맹을 선제적으로 맺고 러·일전쟁을 벌였던 상황과 유사하다.

역할이다. 어찌 보면 한반도가 둘로 나뉘어 있어서 조선의 세기말보다 더 나쁜 악조건일 수 있다. 그렇지만 이를 오히려 적극 활용하여 북한만의 영세중립국화를 측면 지원하고, 한국은 미국과의 동맹관계를 공고히 함으로써 동북아시아의 세력균형체제를 안정화시킬 수 있음이다.

북한을 한국에서 분리시켜 남북한의 내부적 갈등관계를 없애고 상호 협력하는 두 개의 주체로 국제 상황을 유리하게 이끌 수 있다면 최상의 조건을 만들 수 있다. 한반도 내부의 갈등적 관계를 최소화하고 국가적 협력관계를 증폭시킨다면 북한이 새로운 국가로 체제전환하고 재창조될 수 있도록 한국은 형제국가로서 북한을 적극 도울 수 있을 것이기 때문이다. 이는 마치 국경을 맞대고 있는 적국이 아닌 형제국가(미국과 캐나다)의 관계로 발전할 수도 있음이다. 또한 남북한이 같은 게르만 국가인 독일과 오스트리아의 관계처럼 변화될 가능성도 있다. 자유세계의 핵심적 역할을 하는 독일과 영세중립국가인 오스트리아가 상호 협력하는 관계인 것처럼 한국과 북한도 변화될 수 있다는 것이다.

한국은 동북아시아에서 현상유지를 원하는 미국과 중국과 협력할 수 있으며 동시에 현 상황의 타파를 추구하는 일본의 전쟁전략과 다른 동북아시아의 평화적 전략을 모색할 수 있다. '전쟁이 아닌 평화'를 택할 수 있도록 미국과 중국을 설득하고 일본이 군국주의로 가는 것을 막을 수 있다. 이는 현상유지를 원하는 미국과 중국이 결코 반대할 사항이 아니기 때문이다. 한반도에서 한국과 북한을 별개의 국가로 상호 인정하고, 남북한이 형제국가로서 상호 우호관계를 맺고 평화를 모색할 수도 있다. 북한도 한국과 미국의 적극적인 도움을 받으면서 전쟁과 쿠데타의 위협에서 벗어날 수 있어야 한다. 물론 여기에는 반드시 북한이 핵무기를 포기하여야 함을 전제로 한다.

따라서 북한이 핵을 포기하고 영세중립국으로 체제 전환한다면 조선말의 청·일-러·일 전쟁이 발생했던 상황과 다른 새로운 역사의 발전적 흐름을 열 수도 있다는 것이다. 북한의 영세중립국화는 미국과 중국의 이해충돌을 막을 수 있는 동북아시아의 완충국가지위에서 북한의 필요성을 제고시킴으로써 한반도 평화체제를 확고히 회복할 수 있다. 이를 위하여 북한은 핵무기의 포기 대가로 미국과의 관계를 적극적으로 개선하고, 국가안보와 경제발전의 강력한 디딤돌을 확보하며, 동시에 중국과의 우호관계도 안정적으로 지속시켜 나가야 한다. 북한의 영세중립국화는 현재의 동북아시아에서 어떠한 새로운 패권국가의 등장도 차단하면서 미국과 중국의 전통적 세력균형을 그대로 유지시킴으로써 한반도를 전쟁이 아닌 평화로 향하게 할 수 있다.

비엔나 슈테판성당 입구의 삼성전자 매장

Small Talk

보시라이 사건과 북한의 제3차 핵실험

중국에서 2012년에 벌어졌던 보시라이(薄熙來) 사건은 외관상 중국 고위 정치인들의 단순 부패사건처럼 보이지만 내부적으로는 중국의 권력투쟁이 당시 얼마나 치열했는가를 잘 보여준 사태였다. 중국의 차기 지도자를 결정하는 시점을 앞두고 내전까지 갈 수도 있었기 때문이다.

여기에는 세 갈래의 중국권력이 상호 충돌했다. 중국 공산당 원로들의 자녀로 구성된 이른바 태자당을 시진핑과 함께 이끌었던 보시라이는 2012년 초까지 중국 차세대 지도자로서 중앙정치국 상무위원 진출이 유력한 후보였다. 더욱이 보시라이는 상하이방의 장쩌민(江澤民)과 매우 가까웠기 때문에 차기 중앙정법위원회 서기에 오를 가능성도 있었다. 그런데 보시라이의 심복이었던 왕리쥔(王立軍)이 미국의 주중 총영사관에 망명시도를 하면서 관련된 스캔들이 일파만파로 커지고 상황이 걷잡을 수 없게 되었다. 당시 후진타오가 이끄는 공산주의청년단(공청단)파는 태자당과 상하이방을 공격하기 시작하였다. 그러나 태자당의 시진핑에게 이 사건은 내부 경쟁자를 제거할 기회가 되었고, 시진핑은 자신의 입지를 더욱 견고히 다지면서 후진타오와 장쩌민의 세력을 제압하는 과정을 빠르게 진행하였다.

이런 혼란했던 중국의 권력교체기, 2012년 말과 2013년 조에 북한은 미시일 발사와 제3차 핵실험을 단행하였고, 이에 미국은 평양 인근으로 핵 항모를 진입시키려 했다. 중국정부의 강력한 요청으로 핵항모의 황해 진입은 멈춰졌으나 중국 베이징과 텐진 앞바다에서 미국의 핵항모를 볼 수도 있는 상황이었다. 보시라이와 저우융캉이 생존하고 있으며 그들을 따르던 세력도 많은 상황에서 시진핑은 당황스럽고 분노할 수밖에 없었다. 시진핑정부가 출범한 직후, 김정은 정부는 다급하게 최룡해를 특사로 파견하였으나 상황은 심각했다. 시시각각 위험한 상황이 벌어질 수 있는 중국과 북한의 갈등 상황에서 중국의 핵심적 권력과 매우 밀접한 관계를 맺고 있었던 친중파 장성택은 위험한 존재일 수밖에 없었다.

비엔나 도심 링-카이의 현대자동차 매장

강대국의 상호 비교

미국, 중국, 일본, 러시아

제 1 단계 한반도 주변 강대국들의 위상변화

한반도를 둘러싼 국제정세는 누구도 쉽사리 예측할 수 없을 정도로 급변하고 있다. 제2차 세계대전 이래 수십 년 동안 공고히 지속되었던 미국과 소련 중심의 냉전체제는 한반도를 제외한 전 세계에서 이미 봇물 터지듯 새로운 국제관계로 전환된 바 있다. 1989년 6월, 중국의 천안문사태에서 덩샤오핑(鄧小平)은 군대를 동원하여 시민들의 민주화 요구를 탄압하였지만, 경제적으로는 개방체제를 적극 추진하여 중국의 급속한 양적 성장을 가져왔다. 이에 비하여 소련의 고르바초프(M.Gorbachev)는 1989년 11월, 동독의 베를린 장벽이 붕괴하는 것을 묵인하였고 1990년 독일이 통일되는 것을 인정하였으며, 동구권이 자유화되는 과정에서 더 이상 소련군을 투입하지 않았다. 그 결과, 1991년 소련이라는 거대 공산제국은 해체되고 러시아라는 일반국가가 등장하였다.

공산국가 소련이 소멸된 것과 달리 동아시아의 중국은 공산국가이면서도 개방적 시장체제 속에서 붉은 자본주의(Red Capitalism)를 기대이상으로 잘 수행하였다. 1990년대 "자신의 재능을 밖으로 드러내지 않고 인내하면서 준비한다"는 의미의 도광양회(韜光養晦)정책에 따라서 대외적으로 국제사회와의 불필요한 마찰을 줄이고 국력을 확충했던 덩샤오핑시대의 외교전략은 최근 바뀌었다. 전후세대인 시진핑(習近平)정부가 2013년 3월 새롭게 출범하면서 화평굴기(和平崛起) 즉, "평화롭게 우뚝 선다"를 기치로 중국의 패권국가 가능성을 숨기지 않고 있기 때문이다. 이제 중국은 과거 냉전시대의 공산제국 소련보다 더욱 강력해진 미국의 경쟁국가로 자리매김하고 있으며 세계질서의 G2로서 그에 합당한 국제적 위상을 얻고자 한다.

한편, 1980년대까지 경제 분야에서 미국과 치열하게 경쟁했던 일본은 1990년대부터 장기적 경기침체에 빠졌고 최근, 세계2위의 경제대국 지위를 중국에게 내주었다. 그러나 미국도 2000년대 아프가니스탄, 이라크에서의 연이은 중동전쟁으로 국력이 급속히 약화되었으며 2008년 경제위기까지 겪었다. 이와 같은 위기상황에서 미국과 일본은 2013년 북한의 제3차 핵무기 실험을 계기로 전후 패전국이었던 일본의 재무장을 인정하는 작업에 들어갔다. 세계유일의 패권국가 지위를 유지하기 위한 미국으로서는 동아시아에 대한 새로운 틀을 짜지 않으면 안 되었고 결국 패전국 일본의 재무장과 함께 일본의 군사대국화를 용인할 수밖에 없었다. 이를 기회로 일본은 중국과 북한을 견제할 강력한 세력으로 전면에 나서는 한편, 극보수적 정권하에서 군사력을 극대화하고 있다.

제 2 단계 미국정부와 중국정부의 비교

1. 미국의 주요현황과 정부 구조

미국의 역사는 버지니아를 비롯한 영국의 13개 식민지 주(state)가 영국왕의 부당한 압제에 항거하여 1776년 7월, 독립을 선언함으로 시작되었다. 영국군을 상대로 7년간의 독립전쟁을 벌였으며 1783년 9월, 마침내 영국으로부터 독립을 승인받고 독립국가로 공식출범하여 오늘에 이르고 있다. 미국의 공식명칭은 미합중국(United States of America)이며 50개 주와 1개의 특별구(Washington, DC)로 구성된 연방국가로서 인구는 3억2천만 명이고 국토면적은 9,833,517㎢이다. 사용하는 언어는 영어가 약 80%이고, 스페인어가 약 13%이다. 미국은 다인종, 다민족국가로서 백인이 약 80%이고 흑인이 약 12.8%이며 아시아인이 약 4.4%이다. 종교적으로는 기독교가 대부분이지만 프로테스탄트인 신교도가 과반수를 넘어 51.3%이며 구교인 로마 가톨릭이 23.9% 이고 기타 유대교가 1.7%를 차지하고 있다.

미국의 정부형태는 미국헌법에 기초한 연방제 공화국으로서 강력한 민주주의적 전통에 입각하여 왕이나 특정 귀족계급의 출현을 금지하고 있다. 미국의 대통령은 연방정부의 행정부 수반으로서 강력한 집행권한을 행할 수 있으며 대통령 선거인단(Electoral College)에 의한 간접선거로 선출된다. 대통령의 임기는 4년이고 1회에 한하여 중임할 수 있다. 미국의 입법부는 양원제인 상원(Senate)과 하원(House of Representatives)으로 구성되며, 국가의 주요정책을 입안·심의하며 동시에 행정부를 견제한다. 상원의원은 50개 주에서 각기 동일한 숫자인 2명의 상원의원이 6년 임기로 선출되며 국정의 연속성을 위하여 2년을 주기로 의원의 1/3씩 교체되고 총 100명으로 운영된다. 하원의원은 인구비례에 따른 선거구별로 선출되며 현재 435명이고 임기는 2년이다. 미국은 대통령의 행정부, 상·하양원의 입법부와 함께 각급 법원의 사법부가 균등한 지위에서 권력을 3권으로 분리하여 서로의 권력을 견제함으로써 정부의 권한이 국민의 기본권을 침해할 수 없도록 제도화하였다.

2. 중국의 주요현황과 정부 구조

중국은 오랜 기간, 전 세계의 문화와 과학을 선도하였지만 19세기와 20세기 중반까지 외적의 침입과 함께 심각한 내부적 혼란시기를 겪었다. 제2차 세계대전 이후, 마오쩌뚱(毛澤東)의 주도 하에 공산당 독재국가로 재건되었지만 국민들의 모든 활동이 당에 의하여 통제되면서 수 천만 명의 중국인이 희생되기도 하였다. 1978년 덩샤오핑의 등장 이후, 정치적으로는 당의 통제가 지속되었으나 경제적으로는 상당부분 개방화되어 국민적 삶이 획기적으로 개선되었다. 중국은 1990년대에 들어서서 세계적 국가로 발전하였으며 국제사회의 다양한 부문에서 적극적 역할을 모색하고 있다. 특히 2010년대 이후, 중국은 미국과 함께 가장 강력한 G2국가로 자리매김하고 있다.

중국의 공식명칭은 중화인민공화국(People's Republic of China)이며 안후이를 비롯한 23개 성(省), 신장 위구르를 비롯한 5개 자치지역, 수도 베이징(인구 2,100만)을 비롯한 4개 직할시로 구성되어 있다. 인구는 약 13억6천만 명이며 국토면적은 9,596,960㎢이다. 언어는 공식적으로 만다린어(북경어)가 통용되고 있지만 다양한 지역 방언과 함께 민족별 언어가 함께 사용되고 있다. 민족별로는 한족이 91% 이상이며, 소수민족으로 좡족, 만주족, 조선족, 위그르족, 티벳족 등 55개 민족이 8.5%를 차지하고 있다. 종교적으로는 공산권 국가인 관계로 종교 활동이 상당 부분 제한되어 있지만 불교 18%, 기독교 5.1%, 이슬람교 1.8%이고 대부분의 중국인들은 전통신앙에서 영향을 많이 받고 있다.

중국의 모든 권력은 중국인민을 대표하는 전국인민대표대회(National People's Congress)에서 출발한다.[7] 전국에서 간선제로 선출된 약 3,000명의 대의원으로 구성되지만 그 가운데 대부분(80% 이상)이 공산당원으로 채워지기 때문에 사실상 중국공산당 대표당원회의에 가까운 성격을 띠고 있다. 중국의 통치체제는 입법부, 집행부, 사법부의 모든 권한이 전국인민대표대회에 집중되어 있고 이곳에서 헌법개정, 법률제정, 주석과 부주석을 선출하며, 행정기관인 국무원과 사법기관인 최고인민법원도 전국인민대표대회에 책임을 지고 있기 때문에 제도적으로는 중국 최고의 권력기관으로 보인다. 그렇지만 전국

7) 중국의 정부형태는 권위적 공산국가(Communist State)체제하에서 공산당 1당 독재를 기초로 구성되어 있기 때문에 권력이 분산되어 있는 민주국가의 정부와 동일선상에서 비교할 수는 없다. 특히 형식적인 제도와 실질적인 권력관계가 대부분 일치하는 일반적인 개방국가와 달리 중국과 같이 권위적인 공산당 권력체제하에서의 제도와 실제는 서로 다른 경우가 많다. 최근 중국정부는 제도와 실제를 일치 시키고자 노력을 많이 기울이고 있지만 현재까지는 공산당의 실질적 권력관계를 중심으로 중국의 외관상 제도적 정부조직과 각 조직간 실질적 기능분담을 사실관계에서 재해석하여야 할 필요가 있다.

인민대표대회는 형식적인 최고기관일 뿐이고 빈번히 수천 명의 대의원이 모일 수도 없기 때문에 실질적으로는 소수의 공산당 중앙정치국 상무위원회(State Council)에서 대부분 중요 사안을 결정하고 있다. 따라서 상무위원회는 중국 13억 6천만 명을 통제할 수 있는 실질적 권력을 지닌 사실상의 중국정부 핵심요체라고 할 수 있다. 이러한 이유에서 중국을 집단지도체제라고 규정하고 있는 연구가 많으며, 중국의 대표 지도자(President)를 비롯한 국무원 총리(Premier)도 바로 상무위원회에서 내부적으로 결정되고, 약 3천명에 달하는 전국인민대표회의는 그 결정을 추인하는 형식을 띠고 있다.

제 3 단계 일본정부와 러시아정부의 비교

3. 일본의 주요현황과 정부 구조

일본은 1603년, 오랜 대내외 전쟁을 끝내면서 도쿠가와(德川) 군사정부에 의해 전국이 통일되었고 그 결과, 정치적 안정과 내부적 결속을 다질 수 있었다. 약 200여년의 평화 시기를 거친 일본은 1854년 미국군함의 위협에 의하여 강제 개방되었고 그 충격으로 군사정부는 몰락했다. 일본의 지식층은 유럽의 프러시아왕국을 국가발전모델로 삼았고 이에 따라 일본 국왕의 권한을 강화하는 한편, 통치체제를 개혁(메이지유신)하면서 빠르게 산업국가로 변신하였다. 19세기와 20세기 동안, 중국과 일본은 서로 상반된 전쟁역사를 기록했는데 중국이 외국과의 전쟁에서 계속 패퇴하는 동안, 일본은 전쟁에서 승리를 거듭했다. 일본은 중국과 러시아와의 전쟁에서 승리했고, 그 결과 수천 년 동안 진입하지 못했던 동아시아의 대륙으로 진출할 기회를 잡을 수 있었다.

일본은 만주지역까지 빼앗은 직후, 중국 전역과 동남아시아를 침공하였으며 1941년 미국까지 급습하였다. 일본의 공격으로 참전을 미루던 미국은 제2차 세계대전에 공식 참가했고, 일본은 1945년 미국의 원자폭탄 공격으로 무조건 항복할 수밖에 없었다. 그러나 대륙에서 소련의 영향권이 팽창하고 1949년 중국의 공산화, 1950년 한국전쟁이 발생하면서 미국은 소련의 공산권에 대항할 세력을 시급히 필요로 하게 되었다. 미국은 1952년 4월, 샌프란시스코 조약에 의하여 식민지 상태에 있던 일본을 해방시켰으며 일본은 자유진영의 일원으로 복귀할 수 있었다. 일본은 반공주의를 표방하였고 재빨리 경제개발에 박차를 가하여 불과 30년 만에 경제대국으로 성장할 수 있었다. 그러나 일본에 대한 미국의 견제를 계기로 일본의 엔화가치는 폭발적으로 평가절상 되었고, 1990년 이래 일본의 버블경제는 꺼져갔다. 2011년 3월, 일본 대지진과 원전폭발사태로 일본이 최악의 위기상황에 직면하자 미국은 일본에 대하여 상당부분 양해를 하였고, 이를 계기로 일본은 과감한 경제조치와 군사적 재무장을 할 수 있게 됨으로써 미국과 함께 중국을 봉쇄하는 대열에 합류하였다.

일본의 공식명칭은 일본국(日本國) 또는 일본(Japan)이며 행정구역은 43개현, 1개 특별도(都), 1개도(道), 2개부(府)로 되어 있다. 인구는 약 1억2천6백만 명이고 국토면적은 377,915㎢이다. 일본은 매우 단일한 인종과 민족으로 구성되어 있어서 국민의 98.5% 이상이 일본어를 사용하는 일본인이다. 종교 역시 일본의 토착종교인, 자연신과 조상신을 모시는 신도(神道)가 80% 이상을 차지하고 있으며 여기에 불교가 접목되어 있다. 일본의 정부형태는 입헌군주제에서 내각책임제를 취하는 형태를 띠고 있기 때문에 형식적으로 일본의 국가수반은 왕(텐노)이다.

일본의 입법부인 국회(Diet)는 헌법에 규정된 국권의 최고기관이며 중의원(하원)과 참의원(상원)으로 구성된다. 양원 모두 국민의 선거로 선출된 국회의원으로 구성되지만 상대적으로 하원격인 중의원의 권한이 더 강하다. 중의원의 국회의원은 소선거구제하에서 295명의 의원이 주민선거로 선출되며 180명은 비례대표로 선출되어 현재 총 475명의 의원으로 구성되어 있다. 참의원은 146명이 주민선거로 선출되고 96명은 비례대표로 선출되어 현재 총 242명의 의원으로 구성되어 있다. 중의원의 임기는 4년이며 참의원의 임기는 6년이다. 일본의 집행부인 내각은 국회에 책임을 지는 내각책임제로 운영되며 통상 중의원의 다수를 차지하고 있는 정당의 당수가 총리로 선출된다. 참의원에서는 총리를 선출할 권한도 없고 내각 불신임안 또는 신임 동의안을 제출할 권한도 없다. 반대로 참의원은 중의원과는 달리 총리에 의하여 의회가 중도에 해산되지 않는다.

4. 러시아의 주요현황과 정부 구조

러시아의 역사는 12세기 모스크바 공국(公國)에서 출발하였으나 13세기부터 15세기에 걸쳐 몽골제국의 식민통치를 200년 이상 받았다. 몽골의 영향력이 약화되면서 러시아는 주변지역으로 세력을 확장하였고 17세기, 로마노프(Romanov)왕조의 피터(Peter) 1세는 재임기간(1682~1725)동안 발틱해와 시베리아 그리고 태평양에 이르기까지 러시아제국의 영역을 크게 확장하였다. 로마노프왕조(슬라브계)는 합스부르크왕조(게르만계)와 경쟁하기도 하였으며 19세기, 유럽을 제패한 나폴레옹의 공격을 받았지만, 그를 패퇴시키면서 유럽의 경찰국가로 등극한 적도 있었다. 그러나 1905년, 39도선 이북의 조선을 사이에 두고 일본과 경합했던 러시아는 러·일전쟁에서 패했고, 결국 왕조의 권위가 급속히 추락하면서 1917년의 러시아혁명도 막을 수 없었다. 로마노프왕조의 마지막 황제 니콜라이 2세는 다음해 가족과 함께 비참하게 처형되었으며 이후 1924년, 러시아에는 소련이라는 최초의 공산국가가 세워졌다.

소련은 제2차 세계대전에서 연합국의 일원으로 독일의 공격을 막아냈고, 1945년 이후에는 미국과 치열한 경합을 벌였다. 1980년대 미국과의 체제경쟁에서 공산체제의 비효율성이 더욱 가중되었고, 1986년 체르노빌 원전폭발사건까지 발생하면서 소련체제의 한계상황은 정점에 달하였다. 소련이 대내외적으로 약화되면서 동구권 국가들이 소련의 영향권에서 이탈하였고, 소련 내부의 각 공화국들도 소련을 벗어나면서 1991년 12월 31일, 소련은 공식적으로 해체되었다. 국제사회에서 소련을 승계한 러시아의 공식명칭은 러시아 연방(Russian Federation)이었으며 21개 공화국을 비롯한 46개 주(oblast) 등으로 여전히 넓은 지역을 통치하고 있다. 특히 원유와 가스 등 풍부한 천연자원을 기반으로 어려운 경제상황을 극복하였으며 막강한 군사력을 배경으로 러시아 주변지역에 강력한 영향력을 행사함으로써 중동의 시리아, 동유럽의 우크라이나 등에서 서구권 국가들과 갈등을 빚고 있다.

러시아의 인구는 약 1억4천2백만 명이고 국토면적은 17,098,242㎢이다. 러시아는 매우 다양한 인종과 민족으로 구성되어 있으며 국민의 77.7%는 러시아어, 3.7%는 타타르어, 그밖에 다양한 언어를 사용하는 200여개에 가까운 소수민족과 다양한 부족으로 구성되어 있다. 종교적으로는 오랜 기간 공산체제하에 있었던 관계로 종교비율이 낮지만 전통의 러시아정교가 15%로 가장 높고, 이슬람교도 10%를 차지하고 있어서 중동지역의 종교문제와 직접적, 간접적으로 연결되고 있다. 러시아의 정부형태는 연방제이며 부분적으로 통제된 관제선거의 특징이 강하다. 대통령 임기는 2008년 개헌을 통해 6년으로 늘어났으며, 한 차례만 연임이 가능하다. 러시아 대통령은 국가원수로서 법률안 발의권과 의회해산권을 갖는 등 미국의 대통령보다 훨씬 막강한 권한을 행사할 수 있다. 입법부는 상원과 하원의 양원제로 구성되어 운영된다. 상원은 83개 연방행정구역에서 각 2명의 상원의원을 선출하여 구성되며 4년 임기이고, 하원은 450명의 하원의원 가운데 절반은 각 지역구에서 주민들이 직접 선출하고 절반은 비례대표제로 선출하는 방식이며 임기는 5년이다.

요약 비교 미국, 중국, 일본, 러시아정부의 요약비교

미국과 중국은 역사적 배경에서 큰 차이를 지니고 있지만 다민족국가라는 특징과 지구촌의 온대지역에서 국토면적이 가장 큰 국가라는 공통점도 있다. 미국의 정부는 입법, 행정, 사법의 3권이 분립되어 민주주의가 보장된 대통령 중심제 정부이지만 중국은 공산국가로서 소수의 공산당 핵심지도부에 의하여 정부의 주요정책이 결정되는 분명한 차이를 지니고 있다.

미국정부와 중국정부의 요약 비교*

비교 / 항목	1. 미국의 공식국가명칭	2. 중국의 공식국가명칭
	미합중국 United States of America	중화인민공화국 People's Republic of China
역사적 배경	영국 식민지에서 독립 제1차, 제2차 세계대전 승리	오랜 전통의 군주국 1949년 공산국가로 체제변동
인구	3억2천만 명	13억6천만 명
면적	9,833,517㎢	9,596,960㎢
수도	Washington, DC	Beijing
언어	영어(80%), 스페인어(13%)	만다린어(북경어), 지역방언과 민족언어
종교	기독교 (신교, 51.3%; 구교 23.9%)	불교 18%, 기독교 5.1%, 이슬람교 1.8%
국가형태	연방제 공화국 Federal Republic	공산국가 Communist State
정부의 특징	대통령중심제(삼권분립)	공산당정부(집단지도체제)

*) 대한민국 외교부 관련 자료와 미국의 CIA 최근 자료를 참조하여 재구성.

일본과 러시아는 20세기 러·일 전쟁과 제2차 세계대전을 전후로 상호 격돌한 경험이 있으며 현재까지도 영토분쟁을 벌이고 있다. 양국의 현재 인구는 비슷하지만 면적에서는 러시아가 일본의 45배이고 반대로 경제력에서는 일본이 러시아에 비하여 훨씬 앞서 있다. 일본은 동일한 언어를 사용하는 하나의 민족으로 구성된 국가이며 입헌군주제 하에서 내각책임제를 취하고 있다. 이에 비하여 러시아는 다양한 민족으로 구성된 국가이며 왕은 사라졌지만 현대판 러시아 황제(Czar)라고 불리는 대통령에 의하여 통치되는 연방제 공화국이다.

일본정부와 러시아정부의 요약 비교*

비교 / 항목	3. 일본의 공식국가명칭 일본국(日本國) Japan	4. 러시아의 공식국가명칭 러시아 연방 Russian Federation
역사적 배경	오랜 전통의 군사정부 제2차 세계대전의 패전국	몽골제국의 식민통치 로마노프왕조의 러시아제국
인구	1억2천6백만 명	1억4천2백만 명
면적	377,915㎢	17,098,242㎢
수도	Tokyo	Moscow
언어	일본어(98.5%)	러시아어(77.7%)
종교	신도(神道)가 대부분(80%)	러시아정교(15%), 이슬람교(10%)
국가형태	입헌군주국	연방제 공화국
정부의 특징	내각책임제	대통령중심제(강한 대통령)

*) 대한민국 외교부 관련 자료와 미국의 CIA 최근 자료를 참조하여 재구성.

현재 전 세계에는 수백 개의 크고 작은 국가들이 있지만 미국, 중국, 일본, 러시아는 여러 측면에서 가장 강력한 세계 4대 강대국으로 평가된다. UN의 5대 상임이사국에 미국, 중국, 러시아가 모두 포함되어 있지만 일본은 제2차 세계대전의 패전국으로 상임이사국에서 제외되어 있다. 일본은 자국의 상임이사국 진출을 위하여 끊임없이 도전하고 있으며 막대한 UN분담금을 지불하는 노력을 보이고 있다. 이와 같은 4대 강국들은 서로 다른 차이점을 지니고 있지만 상호 전쟁을 통하여 격돌했던 경험이 있는 국가들이며 현재까지 상호간의 전쟁에서 패하지 않은 국가는 미국이 유일하다. 중국은 일본과의 전쟁에서 패했던 경험이 있으며 러시아도 일본과의 전쟁에서 패전한 경험이 있다. 중국도 러시아와 작은 전쟁을 경험한 바 있으며 미국과 전쟁했던 경험도 있다. 그런데 미국, 중국, 일본, 러시아가 상호 경합했던 대표적 전쟁들에서 하나의 공통분모를 찾는다면 그것은 한반도를 사이에 두고 벌였던 전쟁이었다. 청・일 전쟁, 러・일 전쟁 그리고 미국과 중국이 참전했던 한국전쟁이 그 예(例)이다.

제 4 편

북한 단독의 영세중립국화

제10장 북한, 영세중립국으로 향하는 길

제11장 오스트리아 영세중립국화와 국가조약

제12장 국가조약과 북한의 영세중립화 방안

[한반도지역 비교연구]: 한국정부와 북한정부

북한은 21세기에도 핵실험을 한 유일한 UN회원국이고 그 결과, 동아시아의 세력 불균형을 촉발시켰다. 중국과 갈등관계를 빚으면서 고립무원의 상황에서 내부적 혼란이 일어날 수도 있으며, 북한의 핵무기 관리가 위험하다고 판단될 경우, 핵무기의 안전한 해체를 위해 UN기관이나 외국군대(중국, 일본)가 진입할 수도 있는 위기적 상황이다. 북한이 안정적으로 국가안보체제를 유지하고 경제발전을 추진하기 위해서는 스위스와 오스트리아와 같은 북한 단독의 영세중립국화를 모색함이 필요한 시점이다.

(앞면 사진: 비엔나왈츠 선율에 맞춘 '이별'공연)

제10장

북한, 영세중립국으로 향하는 길

1. 영세중립을 가능하게 할 북한의 3대 자산

북한은 경제적으로 피폐하여 있지만 우수한 인적 자산이 있고, 동시에 지정적학으로 중요한 위치에서 중국과 미국의 충돌을 완화시킬 수 있는 완충국가로서의 자산도 갖고 있다. 특히 북한은 핵무기를 지렛대로 자신에게 필요한 조건을 주변 이해당사국에게 요구할 수 있는 협상카드도 지니고 있다. 과거 오스트리아가 주변 강대국들에게 제시했던 전략을 응용한다면 북한은 유리한 조건에서 영세중립국가로 인정받고 영세중립성을 지킬 국력도 갖출 수 있다.

(1) 북한의 인적 자산: 한국개발연구원(KDI)의 조사에 따르면 북한은 1960년대 말부터 1980년대 초반까지 사상교육을 중시하여 산업현상에 필요한 우수한 경영 및 기술 인력을 양성하지 못했던 것으로 파악된다. 이러한 문제를 해결하기 위하여 북한은 1980년대 중반부터 과학기술개

발에 중점을 두고, 선진과학기술의 도입과 이를 수용할 수 있는 과학기술인력을 자체적으로 확보하려는 노력을 계속하여 왔다. 그리고 김일성 사후 선군정치가 본격화된 1995년 이후부터는 엘리트 육성을 위한 수재교육에 집중 투자하고 있다. 2000년대에 들어와서도 북한의 경제여건은 크게 좋아지지 않았지만 교육관련 북한현황을 보면 고등전문학교가 약 500개, 고등교육을 이수한 인적자원은 약 200만 명에 이르고 약 30만 명의 대학생이 재학하고 있는 것으로 추산된다.[1)]

(2) 북한의 토지자산: 북한에게는 우수한 2,500만 인적 자원뿐만 아니라 지정학적으로 매우 가치가 높은 12만㎢의 토지가 있다. 물론 북한 토지를 현재기준으로 가치평가한다면 가격을 매길 수 없다. 시장기준으로 보면 사실상 북한의 토지는 0원에 가깝기 때문이다. 그러나 동북아시아 지역의 핵심적 위치에 위치한 북한 토지의 잠재적 가치는 분명 그 어느 때보다 높이 평가되어야 마땅하다. 일제 강점기에 일시적으로 형

---

1) 대학을 유형별로 나누면 종합대학이 3개교, 단과대학이 183개교, 공장, 농장, 어장대학이 100개교가 된다. 그러나 대학은 이름뿐이고 교수진과 설비가 따라가지 못해 교육여건은 매우 취약하고 평균 학생 수도 약 1,000명 수준으로 전체 대학생 수를 합치면 약 30만 명 정도인 것으로 추정된다. 한국의 대학생수 약 250만 명보다는 훨씬 적은 규모이지만 북한의 경제수준과 인구규모를 감안하면 이는 결코 적은 숫자라고 할 수 없다. 북한의 인적 자원을 객관적으로 평가하기 위하여 유교권 문화에 속하는 사회주의국가 베트남의 인적 자원과 비교할 필요가 있다. 베트남은 전국에 89개의 국공립대학과 5개의 사립대학교가 있으며, 대학재학생 수는 약 30만 명 정도이다. 진학률은 베트남의 개방정책(도이모이정책)이 실시된 직후 급격하게 하락하였으나, 최근 다시 호전되고 있는 추세이다. 초등학교의 경우에는 1985년 이후 꾸준히 증가하여 2000년 현재 94%의 높은 취학률을 나타내고 있어 여타 동남아시아국가들의 취학률보다 높은 편이다. 북한의 현재 인구규모가 약 2,500만 명임을 감안할 때, 베트남의 인구는 약 9,500만 명으로 북한보다 약 4배에 가까운 규모이지만 대학생의 수는 비슷한 규모이다. 인적 자원의 질적 수준을 객관적으로 평가하기는 어렵지만 개성공단의 인사담당자들 평가에 따르면 북한의 인력은 베트남의 인력에 비하여 훨씬 우수하여 생산품 불량률에서 현격히 차이가 난다고 한다. 북한의 경제상황이 베트남에 비하여 매우 열악한 상황이라는 측면도 고려한다면 북한의 인적 자산 수준은 임금 대비 세계최고수준이라고 할 수 있다. 이것은 북한이 지니고 있는 최고의 자산이며 조상이 물려준 최고의 유산으로서 북한의 경제적 발전을 가능하게 할 수 있는 저력이라고 하겠다. 따라서 북한이 안정적인 영세중립국으로 대외관계를 회복할 수 있다면 빠른 속도로 발전할 수 있는 가능성이 존재한다고 평가할 수 있다.(윤병수, 북한의 인적자원개발 현황과 향후 과제, 2005, 한국개발연구원. 참조)

성된 바 있던 북한의 시장적 토지가치와 비교할 수 없을 정도로 북한지역은 요충지가 되었기 때문이다. 중국이 개방되면서 세계의 경제활동축이 대서양과 태평양을 건너 동아시아 방면으로 옮겨졌다. 특히 21세기에 들어오면서 북한의 잠재적 토지가치는 더욱 급등하였지만 아쉽게도 그것이 시장적 화폐가치로는 평가될 수 없는 상황이다. 북한의 폐쇄성으로 인하여 북한 토지의 개별 소유가 불가능하기 때문이다. 단지 음성적으로 거래되는 북한의 아파트와 같은 공동주택과 단독주택 등은 음성적인 북한 내부의 부동산거래로 그 가능성을 탐색할 정도에 불과하다. 그렇지만 반대로 북한지역이 영세중립국으로서 신뢰할 수 있는 정부에 의한 토지의 개별적 소유권이 일정지역에서 정당하게 보장된다면 북한의 토지는 엄청난 화폐적 가치로 전환될 수 있다.2)

그러나 무엇보다도 북한의 토지 가치는 중국과 미국의 직접적 충돌을 막을 수 있는 지정학적 위치 측면에서 북한의 영세중립성의 가치를 높여준다고 하겠다. 과거 중국과 소련의 갈등적 관계 속에서 북한이 등거리 외교를 통하여 이익을 취했던 경험을 더욱 크게 확장할 수 있기 때문이다. 냉전시기에 오스트리아가 미국과 소련의 틈바구니에서 영세중립국으로서 실리를 구했던 것과 비교한다면 북한은 미국과 중국의 사이에서 훨씬 더 많은 것을 얻을 수 있다. 북한이 철저하게 중립을 지키면서 미국과 중국의 양대 세력을 완충시키는 역할을 잘한다면 북한은 많

---

2) 북한의 토지 면적이 중국 전체 토지 면적의 1%를 조금 상회할 뿐이라고 하여도 북한 토지가 제대로 평가만 받을 수 있다면 그 가치는 중국 전체 토지의 시장가치를 상회할 수도 있다. 물론 중국 역시 토지의 국유화로 토지의 시장가치를 정확히 평가하기 어려운 사회주의체제이기 때문일 수도 있다. 그렇지만 토지의 가치측면에서 중국의 광대한 토지와 북한의 알찬 토지는 그 유용성과 중요성에서 엄청난 차이를 지니기 때문이라 할 수도 있다. 북한의 토지와 중국의 토지를 미국토지에 비유하면 다음과 같이 비교될 수 있다. 예컨대 뉴욕시(New York City; 1,214㎢)와 뉴욕주(New York State; 141,300㎢)의 토지가격을 비교할 경우, 해안가 요충지에 위치한 뉴욕시는 내륙의 광활한 뉴욕주에 비하여 1%의 면적도 안 되지만 토지가치는 뉴욕시가 훨씬 높은 것과 비슷하다. 즉, 북한은 중국보다 토지면적에서는 1% 수준이지만 토지의 가치에 있어서는 뉴욕시가 뉴욕주보다 높은 것처럼 북한의 토지가치는 중국의 토지가치보다 높을 수 있다. 물론 이와 같은 가치는 북한토지의 현재가치는 아니며 올바르게 개방되고 발전된 이후의 미래가치라는 것을 전제로 한다.

은 수혜를 양대 강국으로부터 적극적으로 공급받을 수 있는 예약권을 확보하는 셈이다.

(3) **북한의 핵무기 자산:** 북한은 우수한 인적자원과 높은 잠재적 가치의 토지를 보유하고 있는 국가지만 그 수준은 아프리카의 저개발국가인 모잠비크 국가수준에 가깝다. 동북아시아에 위치한 북한이 모잠비크와 비슷한 수준이라는 것은 매우 이례적인 사안이지만 분명 다른 점은 하나있다. 모잠비크는 핵무기를 개발할 수 있는 국가가 아니지만 북한은 핵무기를 개발하고 활용할 수 있는 국가라는 점이다. 많은 것을 함축적으로 설명해주는 부분이다. 그러나 북한이 개발했다는 핵무기가 과연 매우 높은 가치 있는 자산이 맞는가의 여부는 지금부터 어떻게 이 자산을 활용하는가에 달렸다고 봄이 타당할 것이다.

현재까지 국제사회에서 보편적으로 인정되는 핵무기 보유국은 미국, 영국, 러시아, 프랑스, 중국 등 5개국이다. 이른바 UN안전보장이사회에서 거부권을 행사할 수 있는 5대 상임이사국과 일치된다. 그밖에 인도와 파키스탄 그리고 이스라엘은 핵무기를 보유하고 있는 국가로 사실상 인정되고 있다. 그런데 북한이 3차 핵실험 이후 핵무기를 보유한 국가로 국제사회에 그 지위를 요구하고 있으나 국제사회는 이를 거부하고 있다. 그 결과, 북한은 핵무기로 인하여 국제사회에서 많은 제재를 받고 있다. 한때 남아프리카공화국, 우크라이나, 카자흐스탄, 벨라루스도 핵무기를 소유한 적이 있으나 포기했으며 최근에는 이란도 핵무기를 포기한 상황에 가깝다고 볼 수 있다. 문제는 과연 북한이 핵무기를 계속 보유하고 있을 때 얻는 것과 잃는 것을 냉철히 비교 평가해야 한다는 점이다.[3]

3) 국제사회에서 북한을 핵보유 국가로 수용하는 것은 사실상 불가능하다. 이스라엘은 핵무기를 보유했지만 미국의 묵시적 인정을 배경으로 조용히 핵실험조차 하지 않으면서 국제사회에 핵보유 사실을 드러내지 않고 있을 정도이다. 일종의 국가안보를 위한 수비적 무기로 사용할 뿐이라는 것이다. 과연 북한도 중국의 묵시적 인정을 배경으로 조용히 핵실험조차 하지 않으면서 핵보유사실을 드러내지 않을 수 있을까? 사실 그렇게 하기는 어렵

2. 북한, 아시아의 스위스가 될 수 있는가?

북한이 핵무기를 포기하는 대신에 국제사회에서 가장 확실하게 얻을 수 있는 것은 과연 무엇일까? 그것은 북한이 스위스와 같은 영세중립국으로서 국가안전과 경제발전을 동시에 달성할 수 있다면 최상일 것이다. 물론 현실적으로 북한이 스위스와 똑같이 된다는 것은 참으로 어려울 수 있다. 그렇지만 이와 관련하여 영세중립국의 성공과 실패의 주요 모델을 찾아본다면 북한이 아시아의 스위스가 될 수 있는 길도 어디선가 찾을 수 있을 것이다.[4)]

(1) 스위스의 영세중립국화 모델: 스위스는 가장 오랜 영세중립국의 역사를 지니고 있는 대표적 국가이다.[5)] 1815년 나폴레옹 전쟁을 종결

다. 3차 핵실험까지 하였기 때문에 어쨌든 북한에게 핵무기가 있음이 국제사회에 공표되었고 특히 북한은 공격용으로 핵무기를 사용하겠다고 수차례 공언까지 하였으므로 이스라엘처럼 조용히 보유할 수도 없게 되었다. 그러나 핵무기를 포기한 우크라이나가 러시아의 침공을 받는 상황을 보면서 북한도 부삭성 핵무기를 포기할 수도 없게 되었다 더욱이 최근 들어 북한의 핵무기 보유가 북한 자체의 국가안보를 오히려 위협할 수 있는 상황으로 위험수위가 상승하고 있음은 주목하지 않을 수 없는 부분이다. 북한의 제3차 핵실험 이후, 중국은 자국의 안보를 북한 때문에 위협받게 되었다고 판단하고 있으며 그래서 경우에 따라서는 북한정부의 교체를 추진하는 단계를 밟을 가능성도 높아지고 있다. 또한 일본은 북한의 핵무기를 이유로 일본의 핵무장을 요구했지만 미국이 이를 용인할 수는 없고 대신, 일본군대를 북한에 파병할 합법적 근거까지 만들고 있는 것에 미국은 동의하고 협조하였다. 따라서 북한은 핵무기를 포기하는 것을 전제로 많은 것을 최대한 신속하게 얻을 수 있는 고도의 전략을 펼쳐야 한다. 시간의 조건을 정확히 판단하여 최적의 시기를 잡아야 한다. 거래에서는 물건을 사는 시점보다 파는 시점이 더욱 중요하다고 한다. 국가간 거래에서도 크게 다르지 않다. 북한은 자신들의 국가안보와 경제발전을 위하여 국제사회에서 가장 많은 것을 얻을 수 있도록 북한의 자산, 핵무기의 활용방안을 극대화해야 한다. 북한의 영세중립국화를 강대국들에 요구하고 그것의 확실한 보장책을 얻어 낼 수 있는 좋은 시점이지만 시기를 놓치면 최악의 상황에 직면할 수도 있다.

4) 한국정책학회 추계학술대회(2015년도)에서 발표된 저자의 관련 논문에서 스위스와 오스트리아 그리고 라오스의 영세중립국화 모델의 내용을 인용하였다.

5) 예일대 법학대학원 교수였던 Gordon E. Sherman의 1915년도 연구(Permanent Neutrality Treaties)에서는 당시의 기준에서 대표적 영세중립국가로 세 국가를 지칭한 바 있다. 스위스(Switzerland), 벨기에(Belgium), 룩셈부르크(Luxemburg)가 그 예인데 이후, 세계대전을 거치면서 벨기에와 룩셈부르크는 영세중립국의 지위를 상실할 수밖에 없었다. 그렇지만 스위스는 제1차 세계대전 이후에도 영세중립국으로 재확인되었고, 국제연맹 본부가 설치되었으며, 산악지형을 기반으로 군사력도 상대적으로 강하여 제2차

하는 비엔나 회의에서 스위스의 영세중립국 지위가 국제적으로 합의되었고 오스트리아, 프랑스, 영국, 프러시아, 러시아, 스페인, 포르투갈 스웨덴 등이 승인함으로써 영세중립국으로서의 국제적 지위를 공고히 하였다. 본래 스위스가 영세중립을 고려하게 된 배경에는 주변 강대국과의 전쟁 위험에서 벗어나는 것뿐만 아니라 다민족으로 구성된 스위스 내부의 각 지역 간 분쟁을 종식시키기 위한 방안으로 구상되었으며 300년 이상의 진통을 겪으면서 결실을 맺은 사안이다.

스위스는 1515년 프랑스와 마리그나노(Marignano)전투에서 패배한 이후 영세중립을 고려하기 시작했다고 알려져 있는데 1546년 세날칼디앙(Senalcaldian)전쟁은 스위스의 국가정책으로 영세중립을 공식화한 계기가 되었다. 이후 스위스는 1618년부터 1648년까지 30년 동안 계속된 종교전쟁에서 중립주의 정책을 견실히 추구했으며 1674년, 완전한 중립을 선언하고 어떤 전쟁에도 개입하지 않을 것을 천명한 바 있다. 중립화 정책은 다민족으로 이루어진 국가적 특성과 밀접한 관계가 있는데 현재에도 스위스는 4개의 공식 언어를 사용한다. 독일어, 프랑스어, 이탈리아어, 토속어인 로망쉬(Romansch)를 동시에 사용할 만큼 다양한 민족이 함께 공존하고 있기 때문에 중립을 지키지 않을 경우 국가적 정체성이 붕괴될 수 있었다. 그래서 스위스는 대내외적으로 더욱 더 영세중립국의 지위를 공고히 할 수밖에 없었고, 그 전통은 스위스의 내부적 갈등을 해소하고 하나의 국가로 안정화시키는데 중요한 기초가 되었다.[6]

세계대전에서도 독일군의 공격을 피할 수 있었다. 독일 민족이 많이 거주하고 있었던 스위스였음에도 불구하고 히틀러의 병합시도는 실패하였고 히틀러 군대의 침공도 피할 수 있었다. 그 결과, 스위스는 19세기에 이어서 20세기의 양대 세계대전 이후에도 유럽의 중심에서 가장 철저하게 영세중립국의 지위를 지킬 수 있었다. 결국 영세중립국이란 스위스의 사례에서 경험적으로 증명된 바와 같이 국제법적 지위와 함께 실질적 방어능력을 갖추는 한편, 국제적 명분을 쌓아야 한다는 교훈을 주고 있다.

6) 미국 CIA자료(2015)에 따르면 스위스의 국민들은 독일어(64.9%), 프랑스어(22.6%), 이탈리아어(8.3%), 크로아티아어(2.5%), 알바니아어(2.6%), 포르투갈어(3.4%), 스페인어(2.2%), 영어(4.6%), 토착어(Romansch, 0.5%), 기타언어(5.1%)를 사용하고 있는 것으로 보고되고 있다.

(2) 스위스의 영세중립국화 절차: 스위스 의회는 1813년 나폴레옹군대와 전쟁을 치루고 있는 영국, 프러시아, 러시아, 오스트리아 등 연합국과의 전쟁 상황에서 완전한 중립정책을 취하였고 모든 교전 강대국들에 대해 엄정중립을 선언하였다(Sherman, 1915: 222-233). 1815년 전후처리를 위하여 비엔나에 모인 연합국들은 3월 20일 스위스의 영세중립국을 인정하겠다는 선언을 스위스에 전달하였고, 스위스 연방의회는 공식문서로서 연합국의 선언을 성실히 준수할 것을 약속하였다. 나폴레옹전쟁이 완전히 종료된 직후, 11월 20일 파리선언에서 스위스의 영세중립국화 부분을 연합국들이 재차 확인하는 부분이 있었으며 이로서 스위스는 영세중립국의 전형(典型)이 되었다.

스위스가 나폴레옹 전쟁을 비롯한 수많은 유럽전쟁에서 엄정하게 중립을 지킬 수 있었던 것에는 스위스의 지리적 조건이 좋기 때문일 것으로 생각할 수 있다. 알프스산맥의 험준한 지형을 띄고 있어서 외국 군대의 침입을 격퇴하기 용이할 것으로 판단할 수 있기 때문이다. 그러나 스위스는 유럽에서 어떤 국가도 침공하기 어려운 강한 군대와 막대한 경제력을 지니고 있기 때문에 영세중립을 지킬 수 있었다고 판단함이 보다 정확하다고 할 수 있다. 특히 제1차 세계대전 이후에 설립된 국제연맹의 본부를 스위스에 설치하면서 제2차 세계대전 당시 히틀러의 스위스 침공계획이 실행되지 못한 부분도 있다.

3. 성공한 오스트리아, 실패한 라오스

(1) 오스트리아의 영세중립국화: 오스트리아는 1938년부터 1955년까지 17년 동안 지도에서 국가명이 삭제되었던 아픈 경험이 있는 나라이다. 제1차 세계대전의 패전국이었던 오스트리아는 좌-우 이념 대립이 심각하였고 이 과정에서 독일의 나치스 독재정권에 의하여 1938년 강제 합병되었다. 제2차 세계대전에서는 비엔나가 소련군에 의하여 점령되었고 1945년 4월 27일, 제2공화국으로서 재탄생했지만 연합국의 통치

하에 있었고 국권을 회복하지는 못했다. 단지 오스트리아는 분할 점령한 미국, 소련, 영국, 프랑스의 군사통치 관리체제에서 임시적으로 정부를 수립할 정도였다. 오스트리아는 독일처럼 분단이 될 수도 있었고 체코슬로바키아처럼 소련의 위성국일 수도 있었기 때문에 당시의 오스트리아는 국민을 하나로 결집하는데 최우선적 노력을 기울였다.

오스트리아는 과거 제1공화국에서의 실수를 반복하지 않기 위하여 국민들의 단결을 호소했고 평화적으로 단합된 자세를 취했기 때문에 민주적 선거를 성공적으로 실행할 수 있었다.[7)] 국민들의 민주선거에 의하여 구성된 오스트리아 정부는 연합국 군대에 의하여 분할통치 받던 상황이었음에도 불구하고 매우 노련한 자주적 정치력을 발휘하였다. 그 결과, 1955년 5월 15일, 연합군에 의하여 통치 받던 오스트리아는 4대 연합국(미국, 소련, 영국, 프랑스)과 오스트리아 국가조약(Austrian State Treaty)을 체결하고 독립을 완성하였다. 당시 오스트리아는 미-소간 서로 다른 이해관계를 적절하게 활용하면서 그 어느 일방도 자극하지 않는 중립적 입장을 취하였다. 어느 쪽으로도 치우치지 않는 오스트리아의 실용주의적 노선은 국토분할을 피하면서 독립된 주권을 회복하는 쾌거를 달성하였다. 신생 오스트리아 공화국은 군비제한과 독일과의 정치적, 경제적 결합 등을 금지하는 제한을 요구 받았으나 전쟁에 대한 배상의무는 지지 않아도 되었다.[8)]

---

7) 히틀러의 붕괴와 함께 오스트리아의 비엔나는 소련군에 의하여 점령되었고, 이후 곧바로 미국, 영국, 프랑스, 소련의 4개 연합국에 의하여 오스트리아는 4개 권역으로 나뉘어 통치되었다. 그렇지만 소련은 연합국 가운데 가장 강력한 영향력을 휘두를 수 있는 위치에 있었고 소련은 자신들이 지원하는 칼 렌너(Karl Renner)를 오스트리아 임시정부의 수장으로 지목하였다. 그러나 렌너는 소련의 후원에도 불구하고 오스트리아의 공산화와 국토분단을 모두 막아섰으며, 오스트리아 전역에 걸쳐 통일적 행정체제를 세우고, 정치세력간의 합의를 구축하였으며 국민들과 정치인들도 그의 지도력을 신뢰하고 따랐다. 그 결과, 1945년 8월 연합국 승인 하에 단일체제의 임시정부가 출범하였으며, 1945년 11월 민주선거가 치러졌다. 선거결과, 165석 중 국민당이 85석, 사민당 76석, 공산당이 4석을 차지하였고, 이후 국민당과 사민당의 연합정부는 현재까지 오스트리아 정부 구성의 표준이 되어 있다(박정원, 2007 참조).

8) 경제적으로 오스트리아는 미국의 후원을 적극적으로 받아들였다. 소련의 반대에도 불구하고 미국의 마샬플랜(Marshall Plan)에 참여하였으며 이는 비슷한 시기, 체코슬로바키

(2) 오스트리아의 영세중립국화 절차: 오스트리아정부는 전후 4대 점령 국가였던 미국, 소련, 영국, 프랑스를 향하여 자국이 독립하면 어느 쪽에도 편향되지 않는 스위스 같은 영세중립국가가 되고 싶다고 기회 있을 때마다 언급했다. 또한 국민들을 향해서도 오스트리아는 더 이상 국제분쟁에 휘말리지 않는 영세중립국이 되어야 함을 역설하였다. 더욱이 아시아에서 한국전쟁이 진행되던 1951년 11월과 1952년 2월, 2차례에 걸쳐 더욱 공식화된 입장에서 향후 오스트리아는 독립하면, 미국이나 소련의 어느 쪽에도 서지 않을 것이며 어떤 국제분쟁에도 개입하지 않는 영세중립국으로 거듭 날 것임을 분명히 했다. 이 과정에서 소련의 몰로토프(V.M. Molotov) 외상이 오스트리아의 영세중립 필요성에 공조하는 분위기에 동참하였다. 그리고 1955년 4월 15일 오스트리아-소련 사이에서 모스크바 각서(Moscow Memorandum)가 작성되었으며 이 각서에서 오스트리아의 독립과 영세중립국 절차를 구체적으로 적시하였다.

모스크바 각서는 이후, 오스트리아 국가조약의 골격을 이루었고 같은 해 5월 15일 4개 점령 국가들은 오스트리아 국가조약[9]을 승인하였으며 이 조약에 의거하여 연합군의 철수와 독립, 그리고 오스트리아의 영세중립국 지위도 인정하였다. 연합국(미국, 소련, 영국, 프랑스)에서 독립한 오스트리아 정부는 모스크바 각서에서 약속된 바에 따라서 1955년 10월 26일 의회에서 영세중립법을 통과시킴으로써 자신들이 영세중립국임을 공식화하였다. 또한 오스트리아는 UN을 통해서 자국의 영세중립국 지위를 국제사회에서 폭넓게 인정받고자 하였고, UN헌장 제43조 UN 회원국의 군사적 의무규정을 폭넓게 해석 받음으로써 12월, 영세중립국

아가 소련의 반대로 마샬플랜에 참여하지 못한 것과 대비를 이룬다. 그렇지만 동시에 미국이 주도하는 군사적 동맹, 북대서양조약기구(NATO) 가입요청에는 소련을 자극하지 않기 위하여 가입을 거부하였다. 경제는 미국, 정치-군사는 소련이라는 외교적 곡예를 매우 훌륭히 넘으면서 오스트리아는 몇 년 후, 통일과 독립을 동시에 일어내는 쾌거를 달성하였다. 최근의 한국 상황과 비교할 때, 경제는 중국, 정치-군사는 미국이라는 외교적 곡예와 대비를 이룬다.

9) 오스트리아 국가조약(Austrian State Treaty)의 공식명칭은 the State Treaty for the Reestablishment of an Independent and Democratic Austria(217 UNTS 223)이다.

임에도 불구하고 UN회원국이 될 수 있었다. 1955년 한 해 동안 오스트리아는 독립과 통일 그리고 영세중립국이면서 동시에 UN회원국이 되는 모든 과정을 완료하게 되었다.

(3) 라오스의 영세중립국화 실패 사례: 라오스는 인도차이나 반도가 서방국가의 식민통치를 받게 되면서 1893년부터 프랑스의 통치 하에 들어갔다. 이후 제2차 세계대전이 발발하면서 1940년 9월 일본군이 인도차이나 반도에 진주했고, 인도차이나는 프랑스, 일본 양국의 지배에 놓이게 되었다. 1945년 4월 라오스는 프랑스 군대를 물리쳤으며 10월 펫사랏 왕자가 '라오 이사라(Lao Issara)'라는 민족운동조직을 결성, 라오스의 독립을 선언했다. 그러나 프랑스는 인도차이나 반도의 식민지였던 3국(라오스, 베트남, 캄보디아)을 재지배하기 위해 인도차이나 전쟁(1946~1954)을 일으켰다. 이와 같은 상황에서 1950년, 라오스 독립을 열망하던 좌파세력, '빠텟 라오'(라오스 애국전선)의 출범도 있었다. 1954년 5월 프랑스군이 베트남군에게 대패하면서 인도차이나 전쟁은 끝이 나고, 같은 해 7월 라오스도 완전한 독립을 획득했다.[10)]

그렇지만 라오스는 건국 이후 좌파와 우파 그리고 중립파간의 대립과 갈등이 계속되다가 내전으로 확산되었다. 라오스 북동부를 빠텟 라오가 장악하면서 왕실과 우파 민족주의자, 좌파 민족주의자 간의 싸움이 크게 벌어졌다. 우파는 미국의 지원을 받았고 좌파는 베트남의 지원을 받았는데 일시적으로 평화적 협상을 받아들이는 듯했다. 이에 1962년 제네바회의에서 라오스정부는 영세중립을 선언하고, 미국, 영국, 러시아, 프랑스, 중국 등을 포함하는 13개국이 이를 환영하며 라오스의 영세중립에 관한 선언에 서명함으로써 라오스는 영세중립국이 되었다.[11)] 이 선언에 의하면 13개국은 라오스의 독립 및 중립을 존중하고, 영세중

---

10) Kotra 2013년도 자료 참조.

11) 라오스의 영세중립국화를 천명한 문서의 공식명칭은 the Declaration and Protocol on the Neutrality of Laos (456 UNTS 301)이다.

립적 지위가 침범될 경우에는 필요한 조치를 취하기 위하여 라오스 정부와도 협의하여야 한다고 규정하였다. 또한 당사국 상호간에도 협의해야 한다고 명시하기는 했으나 구체적으로 어떤 실질적 조치를 취해야 하는가에 관한 서명국들의 명확한 의무 내용에 대해서는 확정된 것이 없었다.

결국 결정적인 보장책이 없는 상황에서 라오스에 대한 국제협약은 대내외적 분쟁이 재차 격화되면서 국제법적 실효성을 사실상 잃게 되었다. 미국과 베트남의 전쟁 과정에서 라오스는 중립성을 지키지 못하고 전쟁에 휘말렸으며 국내적 불안요인은 더욱 가중되었다. 1974년에는 연립정권이 세워졌으나, 베트남과 캄보디아가 공산화되자 그 여세를 타고 좌파인 빠텟 라오는 1975년 8월에 정권을 잡게 되었다. 1975년 12월 빠텟 라오(라오스 애국전선)는 전국인민대표대회를 개최하였으며 약 600년간 지속되어 왔던 라오스 왕정을 종식시키고 라오스인민민주공화국을 선포하였다. 결국 라오스의 영세중립국 지위는 미국-베트남전쟁에 휘말리면서 상당 부분 약화되었고 그 결과, 라오스를 영세중립국으로 볼 수 없다는 판단도 있다.12)

12) 이와 관련하여 Boczek의 연구(2005: 89-90)에서는 미국-베트남 전쟁의 과정에서 라오스는 영세중립국의 지위를 보장받을 수 없었고, 2003년을 기준년도로 라오스를 제외한 스위스와 오스트리아만을 영세중립국(permanently neutral states)으로 규정하였다.

비엔나의 평화로운 다뉴브 강변

영세중립국 오스트리아의 한가로운 노상카페

Small Talk

영세중립국가의 조건

영세중립국은 외교력과 군사력 그리고 경제력을 모두 갖추어야 성공할 수 있다. 힘이 없기 때문에 영세중립국으로서 외적의 침입을 막을 수 있다고 생각한다면 그것은 호랑이 앞에서 총을 내려놓고 평화를 구걸하는 것과 마찬가지이다. 총을 내려놓는 순간 호랑이는 달려들어서 자신의 욕구를 채울 것이 분명하고 그런 호랑이를 탓할 수는 없다. 이것은 비정한 국제사회의 현실이다. 그렇지만 반대로 총을 흔들면서 호랑이들을 자극할 필요도 없다. 오히려 총이 움직이는 것을 보면 두려움을 감지한 여러 호랑이들이 심야에 급습하여 공격할 가능성이 높기 때문이다. 총은 지니고 있지만 위협하지 않고 호랑이들이 안전하게 지나쳐 가도록 하는 것이 이른바 영세중립국의 자세라고 비유할 수 있다.

스위스와 오스트리아가 영세중립국이 될 수 있었고 성공적으로 유지할 수 있었던 것에는 강력한 군사력과 경제력 그리고 외교력이 있었기 때문에 가능했다. 이에 비하여 라오스가 영세중립국 지위를 성공적으로 인정받았음에도 불구하고 결국은 실패할 수밖에 없었던 것은 외부침입을 막아내지 못했고 외교적으로 중립을 지키지 못했으며 경제력도 취약했기 때문이다. 앞서 살펴 본 것처럼 스위스는 자신을 방어할 3박자(군사력, 경제력, 외교력)을 지니고 있었고 오스트리아 역시 취약한 군사력과 경제력을 대신하여 스위스보다 한 차원 높은 현란한 외교적 역량을 보여주었기에 영세중립국의 지위를 확고히 할 수 있었다. 결국 영세중립국이란 스위스, 오스트리아의 사례에서 경험적으로 증명된 바와 같이 국제법적 지위와 함께 실질적 방어능력을 갖추는 한편, 국제적 명분을 쌓아야 한다는 교훈을 주고 있다.

제11장

오스트리아 영세중립국화와 국가조약

1. 전후 오스트리아의 국가재건계획

영세중립국의 3대 모델 가운데 스위스와 오스트리아는 성공한 모델이었고, 라오스는 사실상 실패한 모델이었다. 오스트리아는 히틀러에 의하여 독일에 통합되어 지도에서 사라졌고, 제2차 세계대전이후 4대 강국에 의하여 분할 통치되었다. 이때 오스트리아는 자신들의 국가를 재건하기 위해서는 반드시 스위스와 같은 영세중립국이 되어야 한다는 판단에 이른다. 국제정세의 중요 흐름을 간파했기 때문이다. 소련과 미국의 세력균형이라는 틈바구니에서 오스트리아가 중립을 안정적으로 유지하지 못할 경우, 오스트리아는 소련의 위성국으로 전락하든 아니면 국토가 4등분되어 쪼개진다고 판단했다. 전후 오스트리아를 이끌었던 렌너(K.Renner)[1]의 지도자적 판단은 정확했고, 그의 뒤를 이은 오스트리

1) 1945년 4월 소련군이 비엔나를 함락했을 때, 당시 온건한 사회당 당수였던 칼 렌너는 국민당과 공산당을 포함한 오스트리아의 새로운 임시연립정부 수립을 선언했다. 이 선언을 통하여 오스트리아의 제1공화국에서 제정했던 헌법(1920)의 효력을 회복하고자 했으며

아의 정치인들은 그 판단을 계승했다. 이른바 중부 유럽의 평화체제에 도움이 될 수 있어야 오스트리아가 독자적으로 국가를 재건할 수 있다는 생각이었고 그래서 오스트리아는 1945년부터 1955년까지 지속적으로 스위스와 같은 영세중립국이 되겠다는 입장을 미국과 소련 양쪽에 강력히 피력하였다.

한편, 렌너의 지도하에서 오스트리아 시민들은 극단적 보수주의도 배척했지만 동시에 소련이 지원하는 공산당도 지지하지 않았다. 소련세력이 연립정부에 낄 수도 없는 상황이 된 것이다. 그러자 소련은 노골적으로 자신들의 입장을 밝히기 시작했다. 소련군은 자신들이 오스트리아에서 전후 점령하고 있는 지역을 그냥 넘길 수는 없다는 식이었다. 그러자 오스트리아는 미국이 요청하는 NATO 가입을 매우 적극적으로 거부하는 의사를 밝히고, 그 근거로서 오스트리아는 영세중립국으로 거듭날 것이기 때문이라는 것을 재차 강조했다. 미국의 적극적 공세에 의하여 수세에 몰렸던 소련의 입장을 지지하는 간접효과가 분명 있었고 이에 소련은 오스트리아의 중립적 입장이 자신들에게 도움이 될 수도 있겠다고 보았다. 그래서 소련은 이렇게 판단했다. 소련은 본래 체코슬로바키아와 헝가리를 위성국으로 편입한 것처럼 오스트리아도 공산권에 편입시키려 했으나 그것이 사실상 불가능해진 상황을 보면서 그렇다면 오스트리아의 영세중립을 지지하는 것도 나쁘지 않겠다는 생각을 갖게 된 것이다.[2)]

히틀러의 나치즘을 배격하고 신속하게 제2공화국의 수립의 틀을 만들고자 했다. 오스트리아는 연합국에 의하여 분할되어 4등분으로 쪼개져서 통치되었으나 렌너의 공헌으로 오스트리아는 내부적 혼란을 최소화했고 자유주의와 공산주의로 나뉘어 이념적으로 갈등하지 않았다. 소련의 지원으로 렌너는 임시정부를 이끌 수 있었으나 그는 결코 외세에 의존하지 않았고 이념갈등을 피했으며 그 결과, 국민통합에 성공적으로 접근할 수 있었다.

2) 1950년대 소련과 미국 그리고 오스트리아의 미묘한 관계를 엿볼 수 있는 부분이다. 이 대목을 현재의 중국과 미국 그리고 북한의 관세에 내입하여 보면 이렇게 해석할 수 있다. 중국은 북한이 자신들에게 순종할 수 있는 위성국으로 계속 존재하기 원하지만 만일 반대로 북한이 그렇게 될 수 없다면 차라리 중립국으로서 미국과 중국의 중간에서 완충국가로 존재하는 것이 차선책이라는 판단을 내릴 가능성이 높다. 만일 북한이 미국의 세력권으로 넘어 들어간다면 중국은 최악의 상황으로 보고 대응할 수밖에 없다. 최악을 피하고 차선을 택하는 전략에서 세력균형체제가 안전하게 유지될 수 있다면 중국은 북한의

오스트리아는 여기에서 멈추지 않았다. 오스트리아의 외교적 행보는 정말 재빨랐다. 오스트리아 과도정부는 자신들의 국가재건을 위한 국가조약의 조속한 체결을 유도하기 위하여 대외적 활동에 적극적으로 나선 것이다. 1953년 인도의 네루수상을 만나서 비동맹의 주도국가인 인도가 오스트리아 문제 해결을 위하여 소련을 설득하여 줄 것을 요청했다. 물론 이런 시도가 바로 빛을 보지는 못했다. 그렇지만 오스트리아는 낙담하지 않고 핀란드를 비롯한 여러 국가의 수반과 외무장관들에게 소련을 설득하여 줄 것을 간곡히 부탁했다. 자신들의 국가 재건을 위한 오스트리아의 지속적 노력은 드디어 1954년부터 빛을 보기 시작했고 일단 작은 희망의 빛이 보이자 그 변화는 급속하게 진행되었다.

2. 오스트리아의 영세중립국화 절차

스탈린이 죽고 한국전쟁이 종료되면서 드디어 소련은 약간의 입장변화를 보이게 되었다. 소련은 오스트리아가 영세중립을 철저히 지킬 것을 조건으로 그들의 국가재건 작업에 적극 협력할 것임을 공식적으로 발표한 것이다. 4대 강대국의 군사적 점령상태에서 벗어나 오스트리아라는 국가를 재건하는 핵심 과정이 오스트리아-소련 사이에서 작성된 모스크바 각서(1955년 4월 15일 발표)에서 공식화되었다.[3] 실로 10년 동안 줄기차게 공을 들인 결과물이었다. 공식적으로는 소련의 몰로토프 외상이 전면에서 주도적으로 진행한 것처럼 보이지만 기실 오스트리아가 비동맹국가였던 인도의 적극적 지원을 요청하면서 세계의 여론을 유리하게 몰고 갔기 때문에 가능했다. 오랜 인고의 시간 끝에 잠시 소련의 평화적 입장이 강조되면서 오스트리아의 요청을 소련이 전격적으로 받아들인 것이다.[4] 정말 짧은 시간 동안 열린 오스트리아 희망의 한줄

영세중립국화에 동의할 가능성이 있다.

3) 이와 관련한 Austrian State Treaty에 대해서는 미국 국무성 자료(2001-2009.state.gov/r/pa/ho/time/lw/107185.htm)와 강동일의 논문(2008), 그리고 원문 자료의 출처는 다음과 같다(http://www.cvce.eu/en/obj/state treaty for the re-establishment of an independent and democratic austria vienna 15 may 1955).

기 햇살이었고 그 순간을 현명한 오스트리아인들은 놓치지 않았다. 소련의 입장이 잠시 바뀌면서 1955년 한 해 동안 오스트리아는 산적했던 모든 문제들을 전광석화(電光石火) 같이 빠른 속도로 1년 내에 완료하였다. 이를 요약하면 다음과 같다.

영세중립국화 보증을 위한 모스크바 각서(1955.4.15.)

1. 오스트리아의 영세중립 책임 규정
1) 오스트리아 정부는 스위스 형식의 영세중립을 선언한다. 2) 오스트리아 국회의 비준을 받는다. 3) 국제적 승인절차를 밟는다. 4) 미국, 영국, 프랑스, 소련에 의한 불가침 확인을 받는다. 5) 영세중립국의 보장확보를 위하여 노력한다.
2. 소련의 책임 규정
1) 소련은 오스트리아와의 국가조약(Austrian State Treaty)을 서명하도록 준비한다. 2) 오스트리아에 주둔하고 있는 모든 외국 군대가 1955년 12월31일까지 철수하는 것에 소련은 동의한다. 3) 오스트리아의 영세중립 선언을 승인한다. 4) 오스트리아의 영토보장에 참여한다.

오스트리아의 1955년도 국가재건 절차

1955년
4월: 오스트리아-소련의 모스크바 각서 발표 5월: 오스트리아 국가조약 승인 및 오스트리아의 재건 7월: 오스트리아 국가조약에 대한 연합국 비준서 제출 및 발효 10월: 오스트리아 의회에서 연방헌법에 영세중립화 규정 삽입 12월: 국제적으로 영세중립국 지위를 승인받고 UN회원국으로도 가입

4) 모스크바 각서에 따라서 1947년 1월, 영국에서 개최된 '독립과 민주의 오스트리아 회복을 위한 국가조약'회의가 시작된 이후 약 260여 차례의 회의를 거쳐 지루하게 이루어진 바 있다.

3. 오스트리아 국가조약의 치열했던 성립과정

지도에서 사라졌던 오스트리아를 다시금 정상적인 국가로 재건하는 것은 결코 쉬운 과정이 아니었다. 1946년 4월부터 오스트리아 임시정부는 소련을 비롯한 연합국들과 오스트리아 국가조약 내용에 대한 합의를 이루고자 노력했다. 패전국이 아니면서 그렇다고 승전국도 아닌 전쟁의 피해당사국으로 제2차 세계대전 이후의 새로운 국가지위를 얻기 위한 오스트리아의 투쟁은 총과 칼이 아닌 협상과 문서에 의한 것이었다. 특히 독일재산의 규정문제를 비롯한 여러 난제들로 인하여 연합국들과의 협의가 쉽지 않았다. 그럼에도 불구하고 오스트리아의 노력은 쉼 없이 지속되어 약 3년이 지난 1949년 6월에 들어서 가장 어려운 문제였던 독일재산 규정에 대한 문제해결방안에 미국, 영국, 프랑스 등과 어느 정도 합의를 볼 수 있었다.

그러나 소련은 달랐다. 의도적으로 오스트리아 임시정부를 그들의 협상 파트너로 인정하지 않으려 했기 때문에 사사건건 트집을 잡았다. 이는 제2차 세계대전 직후에 소련이 지원한 사회당 당수, 칼 렌너(K. Renner)가 오스트리아 임시정부의 수반이 되었을 때와 전혀 다른 태도였다. 렌너는 스탈린의 의도와는 달리 민족주의적 입장에서 소련식 주장과 다른 행동을 보였고 오스트리아가 소련의 위성국으로 전락하는 것을 거부했다. 사실상 오스트리아가 소련의 영향권에서 벗어나려 하자 소련은 노골적으로 오스트리아 임시정부와의 협상을 거절했다. 이는 소련과 오스트리아 상호간의 관계를 공식화하지 않고 임시정부를 무시함으로써 오스트리아의 독립노력을 방해하기 위한 소련의 전략이었다.[5)]

---

5) 비엔나를 히틀러로부터 해방시킨 소련은 이미 오스트리아의 주요지역을 점령하고 있었고 기회만 온다면 오스트리아를 어렵지 않게 군사적으로 접수할 수 있다고 판단했다. 그 이유는 지정학적으로 오스트리아가 슬라브 민족이 다수 거주하는 지역과 혼재되어 있었고 지리적으로 워싱턴, 런던, 파리에 비하여 모스크바에 매우 가깝기 때문에 언제든지 여건만 허락되면 소련은 여타 서방국가들의 간섭을 배제시키면서 비엔나를 품에 안을 수 있다고 본 것이다. 그 결과, 동아시아에서 한국전쟁이 진행되고 미국과 서방의 관심이 아

그러나 1953년 3월, 스탈린이 사망하면서 오스트리아는 평화적 독립의 기회를 잡을 수 있는 계기를 만들 수 있었다. 소련에 들어선 새로운 정부는 오스트리아의 점령지역을 위한 새로운 해결책들을 제시했기 때문이다. 연합국이 설정해 놓은 지역 간 국경선에 대한 철폐, 소련 군사정부에 의한 오스트리아인의 사면, 그리고 교통문제들에 이르기까지 이전과는 다른 변화된 조치들이 소련정부에 의하여 제시됨으로써 오스트리아의 과도정부는 독립의 기회가 가까이 왔음을 직감할 수 있었다. 오스트리아의 과도정부 외상으로 있었던 칼 그루버(K. Gruber)는 1953년 6월, 향후 오스트리아가 독립을 하는데 있어서 매우 중요한 성명을 발표하였다. 그것은 오스트리아가 어떠한 군사동맹에도 가입하지 않고 오스트리아 내에 외국군대나 기지를 설치하는 것을 거부한다는 성명이었다. 초기부터 렌너가 주장했던 오스트리아의 중립화에 대한 논의를 보다 구체화한, 공식화함으로써 소련정부의 입장과 태도에 영향을 주었다.[6)]

그러나 1954년 2월, 베를린 외상회의에 모인 소련과 미국의 주장은 극단적으로 달랐고 서로 상대의 주장을 받아들일 수 없을 정도로 험악했다. 더욱이 오스트리아에 주둔하고 있던 소련군은 오스트리아에 대하여 상당히 격앙된 어조로 비판했으며 그 결과, 소련과 오스트리아 상호

시아에 쏠려 있을 때, 소련은 의도적으로 오스트리아의 국가조약에 대한 논의 사항을 무시하면서 미국과 서방에 대한 정치적, 권력적 대결의 대상으로 오스트리아 문제를 다루면서 기회만 되면 헝가리와 체코슬로바키아처럼 소련의 위성국으로 접수하고자 했다. 오스트리아의 재건은 소련의 간섭으로 사실상 어려운 상황에 봉착한 것이다.

6) 소련정부의 긍정적 변화 속에서 오스트리아는 자신의 평화적 독립을 위하여 스스로 적극 나서서 소련 측에 자신들의 문제 해결방안을 제시했다. 이제 오스트리아는 수동적으로 강대국에 자신의 운명을 맡기는 단계를 벗어나 강대국에게도 유리한 방향에서 자신들의 독립방법을 찾아서 능동적으로 설득하는 태도를 취했다. 이에 대하여 소련의 외상 몰로토프(V. Molotov)는 유익하지만 충분하지는 않다는 애매한 답변을 했을 뿐이었다. 그러나 오스트리아는 간파하였다. 스탈린이 있을 때의 강경한 소련의 태도와는 분명 다른 것을 본 것이다. 드디어 1954년 2월, 오스트리아의 외상은 베를린 외상회의에 회담 당사국으로 참여하여 재차 분명한 선언을 하였다. 오스트리아는 결코 어떤 국가와도 군사동맹을 체결하지 않을 것이며 오스트리아 영토 내에 어떠한 외국군의 군사적 기지도 허용하지 않겠다는 공식적 입장을 표명한 것이다.

간에 첨예한 긴장관계가 극명하게 심화되었다. 오스트리아 문제의 평화적 해결은 전혀 가능성이 없어 보이는 듯했다. 놀랍게도 이 험악한 상황이 급반전된 것은 1년이 채 지나지 않아서였다. 오스트리아를 둘러싼 국제정치의 환경변화는 깜짝 놀랄 정도였고, 매우 빠른 속도로 외교적 교류가 재개된 것이다. 1955년 2월, 오스트리아 문제에 대한 몰로토프의 모스크바 연설이 있었고, 불과 3개월 후인 같은 해 5월, 4개국 외상회의에서 국가조약이 체결된 것이다.

소련정부는 그의 태도를 급 반전시켜 오스트리아 국가조약을 별 다른 조건 없이 체결할 것을 제안했고, 약간은 어리둥절했던 서방 3개국(미국, 영국, 프랑스)도 이에 동의하여 국가조약은 체결되었다. 오스트리아 문제에 대한 소련정부의 태도가 급반전된 것에는 소련의 당 총서기인 흐루시초프(N. Khrushchyov)의 영향력이 증대된 것과 맥을 같이 했다. 흐루시초프는 서독의 NATO 가입이 확정되는 것처럼 보이는 순간, 오스트리아의 중립화가 필요하다고 판단했다. 미국의 마샬플랜(Marshall Plan)에 가입했던 오스트리아가 미국의 요청을 또 다시 받아들여 NATO에 가입한다면 소련으로서는 매우 치명적인 결과를 초래할 상황이었기 때문이다. 이와 같은 맥락에서 소련은 더 이상 오스트리아의 영세중립국화를 반대할 이유를 찾지 못했고, 오스트리아를 둘러싼 수많은 난제들은 일순간 해소되었다. 불과 1년 전까지만 해도 매우 험악한 상황까지 치달았던 소련과 오스트리아의 관계가 서독의 NATO 가입을 앞두고 급반전된 것이다.

임시연립정부를 이끌었던 렌너(K.Renner) 박사 추모공원

제12장

국가조약과 북한의 영세중립화 방안

오스트리아 국가조약은 오스트리아의 외교적 성공의 결과물이었다. 오스트리아는 자신들이 전범국인 독일과 다른 전쟁의 피해국이라는 것을 강조했다.[1] 따라서 자신들은 전쟁을 혐오하고 스위스와 같은 영세중립국으로서 미국과 소련의 세력균형체제를 평화적이고 안정적으로 유지시킬 완충국가(buffer state)로서의 역할을 다할 것임을 일관성 있게 천명했다.[2] 역사적인 오스트리아 국가조약의 주요 구성과 내용은 다음과

---

1) 김득주, 오스트리아식 중립화 통일과정에 관한 평가, 한국정치외교사논총, 제7권, 1990, 303-329; 정미영, 오스트리아 중립화 문화가 남북한에 주는 함의와 교훈, 남북문화예술연구, 2010.6, 253-274.

2) 독립된 평화적 존재로서의 가치를 강조하면서 오스트리아의 국가적 존재 필요성을 부각시키고 미국과 소련 모두에게 이를 각인시키기 위한 피나는 노력의 결과였다. 제2차 세계대전 당시 지도에서 사라졌던 오스트리아였으나 국토 분할된 독일이나 소련의 위성국이 된 체코슬로바키아와 달리 오스트리아는 국가조약을 통하여 국가재건의 기반을 다졌고 평화적으로 소련군을 철수시킴으로 소련의 위협에서 벗어날 수 있었다. 1955년 5월, 소련과 오스트리아가 합의한 모스크바 각서 내용에 대하여 미국, 영국, 프랑스가 동의하면서 오스트리아 수상과 점령 4개국 외상 간에 마침내 '독립과 민주 오스트리아 재건에 관한 국가조약(State Treaty for the Re-Establishment of an Independent and Democratic Austria)'은 체결되었다.

같다.

1. 오스트리아 국가조약의 구성

오스트리아와 점령 4개국(소련, 미국, 영국, 프랑스) 상호간에 체결된 국가조약은 본문 38개조와 부칙 2개조로 구성되어 있으며 러시아어와 영어 그리고 불어와 독일어의 4개 언어로 작성되었다. 국가조약은 오스트리아가 완전한 민주국가로 재건되었음을 선언하면서 시작된다. 특히 독일과 다시금 합병될 가능성을 적극적으로 배제시켰으며, 그 구체적 수단으로서 영세중립국의 지위 가능성을 열어 놓고 있다. 물론 미국과 소련 사이의 의견차이로 국가조약 자체에 오스트리아의 영세중립국 사항이 명시적으로 적혀 있지는 않고 국가의 중립성을 강조하는 조항만이 있을 뿐이다.

그렇지만 이미 모스크바 각서를 통하여 오스트리아는 국내외적 입법 절차에 따라서 자발적으로 영세중립국이 될 것임을 약속했고 이를 전제로 국가조약이 체결되었기에 조약은 크게 세 가지 축으로 구성되어 있다고 하겠다. 첫째는 오스트리아가 강국들로부터 자유로운 하나의 독립적 민주국가로 재건된다는 것이다. 둘째는 오스트리아는 독일과의 특별한 관계를 청산하고 동시에 국제관계에서도 미국과 소련 사이에서 중립성을 강하게 보장받는 국가가 된다는 것이다. 셋째는 오스트리아를 강제 점령했던 소련군에게 일정한 보상과 대가를 지불함으로써 소련군의 철수를 가능하게 한다는 것이다. 패전국이 아닌 전쟁의 피해국으로 인정받은 오스트리아였으나 점령군 소련에 대하여 일종의 핏값을 독일에 비하여 상당히 할인된 가격이지만 그럼에도 불구하고 상당한 규모로 지불하는 사안이 들어 있다.

국가조약은 전문(Preamble)과 제1장 정치 및 영토조항, 제2상 군사 및 항공조항, 제3장 연합군 철수, 제4장 전쟁관련 청구권, 제5장 재산, 권리 및 이권, 제6장 일반적인 경제관계, 제7장 분쟁해결, 제8장 기타 경제관련 규정, 제9장 최종조항 등 총 9개 분야, 38개 조항으로 관련 사항을 규정하고 있다. 이에 대한 상세한 내용은 <부록>의 오스트리아 국가조약에 소개되어 있다.

2. 오스트리아 국가조약의 의미

오스트리아 국가조약은 제1차 세계대전 이후 맺어진 평화조약, 1953년도 한국전쟁을 중단시킨 정전협정과 비교할 때 상당부분 특이한 의미를 지닌 조약이라고 할 수 있다. 오스트리아는 통상 전쟁을 종료하면서 맺어진 평화조약과는 다른 방식의 조약을 택했기 때문이다. 전쟁의 승자와 패자의 관계가 아닌 동등한 지위를 전제로 국가간 관계를 정상화하면서 부수적으로 전쟁을 종료시키는 방식으로 국가조약을 체결한 것이다. 만일 오스트리아가 평화조약을 강대국들과 맺고자 하였다면 그 평화조약은 오스트리아에 당연히 매우 불리할 수밖에 없음은 자명했다. 독일에 합병되어 있던 오스트리아가 전쟁종료를 위한 평화조약을 체결할 경우 오스트리아는 패전국 지위에서 엄청난 희생이 불가피했다.

제1차 세계대전 이후 오스트리아-헝가리제국이 패전하면서 제국을 해체 당했던 뼈아픈 경험이 있던 오스트리아였다. 그래서 평화조약이 아닌 당시로서는 매우 이례적인 '국가조약(state treaty)'을 제시하여 전승국들과 오스트리아의 국가관계를 정상화시키는, 정말 외교적 측면에서 보면 천재적인 방식을 등장시켰다. 만일 오스트리아에서 독일과 같은 지위에서 평화조약이 진행되었다면 오스트리아는 소련에게 국토의 일부 지역을 빼앗기던지 또는 독일처럼 40년 이상 분단된 상태로 고통 받았을 가능성이 높았다.[3] 만일 오스트리아의 국가조약을 현재의 북한에 적

---

3) 20세기에 체결된 평화조약의 가장 대표적 예는 세계대전 직후에 맺어진 조약들이었다. 제1차 세계대전 이후 체결된 베르사이유 평화조약(1919), 제2차 세계대전 이후 체결된 샌프란시스코 평화조약(1952)은 평화조약의 전형을 이루고 있는데 전승국과 패전국의 양자 조약의 특징을 잘 보여주고 있다. 교전국 사이에서 벌어졌던 전쟁상태의 종결, 우호적인 정상상태 회복, 전쟁으로 야기된 주요 문제들의 해결이라는 기능이 있지만 요체는 전승국의 권리와 패전국의 의무를 명시하는 것이 핵심이다. 그래서 제2차 세계대전 이후

용한다면 매우 유용한 조약안이 제시될 수 있다. 북한이 핵무기를 포기하고, 미국과 중국의 이해관계를 현 상태에서 유지할 수 있는 '아시아의 스위스, 북한'으로서 영세중립국을 표방한다면 주변 국가들로부터 '영세중립국 북한을 위한 국가조약'을 체결할 가능성도 배제할 수 없기 때문이다.

3. 오스트리아 국가조약의 북한 적용방안

북한이 앞서의 오스트리아 방식을 선택한다면 북한의 상대는 소련이 아니라 미국이다. 오스트리아가 과거 군사적 위협을 받고 있었던 상대국은 소련이었던 것에 비하여 북한의 현재 상대국은 미국이기 때문이다. 현재까지 북한은 오랜 기간, 지루하게 이어져 왔던 미국과의 협상에서 큰 진전을 이루지 못하였으며 또 언제 다시 협상의 기회를 얻을 수 있을지 예측하기 어려운 상황이다. 북한이 자체 개발한 핵무기를 포기한다는 결단을 내리는 동시에 미국 주도의 북한-미국 상호간의 이른바 워싱턴 각서를 작성하고 이에 따라서 한국, 중국이 함께 하는 (가칭)'북한의 중립화와 안전을 위한 국가조약'(State Treaty for the Neutrality and Safety of North Korea)을 체결하는 방안이다. 상호불가침의 보장과 안전을 보증하면서 평화적 영세중립국의 지위를 관련 당사국들이 이행하는 내용을 담아야 할 것이다. 특히 북한의 재건을 위한 관련국들의 구체적 의무사항이 규정되어야 함은 물론이다. 핵무기를 포기할 경우, 미국은 소련이 오스트리아에 그랬던 것처럼 가장 적극적으로 북한의 영세중립국화 과정을 진행시킬 수 있는 역할을 담당할 수 있을 것으로 보인다.

이는 미국과 중국 모두에게 중요한 의미를 지니고 있다. 먼저 미국의

미국과 소련이 갈등하고 있는 상황을 잘 활용하여 오스트리아는 패전국이 아닌 전쟁의 최초 피해국으로서 연합국과 대등한 지위에 설 필요가 있었다. 이를 위하여 평화조약이 아닌 국가조약을 제시한 것이다. 오스트리아는 제2의 스위스와 같은 영세중립국이 되길 원하였고 자신들의 존재가 미국과 소련의 세력균형체제를 안정화시키는데 도움이 된다는 방식으로 오스트리아의 국가재건을 위한 국가조약을 1955년 성공적으로 체결했다.

입장에서 보면 북한이 핵무기를 소유하고 미국이 이를 막지 못할 경우 필연적으로 동북아시아의 세력균형체제에 균열이 생길 수밖에 없음을 잘 알고 있다. 그것은 미국의 국가안보에 심각한 위협을 줄 수 있는데 결국 일본은 핵무장을 요구할 것이고 그렇게 된다면 한국의 핵무장과 타이완의 핵무장도 용인하지 않을 수 없다. 오스트리아가 NATO 가입을 거부한 것과 같이 북한은 핵무기를 포기함으로써 미국이 추구하는 동북아시아의 기본적 세력균형에 동참하게 된다. 오스트리아가 소련의 편에서 중립을 유지한 이후, 소련이 오스트리아의 국가재건에 적극 협력한 것을 참고로 삼을 수 있음이다. 동북아시아에서 중국과 미국의 중간에서 중립을 유지하면서 북한이 핵을 포기한다면 미국은 북한의 재건에 적극 협력할 충분한 이유가 생긴다. 상대적으로 중국의 입장에서 보면 앞서 살펴 본 바와 같이 최악이 아닌 차선을 택할 가능성이 높다는 것이다. 중국은 북한의 핵보유보다는 북한의 개혁과 개방이 자칫 한국과 미국 그리고 서방 세력을 압록강까지 끌고 올 수 있음을 두려워한다. 이것이 중국에게는 최악의 상황이다. 그렇지만 북한이 영세중립국으로서 중국과 미국 사이에서 안정적인 완충국가가 되어주고 어떤 외국군대의 주둔도 허용하지 않는다면 중국은 북한의 개혁과 개방을 좀더 적극적으로 지원할 수 있다. 더욱이 일본의 개입을 불러올 수 있는 북한의 핵개발을 사전에 예방한다는 차원에서도 중국은 북한의 평화적 중립화를 찬성할 가능성이 있다.

따라서 북한이 핵을 포기하고 영세중립국을 선택한다는 것은 미국과 중국의 기존 이익을 해치지 않고 미-중 세력균형체제를 그대로 유지시키면서 북한의 발전을 모색할 수 있는 해결책이 될 수 있다. 미국과 중국 양측 모두에게서 북한의 안정적 존재를 스스로 필요하다고 인식하게 할 국제관계의 환경조성이 가능하기 때문이다. 그러나 여기에는 상반된 입장을 지닌 국가도 있다. 그것은 다름 아닌 일본이다. 북한이 핵을 포기하고 영세중립국을 선택하는 것에 대하여 표면적으로는 반대하기 어렵지만 결코 찬성할 수 없는 국가가 바로 일본이기 때문이다. 만일 북한이 영세중립국이 된다면 일본에게는 제2차 세계대전 이후의 패전국 지위를 벗어나면서 동북아시아의 현 세력균형체제를 타파할 수 있는 환경을 놓치게 된다. 북한이 평화적인 중립국가로 거듭난다면 일본 내부에서도 아베정부와 같은 극단적 보수집단의 입지가 약화될 수 있다. 그래서 북한이 핵무기를 포기하고 영세중립국으로 향한다고 할 경우, 일본은 할 수만 있다면 최선을 다하여 북한의 이와 같은 계획을 방해하고 못하게 훼방할 수 있음도 예상할 수 있다. 그러므로 북한은 오스트리아가 그러했던 것처럼 매우 신중하면서도 전광석화와 같이 내부적으로 북한-미국 상호간의 워싱턴각서를 조속히 작성하고 북한의 중립화와 안전을 위한 국가조약을 미국의 후원 아래 한국, 북한, 미국, 중국의 4개 국가들과 조속히 체결함이 요청된다.

슈테판성당 내부 천장의 Anton Pilgrim[4)]

케네디의 1961년 비엔나 슈테판성당 방문 기념비[5)]

4) 성당내부의 오르간을 떠받치는 주춧돌 조각이 너무 섬세해서 만들기 어렵다고 석공들이 투덜대자 "그럼 내가 내 어깨로 지고 있지 뭐"고 하면서 위대한 조각가 Anton은 자신의 상반신 모양을 뚝딱거리며 그 자리에 조각해 넣었다. 사진 속 인물은 오르간을 어깨에 짊어지고 있는 Anton의 기념비적 자화상이다. 작가의 작품은 때론 우연한 계기로 명작이 되어 우리를 감동시킨다. 한반도에서도 그런 멋진 결과가 만들어지기를 기대한다.

5) 미국과 소련이 핵전쟁의 위기적 상황으로 치닫는 과정에서 오스트리아의 비엔나에서는 양국 정상의 극적 만남이 연출되었다. 당시 미국의 케네디 대통령이 비엔나의 슈테판성당을 방문한 것을 기념하기 위하여 성당 인근 벽면에 그의 얼굴을 새겨 놓은 동판을 단단히 붙여 놓았다고 한다.

한국정부와 북한정부

제 1 단계 한반도 주변 강대국들의 위상변화

독립왕국으로서 고려시대 이래로 천년(918~1910) 동안 단일 국가로 계승된 한반도 지역은 중국 지역과 매우 다른 고유한 특성을 지닌 곳이다. 중국은 다양한 민족으로 구성되어 있고 다양한 왕조가 세운 국가들로 상호 분열과 통합을 거쳐서 결국 1949년, 공산국가가 되었으나 한반도의 경우는 하나의 통일된 왕국에서 왕조가 천년 동안 한번밖에 교체되지 않은 매우 안정적인 특성을 지닌 지역이었다. 그렇지만 산업사회로 진입하는 과정에서 동아시아의 후진국이었던 일본의 산업화에 역전 당하였고 그 결과, 한반도 주변의 세력균형은 붕괴되었으며 주변 강대국들은 패권 투쟁의 경합지로 한반도에서 전쟁을 벌였다. 19세기말 청·일 전쟁과 20세기초 러·일 전쟁 이후 한반도는 일본에 의하여 상세점령 당하였다. 전쟁에서 패한 중국의 청(淸) 왕조와 러시아의 로마노프 왕조 역시 한반도의 조선왕조와 비슷하게 붕괴의 길로 들어서게 되었다.

한반도는 1910년 일본에 의하여 주권을 잃고 공식적으로 병합되었지만 1945년 미국과의 전쟁에서 패배한 일본국 역시 패전국으로 전락하면서 한반도는 일본국의 통치에서 벗어날 수 있었다. 그러나 38도선의 이북인 북한지역에는 과거 러시아를 승계한 소련 공산제국의 지원 하에 조선민주주의인민공화국의 김일성 정부가 수립되었고, 남한지역에는 1, 2차 세계대전의 최대 승전국인 미국과 UN의 지원 하에 대한민국의 이승만 정부가 수립되었다. 1948년 남북한에 서로 다른 정부가 세워진 이후, 북한은 중국과 소련의 공산국가 지원을 받으면서 1950년 남한을 무력으로 전면 공격하였고, 한국은 미국과 자유국가 지원 하에 3년 동안 북한의 공격을 막았다. 약 300만 명의 사상자를 발생시킨 참혹한 전쟁이었다. 현재까지도 남북한은 비무장지대(DMZ)를 사이에 두고 상호 대치하고 있는 상황에서 좀처럼 벗어나지 못하고 있다. 북한에서는 김일성, 김정일, 김정은으로 승계되는 3대 세습제와 '주체사상'으로 정부가 운영되고 있으며, 한국에서는 이승만, 박정희를 거쳐 김영삼과 김대중으로 이어지는 과정에서 '경제성장과 민주화'를 동시에 이룩하였다.

제 2 단계 한국의 정부체제

한국의 공식국가명칭은 대한민국(Republic of Korea)이다. 인구는 약 5천 1백만 명이며 국토면적은 99,720㎢이다. 언어와 민족은 매우 동질적이어서 대부분 한국어를 사용하는 한국인으로 구성(99%)되어 있지만 교육을 통하여 영어에 익숙하다. 종교는 기독교 31.6%(신교 24%, 구교 7.6%), 불교(24.2%) 등으로 다양하지만 무종교도 43%에 달하고 있다. 한국의 국가형태는 공화제로서 대통령(5년 단임제)을 국민들이 직선제로 선출하고 있다. 선출된 대통령은 국회의 동의를 얻어 국무총리를 임명하지만 한국의 대통령은 정부의 수반으로서 강력한 권한을 행사할 수 있다. 입법부는 단원제 국회로 현재 300명 정도의 국회의원 가운데 246명은 선거구에서 직접 선출되고 54명은 비례대표제로 선출되며 임기는 4년이다.

제 3 단계 북한의 정부체제

북한의 공식적인 국가명칭은 조선민주주의인민공화국(Democratic People's Republic of Korea)이다. 인구는 약 2천5백만 명이며 국토면적은 120,538㎢으로 인구는 남한의 절반이지만 면적은 좀 더 넓다. 언어와 민족은 매우 동질적이어서 대부분 한국어를 사용하는 한국인으로 구성되어 있다. 종교는 전통적인 불교와 유교의 문화적 영향권 하에 있지만 공식적으로 신자가 있다고 하기는 어렵다. 북한은 1인 지도체제에 의한 공산국가(Communist state one-man dictatorship)이며 북한의 최고인민회의에서 국가지도자와 수상이 반대표 없이 간선제로 선출된다. 북한의 최고지도자는 막강한 권력을 견제 없이 행사할 수 있으며 영구집권이 가능하다. 북한의 입법기관이라고 할 수 있는 최고인민회의는 현재 687명으로 구성되는데 5년 임기로 선출되지만 조선노동당 이외의 정당에서는 후보를 낼 수 없다.

요약 비교 남북한의 정부 비교

한국과 북한은 전 세계의 어느 민족보다 동질성이 강한 민족으로 동일언어를 사용하는 유교적 문화권에서 살아왔다. 그렇지만 한국전쟁에서 극심한 이데올로기적 폐해와 많은 사상자 그리고 1,000만 명의 이산가족을 낳으며 상호 심각한 상처를 받았다. 그 후유증으로 남북한은 현재까지도 민족분단의 아픔을 극복하지 못하고 적대적 관계로 살아오고 있다. 북한은 1948년 정부수립 이후 지금까지 정권이 교체되지 않고 70년에 가까운 기간 동안 계속 지속되어 왔고, 한국은 정부수립 이후 다양한 형태의 정부가 국정을 운영하였다. 북한은 공산국가로서 소련이 해체된 이후 폐쇄적인 국가체제로 군부의 영향력이 매우 강력한 특징을 보이고 있지만, 한국은 상당기간 군사정부를 경험했음에도 불구하고 1988년 서울올림픽을 전후로 민주화되고 개방화된 국가체제로 군부의 정치적 중립성을 강조하고 있다.

오스트리아의 기아자동차 전시장

한국정부와 북한정부의 요약 비교*

비교 / 항목	현대 한국의 공식국가명칭	현대 북한의 공식국가명칭
	대한민국 Republic of Korea	조선민주주의인민공화국 Democratic People's Republic of Korea
역사적 배경	고려, 조선의 천년왕국 (918~1910)	고려, 조선의 천년왕국 (918~1910)
인구	약 5천 1백만 명	약 2천 5백만 명
면적	99,720㎢	120,538㎢
수도	서울	평양
언어	한국어	한국어
종교	기독교 31.6%(신교 24%, 구교 7.6%), 불교 24.2%	NA
국가형태	공화국 Republic	공산국가 Communist State
정부의 특징	대통령중심제	공산당정부(1인 지도체제)

*) 대한민국 외교부 관련 자료와 미국의 CIA 최근 자료를 참조하여 재구성.

제 5 편

핵(核)무기보다 강한 UN아시아본부

비엔나는 오스트리아 국가조약에 의하여 중립국 지위를 4자 회담국(미국, 영국, 프랑스, 소련)으로부터 인정받았고 1955년 10월, 영세중립에 관한 연방헌법규정을 통과시켰다. 이후 오스트리아는 자국의 영세중립화를 각국에 통고하였고 불과 1년도 안되어 51개국의 승인을 받아 내었다. 그런데 1968년 8월, 오스트리아와 매우 긴밀한 체코슬로바키아의 프라하에서 충격적인 사건이 터졌다. 프라하의 봄으로 불리는 체코슬로바키아의 민주적 개혁운동을 탄압하고자 소련이 20만 명의 붉은 군대를 동원하여 프라하의 바출라프 광장을 소련제 탱크로 짓밟은 것이다.
(앞면 사진: UN비엔나본부와 역대 UN 사무총장)

제13장

현대판 비엔나성곽, UN비엔나본부

1. 프라하 침공의 충격과 UN비엔나본부 설립계획

소련의 1968년 프라하 침공은 전 세계를 충격에 빠뜨렸다. 특히 비엔나는 힘의 논리 속에서 중립국의 지위가 허울에 불과할 수 있음을 눈앞에서 목격했고 자신을 방어하기 위해서는 강력한 성(城)을 쌓아야 했다. 과거 오스만제국이 비엔나를 침공했을 당시, 그 엄청난 공격을 방어했던 강력한 비엔나 성곽이 또 다시 필요했다. 현대판 비엔나 성곽으로 오스트리아는 스위스의 제네바를 생각했다. 영세중립국 스위스를 방어해 주는 이른바 현대판 난공불락의 성, 바로 UN제네바본부가 오스트리아에도 필요하다고 판단한 것이다. 더 많은 UN의 국제기구와 함께 반드시 UN지역본부를 비엔나에 세워야 어떤 강대국도 침공할 수 없다는 국제관계의 현실을 직시한 것이다. 정상국가라면 아무리 강대국이라 하여도 UN본부가 있는 영세중립국을 침공할 수 없기 때문이다.[1)]

---

1) 비엔나정부는 자국의 영세중립국 지위를 안정적으로 보장받기 위하여 UN본부만큼 확실

(1) **비엔나의 적극적인 국제기구 유치노력:** 제2차 세계대전 이후 10년 동안 연합국의 군정(軍政)하에서 분할 통치된 이후 가까스로 1955년 독립한 오스트리아는 피폐한 약소국이었다. 그렇지만 비엔나를 침공했던 모스크바와 함께 인접해 있는 공산국가들의 인구는 수억 명을 넘는 수준이었다. 이미 베를린은 분단되었고 프라하와 부다페스트는 소련의 수중에 있었다. 미국은 대서양 건너 멀리 있었고 비엔나는 모스크바와 바르샤바조약 군대에 의하여 몇 시간이면 점령될 수 있었다. 비엔나는 극적으로 독립과 통일을 동시에 성취했지만 모스크바의 영향권 하에서 자유롭지 못했고 언제든지 모스크바에 의하여 또 다시 무력 점령될 수 있다는 위기감이 있었다. 그런데 1957년, 미국은 핵의 평화적 이용과 핵무기의 사용을 억제할 국제사회의 필요성을 유엔총회에서 강조했고 이를 계기로 국제원자력기구 즉, IAEA(International Atomic Energy Agency)가 설립되었다. 비엔나는 이 기회를 놓치지 않았다. 비엔나는 적극적으로 IAEA의 설립과정에 참여하였으며 결국 IAEA라는 대규모 국제기구의 본부를 비엔나에 유치하는데 성공했다.

사실 당시의 오스트리아 상황을 잘 모른다면 비엔나에 IAEA본부가 세워진 것에 큰 의미를 부여하지 않을 수도 있다. 그렇지만 오스트리아는 1947년부터 UN회원국이 되고자 했으나 보류되었고, 1955년이 되어

한 담보물이 없다고 생각했다. 어떤 확고한 국가 간 안보조약보다 더 확실한 보장성이 증명되는 UN본부, 눈으로 커다랗게 보이는 UN건물이 비엔나에 필요했다. 만일 프라하에 UN본부가 있었다면 제아무리 모스크바라도 프라하를 침공할 수 없었을 것이며 스위스가 안전한 것도 UN본부와 무관하지 않다고 비엔나는 판단했다. 어떤 강대국도 세계의 집단안전보장체제를 관리하는 UN본부를 공격하기는 어려울 것이고 그래서 UN본부가 있는 스위스는 안전하고, UN본부가 없는 오스트리아는 불안하다고 평가했다. 물론 비정규군에 의한 테러와 동네 잡범들에 의한 무장 강도 행위가 발생할 수는 있을 것이지만, 최소한 공식적인 국가라면 UN본부를 공격할 수는 없다는 것이었다. 과거 무소불위의 히틀러조차 허울만 남아있던 국제연맹이 위치한 영세중립국 스위스는 공격할 수 없었다. 비엔나가 찾아낸 것은 핵무기로 무장하는 것보다 훨씬 더 안전한 방어책이 바로 UN제네바본부와 같은 UN지역본부의 설립이라고 판단한 것이다. 오스트리아는 오랜 기간에 걸쳐서 국가생존의 방법을 터득했고, 특히 힘이 부치면 현란한 외교로 자신들의 존재감을 과시했던 화려한 전통을 지니고 있는 국가였다. 소련의 프라하 침공 이후, 오스트리아는 UN지역본부를 세우는 계획을 구체화하였고 비엔나에서는 그 구체적 사업의 첫 단계가 실행되었다.

서야 겨우 UN의 회원국으로 받아들여진 국가였다. 그랬던 오스트리아가 1957년, 독립한지 2년도 안되었고 아직 경제상황도 나아지지 않았던 약소국가에서 IAEA와 같은 세계적으로 첨예한 핵 문제를 다루게 될 국제기구를 유치한 것은 실로 엄청난 외교적 성과였다. IAEA는 비엔나의 합스부르크 가문이 일상적 생활을 하던 시내 중심부의 그랜드 호텔(Grand Hotel at Kärntner Ring)에 그 터전을 잡았다. 비엔나의 외교적 행보는 여기서 그치지 않았다. 미국과 소련이 핵전쟁의 위기 속으로 빠져 들어갈 때, 케네디와 후르시초프의 1961년 비엔나회동을 적극 주선하여 성사시켰으며 1966년에는 개발도상국의 산업개발을 돕기 위해 설립된 UN산업개발기구, UNIDO(United Nations Industrial Development Organization)까지 유치했다.

(2) 소련의 프라하 침공과 비엔나의 충격: 1968년 8월 새벽, 소련제 탱크가 프라하 시내로 진입하였다. 프라하의 바츨라프 광장에서 소련군의 탱크를 막아선 프라하 시민들의 격렬한 시위가 있었지만 결국 체코슬로바키아의 개혁파 둡체크는 실각하고 거의 끌려가다시피 모스크바로 이송되었다. 모스크바는 형제국가라고 외쳤던 프라하를 무력으로 점령하면서 전 세계의 비난을 받았으나 결국 그뿐이었다. 국제사회의 현실이었고 힘의 논리를 뒤집을 수 없었다. 앞서 언급했던 것과 같이 프라하는 오랜 기간 비엔나와 매우 각별한 관계였다. 수백 년 동안 합스부르크 가문의 통치하에 있었던, 그래서 어쩌면 비엔나보다 더 애착을 갖고 있던 프라하였다. 민족은 다르지만 오랜 역사를 공유했던 프라하가 소련의 군대에 짓밟히면서 비엔나는 IAEA와 UNIDO로는 충분하지 않다고 판단하였고 그 결과, 거의 불가능한 계획을 실행에 옮기기로 결심하였다. 그것은 비로 UN제네바본부와 같은 UN의 지역본부를 오스트리아의 비엔나에 하나 더 세우는 계획이었다.

비엔나는 충격 속에서 국가안보를 위하여 UN비엔나본부의 설립 필요성을 재차 인식했다. 이것은 단순히 국제회의장을 짓는 작업이 아니었다. 외부의 침공을 막기 위한 현대판 비엔나 성곽을 세우는 작업이었다. 영세중립국이라고 하지만 국제사회의 힘의 논리에서 언제든 제2의 프라하가 될 수 있는 상황을 목전에서 확인한 비엔나는 막대한 재정적 부담을 안고 실패할 수도 있는 대규모 UN프로젝트를 시작하게 된 것이다. 1968년, 프라하가 모스크바에 의하여 침공 받은 같은 해, 비엔나는 국제센터를 건설하기 위한 전 세계적 규모의 건축설계 공모전을 개최하였다. 36개 국가의 656명의 건축가들이 참여하였으며 뜨거운 공모전 열기가 세계적 관심을 불러 일으켰고 수많은 설계안(284개)이 제출되었다. 당시의 비엔나 건축공모전은 현대 건축사에서 획기적인 공모전으로 기록될 정도로 세계적 관심을 불러 모았고, 동시에 아직 확정되지 않은 UN비엔나본부의 실현 가능성을 높이기 위한 국제적 여론몰이에도 상당한 도움이 되었다.

(3) UN City Wien: 수많은 계획안 가운데 최종적으로 기능적, 경제적 측면을 고려하여 오스트리아 연방정부 수상이었던 크라이스키(B. Kreisky)는 스타베르(J. Staber)의 건축계획안을 채택했다. 숱한 사연들과 정치적 갈등까지 있을 정도로 치열한 건축공모전이었다. 어쨌든 비엔나의 대규모 국제센터를 건설하기 위한 준비는 매우 빠른 속도로 진행되었고 1973년 실제 공사를 시작하여 6년 만에 공사를 마치게 된다. 당시의 유럽에서 시행된 대규모 건설프로젝트 가운데 가장 빠른 속도로 진행된 공사였다. 그렇지만 첫 삽을 뜰 때까지도 이곳이 UN비엔나본부가 될 것으로 확신한 사람은 거의 없었고 대부분 'UN City Wien'을 짓는 것으로 알려졌다.

오스트리아 연방정부는 1960년대 후반에 당시 외무장관이었던 발트하임(K. Waldheim)을 통하여 UN에 다음과 같은 제안을 하였다. 즉, 1957년에 유치한 IAEA와 1966년 유치한 UNIDO가 비엔나의 호텔건물들을 불편하게 임차하고 있으니 향후 독자적으로 사용할 수 있는 UN국제센터를 비엔나에 건축하면 좋겠다는 의견이었다. 이를 위하여 비엔나는 다뉴브 강 인근공원(Donaupark)[2]의 180,000㎡의 토지를 UN에 무상으로 제공하겠다는 의사도 밝혔다. 비엔나 도심지 땅을 UN에 무료로 내놓겠다고 하였지만 UN은 선뜻 이곳에 많은 자금을 지불하면서까지 UN의 건물을 세울 계획이 없었다.

그런데 1968년 소련의 프라하 침공 이후, 비엔나는 조급해졌다. 토지를 무상으로 제공할 뿐만 아니라 자신들의 비용으로 UN City 건물을 세울 계획까지 세운 것이다. 스타베르의 건축계획안에 따르면 UN City 건물은 당시의 화폐기준으로 건축비용만 약 90억 달러가 소요되는 대규

비엔나 UN City 건축홍보물(UN자료)

2) 제2차 세계대전 이후 어려운 경제여건에서 고통 받던 비엔나가 다뉴브공원을 만들어냈던 과정은 이러했다. 본래 이 지역은 비가 많이 오면 쉽게 침수되고 전염병이 창궐하는 위험한 곳이었다고 한다. 그래서 비엔나 시 정부는 무허가건물을 짓고 거주하는 사람들을 강제 이주시키고 이 지역을 쓰레기 매립지로 사용했다. 전후 급증하는 도시의 쓰레기를 매립하는 작업이 점차 완료되자 1961년 비엔나 시 정부는 이 지역을 도시공원으로 만드는 계획을 세우고 약 100ha의 면적을 대상으로 다뉴브공원(Donaupark)을 조성한다. 그리고 1964년 비엔나 세계원예박람회를 이 지역에서 개최하고 252m의 다뉴브 타워도 세웠다. 서울의 남산타워와 비슷한 구조를 지니고 있는데 타워 내부에 천천히 돌아가는 레스토랑이 있어서 비엔나의 시내를 조망할 수도 있다.

모 공사였다. 인플레이션과 환율의 변동을 고려할 때, 토지가격을 제외한 건축비로 이 정도의 액수를 지불하는 것은 당시 가장 부유했던 미국 정부나 할 수 있는 일이었다. 참고로 미국 뉴욕에 위치한 UN본부의 건축비는 약 6,500만 달러였다(1952년 기준). 공사를 시작하였던 1970년대는 세계적인 유가파동으로 유럽의 각 국가들이 재정위기에 빠져 어려움을 겪던 시기였지만 오스트리아는 연방정부가 65%, 비엔나 시정부가 35%의 건축비를 분담하면서까지 대규모 프로젝트를 멈추지 않았다.

2. 비엔나의 UN City

UN City[3] 건설은 스타베르의 건축계획에 따라서 1973년부터 공사가 시작되었다. 6개의 Y형 건축물이 연계되어 있으며 48m에서 120m 높이의 서로 다른 건물로 구성되어 건설되었다. 약 4,500개의 사무실 공간과 크고 작은 회의실에 동시통역시설이 제공되며 냉난방 시설이 완비된, 1970년대 당시로서는 최첨단 건축물이었다. UN비엔나본부에 근무하면서 건물구조를 설명했던 현장 직원들은 이런 에피소드도 소개하여 주었다. 3개의 Y형 건물이 쌍둥이처럼 대칭되어 마주보게 설계된 UN City에 대하여 구조적으로 불편하다는 불평도 직원들 사이에 꽤 많았다고 한다. 그런데 비엔나 인근에서 큰 규모의 지진이 발생한 적이 있었는데 UN City 구조물에는 전혀 손상이 없었고 나중에 검증한 결과, Y형 구조물의 안정성 덕분이라는 것이 입증되면서 불평은 사라졌다고 한다.

1970년대를 대표하는 세계적 건축물로서 뉴욕의 UN본부 외관 건물과 비슷하면서도 입체적이고 다면적인 공간 활용을 매우 활발하게 모색한 특징이 있다. 각 건물들은 2층 높이의 원형 공간으로 연결되어 있어

---

3) 영어로 UN City를 독일어로 하면 UNO City이다. 비엔나를 관통하는 다뉴브강도 독일어로 하면 도나우강이다. 다뉴브강 인근의 다뉴브공원이 만들어지는 과정, UN City가 우여곡절 속에서도 빠른 속도로 건설되는 과정 속에서 오스트리아 사람들이 얼마나 절실하게 UN본부를 원했는가를 조금은 알 수 있다. 그리고 그 결과, 결코 누구도 가능할 것으로 생각하지 못했던 비엔나의 UN City는 정말 UN비엔나본부로 변신하게 된다.

서 각 건물들에서 한 곳으로 모일 수 있는 광장역할을 담당하고 있다. 그 밖에도 UN City 건물은 외부와 철저히 차단되어 있지만 동시에 지하철과 쉽게 연결되어 있어서 건물의 보안성과 접근성을 동시에 추구했던 장점이 돋보인다. 더욱이 예술의 도시, 비엔나를 상징하는 현대적 예술작품들이 많이 기증되어 전시되고 있는데 UN City를 찾는 또 다른 매력이 되고 있다.

비엔나의 유엔직원들 이야기를 담은 UNO inside에는 비공식적 에피소드들이 상세히 소개되어 있다. 몇 가지 사례만 살펴보아도 UN비엔나본부가 탄생하는 과정은 놀랍기만 하다. 예를 들어 보면 이러하다. 뉴욕의 UN총본부에 있던 많은 조직과 인력을 비엔나로 옮기는 과정에서 내부적 반대와 저항이 있었다고 한다. 특히 비엔나보다 뉴욕을 더욱 선호했던 UN직원들이 비엔나에 가면 UN직원 자녀들의 영어권 교육이 어렵다고 불만들이 많았다고 한다. 이런 말을 듣자마자 UN의 발트하임 사무총장은 즉시 비엔나정부에 전화를 하여 국제학교를 확충할 것을 요청했다. 그러자 비엔나정부는 지체없이 국제학교를 확충했다. 뉴욕보다 비엔나로 가는 것이 좋겠다는 UN 내부의 분위기 조성과정에서도 발트하임과 오스트리아정부의 긴밀한 협조는 주효했던 것이다.

어쨌든 비용문제로 UN과 UN City간에 문제가 생기면 양측의 이해를 적절히 조정하면서 원만히 해결할 수 있도록 UN사무총장이었던 발트하임과 오스트리아정부는 서로 섬세한 조치로 문제를 해결했다. 치밀했던 UN비엔나본부 승격과정에서도 발트하임과 오스트리아정부의 협조는 결정적으로 작용했다. 그리고 드디어 1980년 UN City는 어느새 UN비엔나본부로 격상되어 있었다. 오스트리아는 소련이 해체된 이후, 자신의 영세중립국 지위를 유연하게 적용하면서 EU에도 가입하였고 그 결과, 자연스럽게 UN비엔나본부는 EU를 대표하는 UN본부의 역할도 담당하고 있다. 스위스는 유럽연합에 가입하지 않았기 때문에 비엔나는 스스로 유럽연합을 대표하는 UN본부라고 할 수 있게 된 것이다.

비엔나 UN City 건축과정(UN자료)

3. 1실링으로 얻은 UN비엔나본부

오스트리아의 비엔나에 UN지역본부가 세워지는 과정에는 많은 이야기가 숨겨져 있다. 1960년대 말, 비엔나는 UN당국에 다뉴브강 인근공원(Donaupark)의 방대한 토지를 무상으로 제공하겠다는 의사도 분명히 밝혔지만 퇴짜를 맞았다는 이야기는 앞서 소개한 바 있다. 그런데 엄청난 재정을 투입하여 오스트리아가 UN City를 1979년 완성했지만 그때까지도 UN은 이사 올 생각을 하지 않았다고 한다. 그래서 비엔나는 UN에게 다시 말했는데....... "임차료로 1실링만 내면 됩니다." 연간 임차료 1실링, 한화로 천원이 안 되는 액수에 그 거대한 UN City를 UN이 사용할 수 있게 비엔나는 양보했다.[4] 그래도 UN의 실무자들은 물

4) 2002년까지 사용된 오스트리아 화폐단위였던 실링(Shilling)은 이후 유로화로 바뀌었고

었다고 한다. "그럼 건물의 유지보수비는 UN이 내야 합니까?" 비엔나의 담당자는 약간 주저하면서 한숨을 후~하고 내쉬며 이렇게 말했다고 한다. "유지보수비도 비엔나가 지불하겠습니다."

위의 대화는 UN직원들이 작성한 UNO inside에 소개된 에피소드를 약간 각색한 내용이다. 어떻게 UN City의 연간 임차료가 1실링이 되었으며 건물의 유지보수비용까지 비엔나가 지불하게 되었는가를 흥미롭게 소개한 내용이다. 그런데 이는 정말 사실이다. 임차료 1실링으로 UN은 4,500개 사무공간과 크고 작은 회의장이 완비된 UN City를 얻게 되었기 때문이다. 게르만 속담에 공짜는 좋은 것이 아니라는 말이 있어서 1실링이라는 상징적 의미의 돈만 받고 비엔나는 UN에 UN City를 임대한 것이다. 그럼에도 불구하고 비엔나는 손해가 아니라고 비엔나 출신의 UN직원들은 말한다. 아주 작은 예로서 UN City에 공급되는 연간 소켓 전구의 양만 하여도 20만개이고, 그것은 모두 비엔나 현지 업체에서 조달 받고 있기 때문이라는 것이다.

비엔나 속의 거대한 치외법권 지역인 UN City지만 여기에는 숙소도 호텔도 없다. UN에서 업무를 마친 사람들은 모두 UN City를 떠나서 비엔나 어느 곳에 있는 자신의 숙소로 돌아가게 된다. 출퇴근 시간마다 수천 명이 UN City로 들어오고 나가는데 긴 줄을 서서 장사진을 칠 정도라고 한다. 초기비용은 많이 들었지만 비엔나는 UN본부라는 매일 황금알을 낳는 거위를 품에 안고 살 수 있게 되었다. 그래서 비엔나 사람들은 임차료로 1실링만 받고 있지만 UN City를 매우 좋아한다. 비엔나를 먹여 살리는데 큰 공을 세우고 있기 때문이다. 전통의 비엔나에는 호텔과 식당 그리고 유적지가 많이 있다. 그렇지만 대규모의 고급인력을 고용하는 크고 좋은 직장은 거의 없었다. 그런데 UN비엔나본부라는 큰 직장이 생긴 것이다. UN직원 가운데 1/3 이상은 비엔나 현지에서 고용하도록 되어 있기 때문에 비엔나의 UN본부에서 근무하는 5,000

그래서 1실링을 유로기준으로 환산하여 약 0.7유로(€)를 연간 임대료로 내고 있다.

여 직원들 가운데 약 1,700명 정도가 비엔나 현지인으로 구성되어 있다. 물론 그들의 급료는 UN이 지급하고 있기 때문에 UN은 최고 수준의 최고급 일자리를 비엔나시민들에게 공급하고 있는 셈이다. UN비엔나본부는 170만 비엔나시민들에게 여러 형태로 역동성 있는 에너지원이 되고 있다. 더욱이 UN에서의 국제적 업무경력은 비엔나 젊은이들에게 더 좋은 고용기회로 연계되고 있다.

UN비엔나본부 모형도

UN비엔나본부 전경

Small Talk

발트하임 UN사무총장과 UN비엔나본부

UN비엔나본부의 설립과정에서 발트하임(K. Waldheim) UN사무총장의 중요한 역할을 빼놓을 수 없다. 발트하임은 비엔나대학을 졸업했으며, 제2차 세계대전이 끝난 이후 1945년 프랑스 주재 오스트리아 대사관에 근무하면서 외교관 생활을 시작했다. 1955년에 UN주재 오스트리아 대표를 지내면서 UN과 첫 인연을 맺게 되었고 1968년 외교부 장관에 취임하였다.

외교장관으로서 발트하임은 자신의 오랜 UN인맥을 적극 활용하여 오스트리아 비엔나에 UN City의 건설계획을 추진하기도 하였으나 UN은 비엔나에 대규모 UN관련시설을 건설할 필요가 없다고 통보하였다. 이후 발트하임은 정치인으로서 변신하였고 1971년, 인민당 후보로 대통령 선거에 출마했지만 아깝게도 낙선하였다. 그런데 다음해 1972년, 발트하임은 제4대 유엔 사무총장에 취임하는 행운을 얻게 되었고 그가 외교장관으로 있을 때 실패하였던 UN비엔나본부 설립계획을 또 다시 시작할 수 있었다. 발트하임은 UN사무총장의 업무를 매우 잘 수행하였지만 동시에 직접적, 간접적으로 오스트리아의 UN City건설과정에도 적극 개입하였고, 1980년 UN City의 완성과 함께 그 시설물을 UN비엔나본부로 격상시키는 기적 같은 일을 성취하였다.

발트하임은 다음해 1981년, UN사무총장 임기를 마무리하였고, 오스트리아로 귀국하여 차기 대통령 선거에서 국민당 후보로 출마하였다. 국내외에서 들려오는 그에 대한 많은 구설수가 있었으나 1986년, 오스트리아 국민들은 발드하임을 대통령으로 선출하였다. 그의 당선이유로 UN비엔나본부 설립역할은 결정적이었으며 발트하임은 6년의 대통령임기를 마치고 1992년 은퇴하였다. 발트하임은 국민들의 애도 속에서 2007년 노환으로 조용히 생을 마감하였다.

UN비엔나본부 내부복도에 게시된 발트하임 초상화

UN비엔나본부 입구(Gate1)

UN비엔나본부 내부의 전면(국기게양대)

제14장

21세기 중 · 일 전쟁을 막기 위한 선택

1. 현대판 비엔나성곽의 탄생

오스트리아는 1968년 프라하 침공사태를 목격하면서 소련제 탱크를 막을 수 있는 성곽이 비엔나에 반드시 필요하다고 판단했다.[1] 그래서 많은 재정을 투입하여 건설한 것이 UN City이고 이곳이 1979년 완성된 이후 1980년부터 각종 UN 산하기관들이 입주하면서 자연스럽게

1) 비엔나 공성(Siege)이라는 말이 있다. 오스만제국이 비엔나 성(城)을 에워싸고 공격한 사건을 일컫는 말이다. 제1차 비엔나 공성은 1592년 합스부르크 가문의 신성로마제국이 오스만제국의 공격으로부터 비엔나 성곽을 굳게 잠그고 방어했던 사건이고, 제2차 비엔나 공성은 1683년에 있었던 사건이다. 2차에 걸친 공격을 받으면서도 비엔나를 지켜낸 유명한 성곽은 이슬람으로부터 기독교를 지키는 역할을 했다. 그렇지만 그토록 국가안보에 중요했던 성곽도 19세기에 와서는 무용지물이었다. 이미 산업사회가 시작된 당시의 상황에서 성곽의 방어 기능은 상실되었기 때문이다. 그래서 오스트리아의 왕은 비엔나를 지켜주었던 대규모 성곽을 없애고 그곳에 도로를 건설하였는데 비엔나의 환상도로(Ring) 구역이 바로 그 곳이다. 지금은 작은 전차가 지나는 길이 되었고 주변에는 비엔나 대학을 비롯하여 시청과 의사당이 있어서 아름다운 풍광을 자랑한다. 그런데 19세기까지 비엔나를 지켜주었던 그 성곽을 20세기에 다시 지어야 했다. 그것은 바로 비엔나의 다뉴브강 인근에 위치한 제22구역의 거대한 UN비엔나본부 건물이었다.

UN비엔나본부가 되었다. 지하철 1호선에 해당하는 U1의 VIC(Vienna International Center)역은 바로 UN City로 들어가는 'Gate 1'과 연결되어 있다. UNESCO가 지정한 세계문화유산지역인 비엔나 제1구역의 슈테판 대성당(Stephansdom)에서 6번째 역에 위치한 비엔나 제22구역은 지하철로 약 20분 정도 걸린다. UN의 UN City 주변에 조성된 VIC는 지금 현재에도 계속 확장되고 있는데 비엔나의 고층건물들은 주로 이 지역에 세워지고 있다. UN City는 비엔나에 있는 UN관할의 치외법권(治外法權) 공간이며 비엔나의 통치권으로부터 벗어나 있는 지역이지만 동시에 비엔나를 지켜주는 중요한 기능도 하고 있다. UN본부가 있는 도시에 탱크를 몰고 갈 수 있는 국가는 상상할 수 없는 일이기 때문이다. 물론 이 지역 주변에는 걸인도 있고 동네 깡패가 있어서 신경도 쓰이지만 테러분자가 아니라면 결코 어떤 강대국도 넘볼 수 없는 비엔나가 된 것이다.

만일 UN비엔나본부가 외부로부터 공격을 받는다면 비엔나정부는 1차적으로 UN방어의무를 행하게 된다. 이를 역으로 해석하면 혹시라도 비엔나를 공격하는 국가가 있다면 그 국가는 UN을 공격하는 국가가 된다. UN회원국들이 사실상 비엔나를 공격할 수 없기 때문에 비엔나는 모든 UN회원국들과 불가침조약을 체결한 것과 크게 다르지 않다. 불안정한 국제사회에서 세계정부의 역할을 담당하는 UN의 지역본부가 자국의 영토 안에 있다는 것은 사실상 어떤 무기로 국토방위를 행하는 것보다 안전하다. 오랜 외교적 전통을 쌓아 온 비엔나의 합스부르크 후손들은 UN본부의 중요성을 일찌감치 간파했고 그래서 소련의 프라하 침공 이후 엄청난 재정을 투입하면서도 비엔나에 UN본부를 세웠다(물론 공식적으로는 중앙정부와 시정부의 공동 재정투입이었지만 당시의 오스트리아 공공 재정만으로는 벅찬 일이었음을 감안할 경우 합스부르크 가문의 재산도 일부 투입되었을 것으로 추정된다). 향후 아시아에서도 조만간 UN본부가 세워질 것이다. 아시아의 UN본부가 어느 국가에 세워질 것인가는 아직까지 누구도 결정하지 못했지만 UN본부가 있는 국가는 국가안보 측면에서 아시아에서 가장 안전한 국가가 될 수 있음은 비엔나의 사례를 비추어 볼 때 충분히 예상될 수 있는 부분이다.

2. 핵무기보다 강한 UN아시아본부

북한이 핵무기를 대신하여 얻어야 하는 것은 과연 무엇일까? 핵무기보다 값어치가 있고 북한의 발전에 더 큰 도움이 되어야 할 것이다. 어찌 보면 한민족에게 핵무기가 있는 것이 장기적 관점에서 이익이 될 수 있다는 시각도 있다. 만일 1970년대 한국이 개발하고자 했던 핵무기를 한국이 현재 갖고 있다면 어찌 되었을까? 한국은 발전하지 못했을 것이다. 너무 단정적으로 평가를 내려서는 안되겠으나 한국이 핵무기를 보유한 상태에서 국제적으로 개방화를 단행하기는 어려웠을 것이다.[2)]

현재의 미국과 중국의 세력균형체제를 크게 변동시키지 않으면서 북한이 경제발전과 국가안보를 동시에 얻어낼 좋은 대안은 없는가? 그것은 오스트리아가 소련과 미국의 틈바구니에서 세력균형의 체제를 보다 안정화시킨 명분에서 독립과 통일을 얻어낸 외교적 논리를 적용하면 가능하다는 판단이다. 오스트리아가 영세중립국가로 전환하고 동시에 핵무기보다 더 큰 국가안보 보장책으로 UN지역본부의 설립을 추구한 것도 같은 맥락이다. 오스트리아가 스위스를 모델로 '영세중립국'과 'UN지역본부'를 그대로 가져온 것처럼 북한도 영세중립체제와 UN지역본부를 북한으로 가져올 필요가 있다. 전문가들 사이에서도 그것이 과연 가능하겠는가라고 의문을 제기할 수도 있다. 물론 쉽지는 않겠지만 오스트리아의 상황은 북한보다 훨씬 더 악조건이었음을 감안한다면 못할 부분

---

2) 1970년대 한국이 핵무기를 보유했다면 필연적으로 동북아시아의 세력균형을 파괴할 수밖에 없었고 어찌 보면 당연히 일본도 핵보유를 요구할 것이고 대만도 핵을 요구할 것이기 때문이었다. 그렇게 된다면 미국이 제2차 세계대전과 한국전쟁을 치루면서 쌓아 온 동아시아의 세력균형 질서를 스스로 포기하는 결과를 가져올 수밖에 없다. 소련과 같이 미국이 붕괴하기 전에 미국이 자발적으로 그 상황을 수용하기는 어렵다. 같은 논리에서 북한이 핵무기를 보유하고 이를 국제사회가 인정하는 것도 미국의 기득권과 중국의 기득권을 모두 포기시키는 것이라고 할 수 있다. 따라서 중국이 소련처럼 붕괴되기 전에 중국이 이를 수용하기는 어렵다.

도 아니다. 북한의 현 상황을 당시의 오스트리아 상황과 비교할 때, 북한은 핵무기를 지렛대로 협상할 수 있는 운신의 폭이 오스트리아보다 훨씬 넓다. 미국과 중국은 북한의 요구에 대하여 북한이 핵무기만 포기한다면 적극적으로 동의할 가능성이 매우 높다는 것이다. 또한 아시아에는 아직까지 UN지역본부가 없는 상황이지만 그 필요성에 대해서는 이미 국제사회가 동의하는 공감대가 형성되어 있다. 따라서 북한은 아시아의 스위스, 영세중립국의 지위, 그리고 핵무기를 버리고 UN아시아본부를 설립하는 부분에 대하여 국제사회로부터 이를 동의 받을 수 있는 충분한 명분과 조건을 갖추고 있다.

UN아시아본부는 제2차 세계대전 이후 중국에 세워질 가능성이 높았다. 유럽에는 과거 국제연맹이 있었던 스위스의 제네바에 UN본부가 운영되었고, 미국이 UN을 주도하면서 뉴욕에 UN총본부를 세웠다. 비슷한 시기에 아시아에서는 중국의 상하이에 UN본부가 세워질 가능성이 높았지만 중국이 공산국가로 체제 전환되면서 그 가능성은 사라졌다. 그렇다고 UN아시아본부를 제2차 세계대전의 패전국인 일본에 세울 수는 없었다. 관련 자료를 보면 당초 1947년 3월, 제4차 UN경제사회이사회의 결의에 따라 창설이 결정되었고 6월, 중국 상하이에서 제1차 아시아・태평양 경제사회위원회(UN) 총회가 개최되었다고 한다(ESCAP 개황, 2008. 4., 외교부). 그렇지만 1949년 중국이 갑작스럽게 공산화가 되면서 태국에 UN의 ESCAP이 세워지고, 아시아・태평양지역의 UN지역본부 역할을 임시적으로 하고 있는 상황이다. 중국과 일본에 UN아시아본부를 세우는 것이 곤란한 상황에서 한반도의 평화와 함께 북한의 영세중립국화, 그리고 한반도의 비핵화는 중요한 정당성을 갖출 수 있다. 한반도의 UN아시아본부의 설립은 또한 아시아의 평화를 위해서도 매우 중요한 토대가 될 수 있다.

3. 21세기 중 · 일 전쟁을 막기 위한 선택

공식적으로 미국과 중국은 현재의 북한이 크게 변하지 않고 현 상태를 그대로 유지하면서 북한이 안정적으로 존재하는 것을 선호하는 강대국들이다. 만일 한반도가 통일된다면 미국으로서는 팽창하는 동북아시아에서 소중한 군사적 거점을 잃게 될 가능성이 높고, 중국으로서도 베이징 앞에서 한국군과 직접 대면할 위험성이 있기 때문이다. 미국과 중국 모두 한반도가 분단된 상태에서 1953년 7월 정전협정 이후의 현상이 앞으로도 계속 유지되기를 원하는 국가임은 주요 사례들에서 분명히 입증되고 있다. 2010년 3월의 백령도 해상에서 벌어진 대한민국 초계함 천안함 피격사건, 같은 해 11월의 연평도 포격사건 이후 벌어진 일련의 사태들에서 분명 미국과 중국은 공동으로 분쟁을 막아섰다.

한반도에서 전쟁이 발생할 경우 미국과 중국의 충돌로 이어질 가능성이 높기 때문에 한반도의 현상이 그대로 유지되는 것을 분명히 원하고 있있다. 그리니 2013년 북한이 제3차 핵실험을 실행한 이후부터는 미국의 태도가 바뀌었다. 2015년 8월, DMZ 목함지뢰 폭발사건에서 시작된 한반도의 일촉즉발 상황에서 미국은 더 이상 소극적인 현상유지 조치만 취하지 않았다. 상황에 따라서는 한반도에서 국지전이 벌어질 수 있는 극한상황에까지 달했지만 이전과 같은 미국의 조용한 현상유지 노력은 보이지 않았다. 휴전 이후 어쩌면 처음으로 미국과 중국의 태도가 뚜렷하게 다른 방향으로 움직인 시점이다. 정전협정 이후 60년 동안 지속되어 왔던 미국과 중국의 동일한 입장추구는 북한의 제3차 핵실험으로 상호간 균열이 분명히 생겼음을 보여주었다. 현상에 변동이 생기기 시작한 것이다. 북한의 핵보유는 미국의 아시아전략에 위협이 되고 이와 같은 미국의 판단과 행동은 중국과의 공조를 철회하는 상황으로 이어질 수밖에 없다. 미국은 수차례에 걸쳐서 중국을 통한 북한의 핵포기를 유도했으나 무의로 끝나자 한반도에서 국지전이 발생하더라도 더

중요한 사안인 북한의 추가적 핵개발을 중단시키고자 했음이다.[3)]

더욱이 북한을 공식적으로 공격할 국가는 미국뿐만 아니라 일본까지 포함하여 고려되어야 할 상황이 되었다. 이에 대응하여 중국으로서는 일본의 북한공격 또는 진입을 차단하기 위하여 핵개발이라는 분쟁의 씨앗을 낳고 있는 현 북한정부의 교체를 적극 추진할 수도 있다. 중국은 상당기간 국내 권력의 안정화를 위하여 노력했고 보시라이, 저우융캉, 링지화 등 강력한 경쟁자들을 숙청했으며 시진핑 중심의 권력체제를 대부분 완성했다. 이제 중국이 대외적 위협요소들을 제거할 단계로 진입한다면, 북한을 비공식적으로 위협할 잠재적 국가에서 중국도 예외일 수 없다. 물론 중국과 일본의 대 북한전략에는 분명한 차이가 있을 것이다. 중국은 북한의 존재를 필요로 하지만 북한정부의 교체는 강력히 원한다. 이와는 달리, 일본은 북한을 장기적으로 점령하여 관리하고 상당수의 일본인들이 북한지역으로 이주하여 살 수 있도록 하는 보다 적극적인 전략을 구사할 수도 있다. 그래서 일본은 미국의 지원 하에 북한의 핵위협을 제거하기 위한 일환으로 북한에 자위대를 공식적으로 파견할 가능성을 배제시키지 않고 있다.[4)]

---

3) 2010년도의 천안함 피격사건, 연평도 포격사건보다 상대적으로 작은 사건이었던 2015년의 목함지뢰 사건에 대하여 미국의 태도는 오히려 강경했다. 미국은 한국의 북한 공격준비를 더 이상 자제시키거나 제어하지 않았다. 2013년 북한의 제3차 핵실험 이전과 이후의 대 북한정책에서 미국의 태도가 분명 바뀌었음이 확인된 것이다. 그런데 더욱 중요한 사안은 미국과 중국의 대 북한공조체제가 불안정해지면서 그 사이에 일본의 역할론이 상대적으로 강조되고 있음이다. 미국의 중국에 대한 동아시아 포위망과는 별도로 북한문제와 관련하여 미국은 일본과 군사적 공조를 취할 태세를 갖추고 있다. 미국이 중국보다 일본과의 공조를 통한 북한 대응전략을 구체화하고 있음은 결코 가벼이 볼 부분이 아니다.

4) 앞서 제9장에서 언급한 바 있지만 2011년 3월의 후쿠시마 원전사태 이후 대다수 일본인들은 침묵의 공포에 싸여있다. 1986년 4월의 체르노빌 원전사태 이후의 피해상황을 계속 모니터링하고 있는 일본 시민단체들은 일본정부에 계속 위험경고를 하고 있지만 정작 일본정부는 아무런 대안도 제시하지 못하고 있다. 그러나 분명한 변화가 조용히 일본사회에서 발생하고 있음은 누구도 부인할 수 없다. 일본인들의 공포심들이 모여서 일본정부를 극도로 우경화시켰고, 일본의 군사력 강화 필요성이 일본국민들에게 방위비 대폭 증액으로 받아들여지고 있다는 것이다. 더욱이 그 맥락의 한 부분에는 북한지역은 일본인들이 과거 거주했던 지역이고 이주에 적합한 대안지역 중 하나라는 것을 상당수의 일본인들이 구태여 부인하지 않고 있음이다. 2015년 10월 일본 방위상이 "일본자위대가 북한

결국 미국의 지원과 용인 하에서 일본이 북한으로 진입한다면 중국은 일본과 대결할 상황에 이를 수 있고 그것이 제2의 청·일 전쟁, 제2의 중·일 전쟁으로 확전될 수도 있다. 이러한 역사적 흐름이 바뀔 수 있으면 좋겠지만 현 상황에서는 북한의 현명한 선택이 없는 한, 한반도 주변의 전쟁 가능성을 피하는 것이 점차 어려워질 수밖에 없다. 그렇지만 북한이 전쟁이 아닌 평화의 방향으로 선회한다면 북한의 전략은 매우 합리적으로 전환될 수 있다. 북한이 중립적 노선을 분명히 취하면서 핵무기 개발과 같은 전쟁이 아닌 영세중립국과 같은 평화노선으로 바꿀 수 있음이다. 북한이 국운을 걸고 개발한 핵무기를 과감하게 포기하면서 이를 담보로 스위스와 같은 영세중립국 지위를 얻어내는 것이다. 주변 국가들이 북한체제를 인정하고 영세중립국가로 승인하면서 상호불가침의 국가조약을 맺고 이를 실질적으로 보증 받을 수 있도록 함이다. 누구도 북한을 침략할 수 없게끔 UN아시아본부를 세우는 것이야말로 북한의 영세중립국화를 위한 구체적인 보증방법 가운데 하나가 될 것이다.

UN비엔나본부의 국제원자력기구(IAEA)

에 진입할 경우, 한국 정부의 승인을 필요로 하지 않는다"라는 공개발언을 한 것도 같은 맥락에서 이해될 수 있는 부분이다.

UN비엔나본부 IAEA의 입구

제15장

한반도 평화의 성과, UN아시아본부 설립방안

비엔나가 1실링으로 UN비엔나본부를 품에 안고, 영세중립국의 지위를 국제사회에서 실질적으로 보증 받는 사례는 한반도에도 많은 점을 시사한다. 이와 같은 전례를 참고하여 북한이 UN아시아본부를 어떻게 설립할 수 있는가에 대한 사항을 간략하게 살펴보면 다음과 같다.

1. 'UN-북한' 평화적 신뢰관계 형성

북한은 국제사회와의 공조를 확대하여야 하며 이를 위하여 UN의 핵심관계자를 평양으로 초청할 필요가 있다. 핵개발과 미사일발사 등으로 국제사회의 제재를 받고 있는 북한이 평양에서 UN과 회담을 시작한다는 것 자체로 북한의 평화 의지를 세계에 표시하는 첫 번째 중요단계로 진입할 계기가 되기 때문이다. 동일한 국가 수준의 회담이 아니라 세계의 평화체제를 관리하는 UN의 최고 책임자가 평양을 방문하는 것은 북한이 국제사회에 자신들이 변할 수 있음을 보여주는 구체적 변화의 신호탄일 수 있기 때문이다. 세계적 관심 속에서 UN과 평양의 회담은 최고의 뉴스가 되면서 향후 북한의 변화와 발표에 국제적 관심을 높일 수 있다.

북한은 먼저 평양정부의 평화적 입장을 소개하고 폭넓은 의미에서 다양한 현안 문제들을 상호 의견교환하면서 내부적 의견조율을 통하여 국제사회에 평양의 최고 당국자가 자신의 입장을 UN에서 직접 소개할 기회를 얻을 필요가 있다. 또한 미국에 대한 북한의 입장을 가급적 진솔하게 전달하고 UN이 적극적 중재자 역할을 담당하여 줄 것을 요청하면서 평양의 최고 당국자가 UN을 방문한 이후, 미국의 대통령과 자연스럽게 회담할 수 있는 계기를 마련할 수 있도록 UN의 역할을 요청할 수 있다. 단, 이와 같은 과정에서 북한의 핵무기 포기라는 사항은 기본전제가 되어야 한다. 핵무기는 실제 사용하기 위한 것이라기보다는 국제적 협력과 협상의 테이블에서 상대방의 의자를 내 쪽으로 끌어당길 수 있는 가장 좋은 메뉴이기 때문이다. 북한의 핵무기를 협상카드로 사용하기 가장 좋은 시점이고 이때를 놓치면 그 효용가치가 오히려 더 떨어질 수 있기 때문에 적극적으로 핵 카드를 제시할 필요가 있다.

북한이 핵무기를 포기하는데 있어서 북한이 영세중립국으로서 국가안보를 확립할 수 있도록 UN의 적극적 역할을 요청하며 UN은 국제적 분쟁예방을 위한 적극적인 조정과 중재자의 입장에서 미국과 북한 상호간의 구체적 갈등해결 방안을 마련할 수 있다. 북한은 핵무기를 대신하여 영세중립국의 지위를 얻으며 미국과의 협력을 모색하면서 구체적으로 북·미 국교정상화 가능성을 위한 토의도 진행할 수 있다. 동시에 미국은 북한의 영세중립국 지위를 인정하면서 북한 지역 내에 UN아시아본부가 세워지는 것에 대한 적극적 지원을 약속하여야 한다. UN은 미국뿐만 아니라 한국과 중국에 북한의 입장을 설명하고 북한의 영세중립국 지위를 보장하도록 다자간 조약 또는 국가 간 조약을 맺도록 돕는다. 이는 UN의 권능 하에서 지역안보를 위한 UN의 적극적 평화노력의 일환이라고 할 수 있다. UN과 북한은 북한의 국가안보가 보장되는 각 단계에 맞추어 북한 핵무기 폐기를 위한 단계별 조치사항을 이행함으로써 균형을 맞춰야 한다.

가장 중요한 것은 UN과 평양 그리고 워싱턴의 평화적 합의가 전제 조건이다. 여기에서 합의가 이루어지지 않는다면 한국과 중국과의 추가적 국가조약 체결은 큰 의미가 없다고 하여도 과언이 아니다. 경우에 따라서는 중국과 일본이 평양과의 합의를 선제적으로 제안할 수 있지만 오히려 평양은 그 합의에 관심 갖지 않는 것이 바람직하다. 핵심적 사안의 'UN-평양-워싱턴'의 합의가 기본이기 때문이다. 따라서 여타의 합의는 오히려 핵심을 벗어날 수 있으며 평양의 협상력을 떨어뜨릴 수 있다. UN과 평양 그리고 워싱턴의 합의가 구체화된다면 그 때부터는 평양이 주도적으로 대안을 제시할 필요가 있다. 핵무기를 포기하는 단계별 조치와 북한이 영세중립국이 되는 것, UN아시아본부를 한반도에 설립하는 것에 대한 단계별 협조를 연계시켜 실행할 수 있어야 한다.

2. UN 중재로 북한의 영세중립국화 국제승인

북한이 그 동안 어떠한 외교적 성과가 있었다고 하여도 이제부터의 매우 중대한 사안들을 집약적으로 경험한 상황은 별로 없을 것이다. UN은 북한을 이끌면서 복잡한 외교상의 암초와 해로를 넘나들며 목적지까지 이끄는 일종의 예인선과 같은 역할을 맡을 수 있어야 한다. 북한의 새로운 도전과 혁신을 이끈다는 측면에서 UN은 그 역사적 사명을 인식하지 않으면 안 된다. 북한정부와 UN은 상호 절대적 신뢰를 기반으로 행동하며 UN은 평양의 의사를 워싱턴에 잘 전달할 수 있도록 적극적인 중재자 역할을 할 수 있어야 한다.

북한의 의사를 전달받은 미국은 가장 먼저 북한의 핵포기 의사에 대한 신뢰성을 UN에게 재차 물을 것이고 평양이 핵무기를 포기하고 미국과 빠른 시간 내에 수교할 수 있는가를 타신해야 할 것이다. 단지 주의할 점은 중국과 일본의 반대가 상당히 있을 수 있음이다. 중국은 북한이 고립되어 중국의 영향력 안에 머물기 바라고, 일본은 북한의 도발적 행위를 유도하여 동북아시아에서의 패권을 모색할 수 있기 때문이다. 그러나 북한이 중국과 일본의 간섭과 방해에 의하여 미국과의 관계를 포기해서는 안 된다. 미국은 북한의 핵무기 포기의사에 대하여 얼마나 신뢰할 수 있을 것인가에 대해서 내부적 갈등이 있겠지만 UN의 중재라면 그것은 큰 문제가 안 될 수도 있다. UN의 중재를 통해서 북한과 미국은 상호각서(memorandum)를 작성하고 이를 기반으로 한국, 중국을 비롯한 관계국들이 상호불가침과 북한재건을 위한 국가조약을 체결할 단계로 진입함이 바람직하다. 북한이 북・미 상호각서 작성과 함께 국가조약으로 영세중립국을 선언하고, 미국이 이를 승인하며, 한국과 중국, 일본 그리고 러시아가 조약 당사국으로 비준서를 제출하면 일차적으로 북한의 영세중립국 지위는 국제적으로 인정받을 수 있는 기반이 조성되기 때문이다.

물론 북・미 상호각서 교환에 이어서 영세중립국을 선언하고 주변국가들이 이를 문서로서 조약 체결하는 과정에서 북한은 미국, 한국, 중국 그리고 특히 일본으로부터 좀 더 많은 것을 얻을 수 있어야 한다. 북한이 고립되어 있을 때, 북한의 가치는 매우 작지만 북한이 미국과 연결되고 개방국가가 되었을 때, 상황은 전혀 달라질 수 있기 때문이다. 특히 아시아의 UN지역본부를 북한에 유치할 수 있도록 UN의 역량을 최대한 활용하여 UN 총회의 결의를 이끌어내야 함은 이 과정의 성패를 좌우할 주요 사안이다. 여기에서 미국의 적극적 지원은 절대적으로 중요하다. 자국에 아시아의 UN본부를 설치하고 싶은 중국이나 일본이 방해할 수도 있지만 북・미간 합의를 이룬 상태에서 중국이나 일본이 노골적으로 북한의 UN아시아본부 유치노력을 방해하기는 어렵다. 따라서 UN을 통한 조용한 외교와 함께 미국의 적극적 지원이 가세된다면 북한은 한반도에 UN아시아본부를 설치하여 진정한 영세중립국의 지위를 확보할 수 있다.

3. UN총회에서 아시아의 UN지역본부, 북한 설립 결의

UN총회에서 미국의 UN대표가 영세중립국으로 전환한 북한에 평화를 담보하기 위한 UN아시아본부를 설립하는 것이 좋겠다는 취지의 안건을 제출하고 이를 UN총회가 승인하는 것이 바람직한 수순이라고 하겠다. 핵무기 확산을 중단하면서 전쟁체제가 아닌 평화체제로 전환하는 북한을 향하여 미국이 국제사회를 향하여 세계적 리더십을 발휘할 수 있는 부분이다. 미국이 국제사회를 향하여 북한이 평화애호국으로서 UN의 적극적 일원이 될 수 있게 지원해 줄 것을 촉구한다면 중국이나 일본도 반대하기 어려운 이른바 '국제사회의 명분'을 얻을 수 있다. 북한의 가장 강력한 반대자였던 미국이 북한지역에 UN아시아본부 설립 필요성을 제기할 때, 자국에 UN지역본부를 유치하고 싶었을 다른 강대국들도 외관상 반대할 명분을 찾기 어렵기 때문이다.

그러나 반대하고 싶은 입장을 지닌 국가들은 북한지역에 UN지역본부를 건립하는 사안에 대하여 명분보다는 실무적, 경제적 어려움 차원에서 문제를 제기할 수 있다. 이와 관련해서는 향후 보다 구체적인 연구와 실무적 토의가 있어야겠으나 바로 이 부분에서 한국이 북한의 입장을 적극 도울 수 있는 빛나는 역할가능성이 있다. 한국은 북한의 계획을 지원하면서 한반도에 UN아시아본부를 세우는데 있어서 북한이 겪을 수 있는 대부분의 실무적 어려움을 해소시킬 충분한 역량을 갖추고 있기 때문이다. 전쟁체제가 아닌 평화체제에서는 북한에게 좋은 것이 한국에도 좋은 것이 될 수 있고, 이는 남북 공동의 평화적 사업으로 추진될 수 있기 때문이다. 한반도의 UN아시아본부가 건립되는 것은 북한뿐만 아니라 침체된 경제상황에서 적절한 투자기회를 찾지 못하고 있는 한국에게도 투자의 물꼬가 터지는 기회가 될 수 있다. 북한이 영세중립국으로서 체제가 안정화되고 갈등의 중심이었던 비무장지대(DMZ) 인근에 UN관할의 국제영토에 속하는 UN아시아본부가 세워진다면 합리적

투자의 두 가지 조건이 모두 충족될 수 있기 때문이다. 이는 투자의 안전성과 투자의 실익성이 모두 보장될 수 있음이다.

UN아시아본부를 중심으로 IT분야에 특화된 국제적 플랫폼 도시를 건설한다는 측면에서, 한반도는 여타 다른 지역에 위치한 UN지역본부들에 비하여 가장 최적화된 조건을 향유할 수 있다. 전 세계가 빠른 속도로 정보사회에 진입하고 있지만 국제사회는 현재, IT 무정부상태에 가깝기 때문에 국제적 범죄위험이 심각한 수준으로 치닫고 있다. 따라서 세계의 인터넷협회(The Internet Society), 국제전기통신연합(ITU)을 비롯한 사이버범죄조약(Convention on Cybercrime)기구 등이 자연스럽게 유치될 수 있도록 국제적 플랫폼 UN도시를 건설함이 적극 고려되어야 한다. 이와 같은 국제적 공공수요에 맞추어 한반도 서부의 비무장지대를 평화지역으로 전환시키고, 인근 주변지역에 UN도시를 개발한다면, 최소의 토지비용과 최적의 정보인프라 설치로 편익을 극대화시킬 수 있다. 남북한이 함께 하는 평화적 공동사업으로 UN아시아본부를 한반도에 건립하는 것은 결코 어려운 일이 아니며 반드시 성취해야 할 목표라고 하겠다.

Small Talk

고려의 황도(皇都), 개경과 UN아시아본부

일찍이 송나라의 서긍(徐兢)이 저술했던 고려도경과 최근, 한국역사연구회가 펴낸 황도 개경에 대한 연구 자료를 보면 새삼 국제도시로서 개경이 지녔던 입지적 우수성에 놀라게 된다. 고려의 황도였던 개경은 지금의 개성을 말하는데 이미 1천 년 전부터 서울이나 평양보다 개방성이 뛰어나서 세계적인 무역도시로 번성했던 경험이 있다. 조선시대 이후 지금까지 안타깝게도 개경의 도시적 가치가 충분히 발휘되지 못하고 있지만 서울과 평양보다 국제도시로서의 입지는 훨씬 뛰어나다. 개경은 한반도의 중심에서 예성강과 임진강이 합류되는 지점에 위치하면서 동시에 서해 바다로 연결되는 벽란도라는 좋은 항구가 있었기 때문이다.

한국 중세시대의 황도(皇都)였던 개경은 앞서 살펴본 신성로마제국의 황도였던 비엔나와 여러 측면에서 비슷한 공통점을 많이 지니고 있다. 고려 왕건의 결혼정책으로 후삼국과 지역의 호족 세력들을 하나로 통합한 것과 고려황실 내부의 근친혼 전통 등은 유럽의 합스부르크 황실의 그것과 매우 흡사하다. 또한 개경이 바다와 대륙을 연결했던 국제적 관문도시였다면 비엔나는 아시아에서 유럽으로 진입하는 유럽대륙의 관문도시였다는 점에서도 공통분모를 찾을 수 있다. 그런데 만일 남북한이 상호 대치하고 있는 비무장지대(DMZ) 인근지역인 옛 개경지역에 UN아시아본부가 세워진다면 어찌 될 것인가? 개경은 비엔나보다 훨씬 중요하고 활력 있는 세계적 플랫폼 도시가 될 것으로 예상할 수 있다.

국제사회에서 UN아시아본부의 개경 설립이 승인된다면 이미 구축되어 있는 개성공단이라는 인프라를 활용하여 통신과 전력 그리고 도로시설을 짧은 기간 내에 최소비용으로 완성시킬 수 있다. 특히 인천공항에서 강화도를 거쳐서 개경까지 공항고속철로(Airport Express Line)만 놓으면 공항에서 30분 이내에 개경의 중심지까지 도달할 수 있다. 마치 홍콩공항에서 홍콩섬 센트럴까지 30분에 도달할 수 있는 편리성이 최소비용으로 확보될 수 있다는 것이다. 더욱이 UNESCO가 지정한 세계문화유산지역인 개경은 제네바, 비엔나보다 접근이 편리하면서도 동시에 뉴욕보다 더 매력적인 최고 수준의 국제도시가 될 가능성이 충분하다. 전 세계 인구의 60%를 차지하고 있는 아시아의 주요 지역과 가장 편리하게 연결 가능한 개경의 UN아시아본부는 황성옛터의 개경을 세계중심도시로 다시 부활시킬 계기를 마련해 줄 수 있다.

UN체제와 UN지역본부의 특징

제 1 단계 UN의 성립과 UN체제의 특징

UN은 역사상 유래가 없는 최악의 전쟁, 제2차 세계대전을 겪은 직후에 세워진 범세계적 조직이다. 세계정부가 없는 상황에서 UN은 다양한 국제사회의 문제를 평화적 방법으로 해결하기 위한 노력의 결실이며 전쟁 재발을 막기 위해서 각 주권국가들이 자신의 주권을 조금씩 양보하면서 구성된 초국가적 연합체라고 할 수 있다. UN의 공식명칭이 국제연합(United Nations)인 것도 UN조직의 성립근거가 각 주권국가에 기반을 두고 있음을 대변한다. UN은 6개의 주요기관으로 구성되어 있기 때문에 일반 국가의 정부조직과는 다른 측면이 분명하지만 집행부, 입법부와 사법부, 그리고 사무국과 사무총장으로 분리하여 설명하면 좀 더 쉽게 UN체제를 이해할 수 있다.

1. UN의 집행부

우선 UN의 집행부로서 안전보장이사회(The Security Council), 경제사회이사회(The Economic and Social Council, ECOSOC), 그리고 신탁통치이사회(The Trusteeship Council)의 역할을 살펴 볼 수 있다. 전쟁과 안보에 관련된 문제는 안전보장이사회(안보리)에서 주된 역할을 담당하며 5대 상임이사국인 미국, 영국, 프랑스, 중국, 러시아는 이견이 있을 경우, 거부권(veto)을 행사할 수 있다. 제2차 세계대전 이후의 전후 질서를 전승국이 주도할 수 있도록 일종의 5대 상임이사국 중심의 집단지도체제를 제도적으로 인정한 특징을 지니고 있다. 전쟁의 패전국이었던 일본과 독일은 이와 같은 5대 강대국의 지위에 도전하고 있으나 현재까지 받아들여지지 않고 있다.

전쟁과 안보 이외의 다양한 경제사회문제에 대해서는 경제사회이사회(ECOSOC)가 맡고 있으며 각 국가의 정부(GO)는 물론이고 다양한 비정부조직인 NGO들의 역할도 ECOSOC에서 활발히 이루어지고 있다. 경제적 남북문제, 국제적 인권문제를 비롯한 수많은 의제가 다루어지고 있으며 미국과 소련의 냉전체제가 허물어지고 세계의 다양성에 대한 논의가 활발하여지면서 ECOSOC의 역할기능은 더욱 적극적으로 변화되고 있다. 이에 비하여 전후 식민지역이 대부분 독립하면서 신탁통치이사회는 사실상 그 역할을 중단하였고 그 결과, UN의 대표적 집행위원회는 안보리와 ECOSOC만이 남게 되었다. 그렇지만 아직까지 UN에서 가장 강력한 권한을 행사하는 집행위원회는 안보리이며 그에 비하여 ECOSOC의 역할은 상대적으로 약한 것이 현실이다.

2. UN의 입법부와 사법부

UN의 입법부 기능을 맡고 있는 곳은 총회(The General Assembly)이다. 앞서의 집행부 기능을 맡고 있는 안보리에서는 강대국의 우선권을 인정하고 있지만 총회에서는 모든 UN 회원국들의 지위를 동등하게 인정하고 있다. 총회는 범국가적인 대표성을 갖고 있지만 주권국가의 입법부 또는 국회와 같이 강제력을 행사할 수 있는 국제사회의 법률을 입안할 권한은 갖고 있지 못하다. 이것은 국제사회의 모든 국가들이 사실상 동등한 권력을 갖고 있지 못한 현실을 반영한 UN 현실주의를 제도화한 측면이기도 하다. 그럼에도 불구하고 총회는 UN기구나 UN기관에 관한 주요 사항을 다루는 경우 구속력 있는 결정을 할 수 있다. 특히 조직을 개편하고 예산을 심사하며 각 회원국의 UN기여도를 결정하는 것과 같은 UN의 조직 및 재정분야에 중대한 영향을 줄 수 있다. 따라서 UN의 지역본부 입지를 결정하고 인적자원과 재정과 관련된 사항을 다룰 경우, 총회는 안보리 이상으로 중요한 결정권을 행사한다.

UN의 사법부 기능을 맡고 있는 곳은 국제사법재판소(The International Court of Justice, ICJ)이다. UN의 ICJ는 일반국가의 사법부 기능과 비교할 때 그 강제성이 매우 취약하다. 이는 UN의 입법부인 총회가 강제성 있는 국제사회의 법률을 입안할 수 없음에 비추어볼 때 당연한 결과이다. 그럼에도 불구하고 ICJ는 국제사회에서 통용되는 국제법에 기초하여 국제사회의 정의를 판단하는데 있어서 점차 규범판단 기능을 강화시키고 있다. UN 총회 및 안보리에서 선출된 15명의 재판관으로 구성되며, 강제적 관할권은 없지만 ICJ의 판결은 구속력을 가지며, 당사국이 이를 이행하지 않을 경우, 안보리는 적당한 해당 조치를 취할 수 있다.

3. UN의 사무국과 사무총장

UN은 일반국가의 경우와는 달리, 완전한 주권체제를 지니고 있지 못한 상황에서도 수많은 국제사회의 중요한 문제들을 해결하지 않으면 안 된다. 그래서 UN에는 실무적 역할을 담당하는 사무국(The Secretariat)과 사무총장(Secretary of General)의 역할이 매우 중요하다. UN의 사무국은 수많은 계획, 기금, 기구들을 총괄적으로 관리하고 있으며 사무총장은 거대 조직 UN의 실질적 행정수반 역할을 담당한다. UN의 수많은 조직 가운데 대표적으로는 유엔환경계획(UN Environment Programme, UNEP), 유엔아동기금(UN

Children's Fund, UNICEF), 세계보건기구(World Health Organization, WHO) 등을 비롯하여 크고 작은 조직들이 전 세계에 분포되어 유기적으로 활동하고 있다. UN의 각 조직들은 전문기구, 관련기구, 기타 다양한 구성체로 방대한 네트워크를 구성하고 있으며 이를 연결하는 핵심적 업무를 UN 사무국과 사무총장이 수행하고 있는 셈이다. UN의 거대하고 다양한 국제사회의 공적 업무를 처리하기 위하여 각 대륙별로 지역별 사무국(지역본부)를 두고 있다.

제 2 단계 UN뉴욕총본부와 UN제네바본부

미국은 제2차 세계대전 중이었던 1942년, 루즈벨트가 발표한 UN선언(Declaration by the United Nations)을 시점으로 UN의 설립을 구체화하였다. 과거 중립을 외치며 국제연맹에 참가하지 않았던 미국의 대외정책과 정반대의 입장이었다. 1945년 6월 미국 샌프란시스코에서 개최된 연합국 회의에서 UN헌장이 채택되었으며 10월 24일, 역사적인 UN 창설이 이루어졌다. 그리고 같은 해 12월 미국의회는 UN본부를 미국에 설치하자는 미국정부의 제안을 만장일치로 통과시켰다. UN본부의 설립 장소는 여러 곳이 논의되었으나 최종적으로 미국의 뉴욕시로 결정되었다. 이에 미국의 부호, 록펠러는 맨해튼의 이스트강 인근 약 69,000㎢의 부지를 UN이 구입할 수 있도록 거액(8,500만 달러)을 기부하였다. UN본부를 설계한 건축가는 월리스 해리슨(W. Harrison)이었고 건축하는데 들어간 비용은 약 6,500만 달러였으며, UN뉴욕총본부의 건축자금은 미국의 연방정부가 국채를 발행하여 조달하였다. 뉴욕에 위치한 UN총본부는 1947년 건설이 시작되어 1952년 완공되었고, 사실상 국제사회를 이끌어나가는 세계정부의 역할을 맡음으로써 뉴욕은 명실상부한 세계 최고의 국제도시, 플랫폼(platform)도시가 되었다.

한편, 영세중립국 스위스는 제1차 세계대전과 제2차 세계대전을 겪으면서 전쟁으로 발생한 여러 문제를 해결키 위해 전 세계인이 모여서 회의했던 장소였다. 그 결과, 제1차 세계대전 이후에는 국제연맹(The League of Nations)이 1920년, 스위스 제네바에서 출범하였고 제2차 세계대전이 마무리될 즈음에는 UN이 탄생하여 국제연맹의 자리를 대신하게 되었다. 스위스는 1, 2차 세계대전 이후의 새로운 질서와 평화 그리고 인권의 문제를 다루는 공간이었으며 영세중립국 스위스의 UN제네바본부는 자연스럽게 세계의 평화와 인권 문제를 다루는 국제회의의 장(場) 역할을 하게 되었다. UN제네바본부에는 1,600여명의 UN행정직원과 163개 국가의 대표부가 있으며 1년에 열리는 국제회의는 8천여 건이며 회의 참가자는 2만 명 이상이다. 스위스의 제네바에 위치한 UN본부의 특징을 한마디로 요약하면 국제평화와 인권문제를 다루는 세계의 중심도시라고 하겠다.

제 3 단계 UN비엔나본부와 UN나이로비본부

UN제네바본부, UN뉴욕총본부에 이어서 1980년 오스트리아에 세워진 UN비엔나본부의 시작은 UN City, Wien이었다. 앞서 본문에서 언급된 바와 같이 스타베르의 건축계획에 따라서 1973년부터 공사가 시작되어 1979년에 완공되었다. UN뉴욕총본부의 외관과 비슷하면서도 입체적이고 다면적인 공간 활용을 한 새로운 형태의 비엔나 성곽이었다. 오스트리아는 다뉴브 강 인근공원(Donaupark)의 방대한 토지를 무상으로 제공하였고 자체 재정을 투입하여 완성한 4,500개 사무공간과 크고 작은 회의장을 갖춘 UN City를 완성한 이후, UN에 연간 임차료 1실링만 받고 99년간 그러나 사실상 영구히 UN에 임차하였다. 그리고 부지불식간에 1980년부터 UN City는 사실상 UN비엔나본부로 거듭날 수 있었다. 국제원자력기구(IAEA)를 비롯한 많은 UN조직들이 입주하면서 UN비엔나본부는 주로 원자력과 관련된 국제회의가 많이 개최되고 있으며 최근 이란 핵협상도 대부분 UN비엔나본부에서 이루어졌다.

유럽에 두 개의 UN지역본부가 들어서자 지역적 형평성 차원에서도 아프리카에 UN지역본부가 필요하다는 국제적 여론이 있었다. 이에 아프리카 케냐 나이로비에 UN지역본부 설립이 논의되었다. 아프리카에 UN본부가 건립된 계기는 1996년 UN총회 결의에 의하여 가능했다. 아프리카 지역을 대표하는 지역본부의 필요성이 제기되면서 날씨가 온화하고 영국 식민지 경험이 있어 영어사용이 편리한 케냐의 수도 나이로비가 선택된 것이다. 제4의 UN본부, 나이로비는 지구상의 자연파괴와 환경오염문제를 다루기 위함에 초점이 맞추어졌다. UN환경계획(UNEP)이 이곳에 본부를 두고 있으며 UN인간주거계획(UNHABITAT)도 나이로비에 위치하여 있다.

앞서 UN제네바본부는 이전에 존재했던 국제연맹의 토지와 건물을 양도받아서 설립되었고, UN뉴욕총본부는 미국의 부호가 땅을 제공하고 정부가 채권을 발행하여 UN건물을 신축하였다. UN비엔나본부의 경우에는 토지를 오스트리아에서 무상으로 제공하였을 뿐만 아니라 그 건물의 건설비용과 건물유지 보수비용도 오스트리아정부가 제공하고 있다. 이에 비하여 나이로비의 UN본부는 광범위한 토지를 케냐정부가 UN에 제공했다고 하지만 건축비는 UN의 각 기관들이 각자 자신들의 자금으로 조달했기 때문에 여타 지역본부에 비하여 규모가 훨씬 작은 편이다.

요약 비교 아시아지역에 반드시 필요한 UN본부

현재까지 아메리카대륙에는 UN뉴욕총본부, 유럽대륙에는 UN제네바본부와 UN비엔나본부, 그리고 아프리카대륙에는 UN나이로비본부가 설립되어 있다. 그러나 전 세계 인구의 60%를 차지하고 있는 아시아지역에는 놀랍게도 UN본부가 없다. 전 세계인의 평등을 기본 원칙으로 운영되는 UN이 전 지구면적의 1/3을 차지하고 가장 많은 인류가 살고 있는 아시아에 UN아시아본부가 없음은 모순이다. 그래서 아시아 지역에 UN지역본부를 설립한다는 것에 대하여 세계의 어느 누구도 반대하지는 않는다. 단지 비공식적으로 알려진 바에 따르면 아시아의 어느 나라에 UN본부를 어떤 방식으로 설치하는가에 대한 난제가 있다는 것이다.

사실 아시아에서 가장 인구가 많은 중국에 UN본부를 설치할 것인가, 아니면 아시아에서 UN분담금을 가장 많이 내고 있는 일본에 UN본부를 설립할 것인가는 팽팽한 논쟁거리가 될 수 있다. 만일 일본에 UN본부를 설립한다면 중국은 이에 대하여 강력히 반대할 것이고 중국에 UN본부를 설립한다면 중국을 제외한 대부분의 아시아 국가들이 반대할 것이다. 제2차 세계대전의 최대 승전국이었던 미국이 뉴욕에 UN총본부를 세운 것 이외에는 스위스와 오스트리아 모두 영세중립국으로서 인구 규모가 1천만이 안 되는 작은 국가들이고 아프리카의 케냐 역시 강대국이라 할 수는 없다. 그래서 중국이나 일본과 같은 강대국에 UN본부를 설립한다는 것도 국제적 명분을 얻기 어렵다. 따라서 아시아에서 전쟁 재발의 발생가능성이 높고 위험한 분쟁지역인 한반도에서 새로운 영세중립국이 탄생한다면 그곳이야말로 UN아시아본부가 세워질 가장 최적의 국가가 될 것으로 판단된다.

UN비엔나본부에 있는 또 다른 UN의 국제기구와 조직:

UNOV, UNHCR, UNODC, CTBTO

UN비엔나본부 내부의 회의장

에필로그

메이저리그의 전설, 요기 베라(Y.Berra)의 말처럼 야구는 끝날 때까지 끝난 게 아니었다. 2015년 11월, 한국 야구대표팀이 일본의 심장, 도쿄돔에서 9회초 기적의 대역전극을 펼치며 '도쿄대첩'을 만들어낸 걸 보면 말이다. 한국팀은 19일 도쿄에서 열린 세계 1위 일본과의 '2015 세계야구대회(WBSC)' 준결승전 9회초에서 0:3으로 지고 있다가 한 순간에 4:3 역전승을 거두었다. 정말 기적 같은 순간이었다. 개막전에서 일본에 0:5로 완패했던 한국이 준결승에서 일본을 상대로 9회초에 4점을 내면서 순식간에 역전승했고, 주최국 일본이 잘 짜 놓은 결승전 일정 덕분에(?) 한국 야구팀은 지쳐있던 결승전 상대팀 미국까지 격파하면서 예상치도 못했던 초대 WBSC우승국이 될 수 있었다.

'평양과 비엔나'를 야구에 비유하자면 이렇게 말할 수 있을 것 같다. 암담한 현실의 장벽을 뚫고 역전승에 도전하는 마지막 승부처, 이른바 한반도의 준결승 9회초를 위한 '미래전략서'라고 말이다. 베라의 말처럼 역사도 끝날 때까지 끝난 게 아니다. 산업화를 뒤늦게 시작했다는 이유로 치욕의 20세기 예선전에서 완패했던 한반도가 더 이상은 뒤지지 말자고 했지만 현실이 그렇게 녹록치만은 않았다. 그런데 본선의 21세기를 결정할 위기의 마지막 9회라는 막막한 현실을 확 뚫어줄, 역전승도 가능할 기회가 포착되었다. 이제 글을 마무리하면서 정리된 것은 정말 한국과 북한이 함께 노력한다면 한반도의 위기 상황을 역전시킬 마지막 9회의 가능성이 존재한다는 확신이었다. 역사는 미래를 비추어볼 수 있는 거울이라는 말이 있지 않은가? 역사의 거울은 한반도에 시시각각 몰려오는 준결승 마지막 회(回)의 최종 순간과 함께 이를 극복할 역전의 순간도 함께 보여주는 듯하다. 거대한 위기와 기회의 두 개 물결이 함께 올 때, 남북한은 전쟁이 아닌 평화라는 하나의 방향에 함께 서서 적극적으로 응전하여야 한다. 그렇게 하지 못할 경우, 그 결과는 남북한 모두가 좌초될 수밖에 없기 때문이다.

'평양과 비엔나'는 유라시아의 동쪽과 서쪽에서 벌어진 전쟁과 평화라는 역사적 과정을 씨줄처럼 풀어왔다. 동시에 중동지역, 유럽지역, 강대국과 한반도 그리고 UN을 날줄로 연결시켜서 역사의 연계성과 입체성을 현장 사진과 함께 정리했다. 특히 전쟁과 평화라는 연속성에서 전쟁이 아닌 영구적 평화를 선택했던 비엔나의 70년을 추적하면서 꽤 많은 중요전환점(tipping point)들을 발굴해 낼 수 있었다. 그리고 그 결과에 기초하여 평양에게 다음과 같은 제언을 하게 되었다. 북한도 알프스의 스위스, 오스트리아처럼 영세중립국의 길로 가는 것이 좋지 않겠는가라는 조언이다. 더 이상 핵(核)무기 개발로 한반도의 세력균형체제를 불안정하게 흔들어 강대국들이 한반도에 개입할 전쟁 상황을 만들지 말고 '아시아의 스위스'로 영세중립국이 되는 것이 좋겠다는 것이다. 동시에 평화를 지킬 UN지역본부를 한반도에 설립해야 하는 당위성과 그것의 구체적 실행 방법론도 비엔나 관련 사례를 통하여 함께 제시하였다. 핵(核)무기보다 강한 소프트파워, UN아시아본부를 한반도의 중심부 DMZ 인근에 유치하고 주변 강대국들의 이해충돌을 막아설 평화의 성곽으로 우뚝 세우는 것이 좋겠다는 것이다. 아직 가야할 평양의 여정이 많이 남아있지만 일단 여기 비엔나에서 하나의 매듭을 단단히 묶으면 이렇게 요약, 정리할 수 있을 것 같다. "치열하게 갈등했던 한민족의 20세기는 큰 평화로 뛰어 오르기 위한, 남북한 모두를 위한 디딤돌이었다."

한때, 우리의 선배들이 '왜 그 때 좀 더 잘하지 못했을까'하는 아쉬움도 갖고 있었다. 그렇지만 평양과 비엔나를 마무리하면서 그 생각도 고칠 수 있었다. 정말 어려웠던 시기에 우리의 선배들도 역사의 도전에

혼신의 힘으로 응전했고 그래서 '우리의 역사가 이렇게 건강하게 살아 있을 수 있었구나'라는 고마움도 가질 수 있었다. 끝까지 밤 새워 원고를 함께 살펴 준 아내에게 감사하며 동료 교수님들의 열의에 찬 조언과 수업시간에 나를 깜짝 깜짝 놀라게 했던 학생들의 좋은 질문에 고마움을 전한다. 끝으로 항상 버팀목이 되어주시는 부모님과 법문사의 모든 분께 감사드린다.

참고문헌

강동일. 유럽의 중립문화가 남북에 주는 함의와 교훈. 남북문화예술연구. 통권 2호. 2008.6.

강재언. 한국 근대사 연구. 한울사. 1982.

고든 털럭. 김행범외(역). 사적욕망과 공공수단. 대영문화사. 2005.

고영환. 북한외교관 고영환이 밝히는 평양25시. 고려원. 1992.

고유환. 로동신문을 통해 본 북한변화 선인. 2006.

곤도 다이스케. 이용빈외(역). 시진핑의 숨겨진 야망과 북중관계의 진실. 한국경제신문. 2014.

구영록 외. 정치하 개론. 박영사 1992.

권영성. 비교헌법학. 법문사. 1981.

권태영・노훈・박휘락・문장렬. 북한 핵-미사일: 위협과 대응. 한국안보문제연구소. 2014.

곽동기. 북한의 경제발전 전략. 도서출판 615. 2008.

권형진. 독일사. 대한교과서. 2005.

김근식 외. 동북아 법제협력과 북한의 체제전환. 한울. 2012.

김동명. 독일통일, 그리고 한반도의 선택. 한울. 2010.

세종연구소 북한연구센타(편). 북한의 당・국가기구・군대. 한울. 2011.

김득주. 오스트리아식 중립화 통일과정에 관한 평가. 한국정치외교사논총. 제7권. 1990.

김유향 외. 튀니지의 자스민혁명과 SNS의 역할. 국회입법조사처. 2011.1.31.

김영웅 외. 베트남 이코노믹스. 한국경제신문사. 2008.

김은영. 통일비용 관련 기존연구 자료. 나라경제. 제12권 제8호. 한국개발연구원. 2010.

김일주. 농지개혁안(1949)에 대한 글. 조선일보. 2012.5.22.

김정훈. 시민의 정부혁신론. 대영문화사. 1997.
______. 북한의 정부혁신론. 한국학술정보. 2012.
______. 평양과 프라하. 한국학술정보. 2013.
______. "남북한의 경제적 낙차효과를 활용한 '개성자유도시' 건설사업." 한국정책학회 춘계학술대회. 2014.
______. 평양과 강남: 남한자유주의와 북한사회주의의 비교융합발전론. 대영문화사. 2015.
______. 북한의 영세중립국화와 UN아시아본부 설립방안 한국정책학회 추계학술대회. 2015.
대런 애쓰모글루. 최완규(역). 국가는 왜 실패하는가. 시공사. 2012.
데이비드 S. 랜즈. 안진환외(역). 국가의 부와 빈곤. 한국경제신문. 2009.
린다 파술로. 김형준 외(역). 유엔리포크. 21세기북스. 2014.
마르크스・엥겔스. 강유원(역). 공산당 선언. 이론과 실천. 2008.
마르크스・엥겔스. 남상일(역). 공산당 선언. 백산서당. 1989.
맥세계사편찬위원회. 일본사. 느낌이 있는 책. 2015.
문지영. 홉스와 로크, 국가를 계약하라. 김영사. 2007.
미야자키 마사카츠. 이영주(역). 세계사 1. 2015.
비슬리 W.G. 정영진(역). 일본제국주의: 1894-1945. 한국외대출판부. 2013.
민족통일연구원. 1993년도 통일문제 국민여론조사 결과. 민족통일연구원. 1993.
민족통일연구원. 남북한 국력추세 비교연구. 민족통일연구원. 1992.
민족통일연구원. 북한체제의 실상과 변화전망. 민족통일연구원. 1991.
박갑동. 박헌영. 인간사. 1983.
박갑동. 한국전쟁과 김일성. 구윤서 역. 서울: 바람과 불결. 1990.
박규식. 김정일 평전. 양문각. 1992.
박순성・최진욱. 통일논의의 변천과정 1945~1993. 민족통일연구원. 1993.
박명림. 한국전쟁의 발발과 기원. 전2권. 서울: 나남. 1996.
박영호・박종철. 남북한 정치공동체 형성방안 연구. 민족통일연구원. 1993.
박재영. 국제기구정치론. 법문사. 2004.
박흥순. "한반도 평화정착을 위한 국제기구 유치, 조성 방안" 남북통일운동국민연합 주관 국회심포지엄 발표자료. 2015.3.2.
방인후. 북한 '조선노동당'의 형성과 발전. 고려대학교 아세아 문제연구소. 1967.
배원달. 북한권력투쟁론. 학문사. 1990.
백기완. 통일이냐 반통일이냐. 형성사. 1987.

북한연구소 편. 북한총람. 서울: 북한연구소. 1983.
새뮤엘 헌팅톤. 이희재(역). 문명의 충돌. 김영사. 1997.
서대숙 지음. 서주석 옮김. 북한의 지도자 김일성. 청계연구소. 1989.
서동만. 북조선사회주의체제성립사 1945~1961. 선인. 2011.
성대석. 한반도UN본부. 한국언론인협회. 2014.
손정목. 서울도시계획이야기: 서울 격동의 50년과 나의 증언. 한울. 2002.
송건호·강만길 편. 한국민족주의론 I. 창작과 비평사. 1982.
송남헌. 해방 삼년사 I·II 1945~1948. 도서출판 까치. 1985.
손호철·김원(편). 세계화와 한국의 국가-시민사회. 이매진. 2009.
스즈키 마사유키 지음. 유영구 옮김. 김정일과 수령제 사회주의. 중앙일보사. 1994.
스칼라피노·이정식 공저. 한홍구역. 한국공산주의 운동사 I, II, III. 돌베개. 1987.
신창민. 통일비용 및 통일편익. 통일연구원 학술회의 총서 10-03. 2010.12.
심지연. 미·소공동위원회 연구. 청계연구소. 1989.
안병만. 한국정부론. 다산출판사. 2014.
안보길. 이승만 다시보기. 기파랑. 2011.
에드워드 카. 김택현(역), 역사란 무엇인가. 까치. 2015.
오원철. 박정희는 어떻게 경제강국을 만들었나. 동서문화사. 2006.
유시민. 국가란 무엇인가. 돌베개. 2011.
유지호. 예멘의 남북통일. 서문당. 1997.
윤대규·임을출. 북한 경제개혁을 위한 새로운 패러다임. 한울. 2006.
윤명선. 미국 기본권 연구. 경희대 출판국. 2004.
윤병수. 북한의 인적자원개발 현황과 향후 과제. 한국개발연구원. 2005.
엘리너 오스트롬. 윤홍근(역). 공유의 비극을 넘어. 랜덤하우스. 2010.
이극찬. 정치학. 법문사. 1982.
이계만. 북한국가 기관론. 대영문화사. 1992.
이병조. 이중범. 국제법 신강. 일조각. 1984.
이상환. 동유럽의 민주화. 한국외대 출판부, 2004.
이석용. 국제인권법. 세창출판사. 2005.
이승종·김혜정. 시민참여론. 박영사. 2011.
이승현·김갑식. 통일비용: 논의의 현황과 쟁점. 국회입법조사처. 2010.
이용필(편). 북한정치체계. 교육과학사. 1985.

이애주. 가자! 민중의 시대로. 민족통일. 1988.
이일영(편). 경제특구 선전(深圳)의 복합성. 한신대학교 출판부. 2008.
이장훈. 네오콘: 팩스 아메리카나의 전사들. 미래 M&B. 2003.
이종석. 조선로동당연구: 지도사상과 구조 변화를 중심으로. 역사비평사. 1995.
이종석. 현대북한의 이해: 사상・체제・지도자. 역사비평사. 1995.
이종원 외. 통일 경제론. 해남. 1997.
이종원. 통일에 대비한 경제정책. 해남. 2011.
이한(편). 북한의 통일정책변천사 1948~1985년 주요문건 상・하. 온누리. 1989.
이항구. 김정일과 그의 참모들. 신태양사. 1995.
정미영. 오스트리아 중립화 문화가 남북한에 주는 함의와 교훈. 남북문화예술연구. 2010. 6.
정욱식. 2003년 한반도의 전쟁과 평화. 이후. 2003.
정준극. 비엔나 워킹투어. 한울. 2009.
정종섭. 대한민국 헌법을 읽자. 일빛. 2002
제프리 D. 삭스. 김현구(역) 빈곤의 종말. 21세기 북스. 2006.
조길태외. 세계문화사. 학문사. 1981.
조민 외. 통일비전 개발. 늘품. 2011.
조지 오웰. 박지은(역). 1984년/동물농장. 동서문화사. 2009.
존 로크. 이극찬(역). 시민정부론. 연세대 출판부. 1970.
존 로크. 조현수(편). 통치론. 타임기획. 2005
정대철. 북한의 통일전략 연구. 백산서당. 1986.
정세현. 남・북한관계와 통일문제: 연구현황과 방향. 세종연구소. 1988.
정용길. 분단국 통일론. 고려원. 1990.
정인홍. 서구정치사상사. 박영사. 1991.
조용중. 미군정하의 한국정치현장. 나남. 1990.
정흥모. 동유럽 국가연구. 성대 출판부. 2012.
진승권. 동유럽 탈사회주의 체제개혁의 정치경제학. 서울대 출판부. 2003.
오마에 겐이치. 보이지 않는 대륙. 청림출판. 2001.
유시민. 국가란 무엇인가. 돌베개. 2011.
임진석(편). 마르크스 사상사전. 청아출판사. 1988.
존 롤즈. 황경식(역). 정의론. 이학사. 2003.
짐 로저스. 이건(역). 세계경제의 메가트렌드에 주목하라. 이레미디어. 2013.
천재정(역). 플랫폼 전략. 더숲. 2011.

최병삼 외. 플랫폼, 경영을 바꾸다. 삼성경제연구소. 2014.
최영진. 동양과 서양. 지식산업사. 1993.
최원엽·정대진. 국제법의 이해. 책마루. 2015.
최진욱. 김정일 정권과 한반도 장래. 한국외국어대학교 출판부. 2005.
최형익. 실질적 민주주의. 한신대 출판부. 2009.
토인비, A.J. 홍사중(역). 역사의 연구. 동서문화사. 2007.
하영선 편. 한국전쟁의 새로운 접근: 전통주의와 수정주의를 넘어서. 나남. 1990.
하영선 외. 12시간의 통일이야기. 민음사. 2011.
한국기독교사회문제연구원 편. 한반도 주변정세와 남북관계의 전망. 민중사. 1985.
한국수출입은행 편. 북한개발과 국제협력. 2014.
한국의 역사연구회. 고려의 황도, 개경. 창비. 2009.
한태연. 헌법과 정치체제. 법문사. 1987.
함규진. 조약의 세계사. 미래의 창. 2014.
허문영 외. 김정일 정권의 등장과 정책 전망. 민족통일연구원. 1994.
동아일보 1939.3.17.; 1940.7.25.; 1970.3.26.; 1989.11.24.; 1993.1.27.
매일경제 2014.1.6.
조선일보 2012.5.22. (TV조선 2013.5.22.)
중앙일보. 2012.5.22. (김수정·정용수·이원진. 개성공단에 대한 글)
중앙일보 2015.10.20. (한민구 국방장관과 나카타니 겐(中谷元) 일본 방위상 회담)
한겨레신문 1989.12.6.

구글 지도자료(https://maps.google.co.kr/map).
대한민국 법제처 자료(http://www.moleg.go.kr).
대한민국 외교부 자료(http://www.mofa.go.kr).
미국정보부자료(https://www.cia.gov/library/publications/resources/the-world-factbook)
브리타니카 자료
(http://www.britannica.com/biography/Bashar-al-Assad)
(http://www.britannica.com/event/Kosovo-conflict)
서울특별시 자료(www.seoul.go.kr)

오스트리아 주재 대한민국대사관자료: Heinz Fischer 오스트리아대통령 제2공화국 출범70주년 기조연설(2015.4.27.)
오스트리아 비엔나시청 자료: Vienna in Figure 2014
오스트리아 정부 및 지방정부 자료(www.statistick.wien.at)
영국 BBC방송자료(www.bbc.com/news/world-asia-pacific-137483490)
(www.bbc.com/news/world-middle-east-16047709)
유엔자료(www.un.org): United Nations, Treaty Series United Nations, Vienna International Centre(2008) (www.unvienna.org)
체코공화국 대통령실 자료(www.chrad.cz).
체코방송자료(www.radio.cz).
체코미디어자료(www.cianews.cz).
코트라 자료(www.kotra.or.kr)
현대아산 자료(http://www.hyundai-asan.com).
Foreign Affairs 관련 자료(https://www.foreignaffairs.com/)

Acemoglu, Daron: "Politics and Economics in Weak and Strong States." Journal of Monetary Economics. 52. 2005.
Annemarie M-B (ed.): UNO inside: The United Nations in Austria-Facts, Adventures and Anecdotes. omninum. 2014.
Ashcraft, Richard: Revolutionary Politics and Locke's "Two Treatises of Government". Princeton: Princeton University Press. 1986.
Bailey, Sydney: The Korean Armistice, New York: St. Martin's Press. 1992.
Becker, Jasper: Rogue Regime: Kim Jong Il and the Looming Threat of North Korea. Oxford University Press. 2005.
Beckova, K. : Lost Prague: The City's Historic Centre. Praha: Paseka. 2007
Beloff, Max: Soviet Policy in the Far East. 1944-1951. Oxford University Press. 1953.
Bennett, Bruce: Preparing for the Possibility of a North Korean Collapse. RAND Corporation. 2013.
Boczek, Boleslaw A.: International Law. Maryland: Scarecrow Press. 2005.
Brown, J. F.: Hopes and Shadows. Eastern Europe After Communism.

Durham, NC: Duke University Press. 1994.
Chrdlova, S. and M. Malovec: Basic Czech Conversation Guide. Praha: Kava-Pech. 2003.
Cumings, Bruce: North Korea: Another Country. New Press. 2004.
Cornej, P.: Great Stories in Czech History. Praha: PRAH. 2005.
Faure, David: China and Capitalism: A history of Business Enterprise in Modern China. Hong Kong: Hong Kong University Press. 2006.
Gareis, Sven & J. Varwick: The United Nations. palgrave. 2003.
Harrold, Michael: Comrades and Strangers: Behind the Closed Doors of North Korea. Wiley Publishing. 2004.
Hunt, Tristran: Marx's General: The Revolutionary Life of Friedrich Engels. Metropolitan Books. 2009.
Hungtington, Samuel: "The U.S. : Decline or Renewal?" Foreign Affairs. Vol.69, No.1(1989~1990).
Kagan, Robert: Of Paradise and Power: American and Europe in the New World Order. New York: Alfred A. Knopf. 2003.
Kaplan, Robert: "The Geography of Chinese Power: How Far Can Beijing Reach on Land and at Sea?" Foreign Affairs. May/June 2010.
Kitchen, Martin: A History of Modern Germany. Wiley-Blackwell. 2012.
Kirschbaum, Stanislav: A History of Slovakia: The Struggle for Survival. New York: palgrave. 2005.
Panek, J. and Tuma, O.: (eds.) A History of The Czech Lands. Charles University in Prague. Karolinum Press. 2011.
Laslett, Peter: "Introduction." Two Treatises of Government. Cambridge: Cambridge University Press. 1988.
Locke, John: Two Treatises of Government. 1680.
Lord, Christopher: (eds.) Questions in Contemporary International Relations, Praha: Karolinum Press. 1997.
Luza, Radomir & Mamatey, Victor: (eds.) A History of the Czechoslovak Republic 1918-1948. Princeton, New Jersey. 1973.
Marx, Karl and Friedrich Engels: Manifesto of the Communist Party. 1848.

Morgenthau, Hans J.: Politics Among Nations. 5th ed. Alfres A. Knopf. 1973.
Myant, M.: Socialism and democracy in Czechoslovakia, 1945-1948. Cambridge University Press. 2008.
Nekora, Martin: Elites, General Publics, and Democracy in Fric, Pavol (eds.) Czech Elites and General Public: Leadership, Cohesion, and Democracy. Praha: Karolinum Press. 2010.
Nye, Joseph: Bound to Lead. Basic Books. 1990.
Pangle, Thomas: The Spirit of Modern Republicanism. Chicago: University of Chicago Press. 1988.
Putik, A. and O. Sixtova: History of the Jews in Bohemia and Moravia. Praha: The Jewish Museum. 2006.
Rawls, John: A Theory of Justice. Harvard University Press. 1971.
Sebestyen, V.: Revolution 1989: The Fall of the Soviet Empire. London: Orion Books. 2010.
Sherman, Gordon E.: "The Permanent Neutrality Treaties," Faculty Scholarship Series. Paper 4731. 1915. (http://digitalcommons.law.yale.edu/fss_papers/4731).
Sked, Alan: The Decline and Fall of the Habsburg Empire 1815-1918. London: Routledge. 2001.
Stevens, John: Czechoslovakia at the crossroads: the economic dilemmas of communism in postwar Czechoslovakia. East European Monographs. Boulder. 1985.
Strauss, Leo: Natural Right and History. Chicago: University of Chicago Press. 1953.
Panek, J. and Tuma, O.: (eds.) A History of The Czech Lands, Charles University in Prague. Karolinum Press. 2011.
Ullman, W.: The United States in Prague 1945-1948. Columbia University Press. 1978.
Waldron, Jeremy: God, Locke, and Equality. Cambridge: Cambridge University Press. 2002.
Walter, C and Howie, F.: Red Capitalism: The Fragile Financial Foundation of China's Extraordinary Rise. Wiley Publishing. 2012.
Winder, Simon: A Personal History of Habsburg Europe: DANUBIA. London: Picador. 2014.

Wolf, Chales & Akramov Kamil: North Korean Paradoxes: Circumstances, Costs, and Consequences of Korean Unification. Rand National Defense Research Institute. 2005.
Wolf, Charles: The Cost of Reuniting Korea. Forbes. 2010.3.15.
Zuckert, Michael P.: Launching Liberalism. University Press of Kansas. 2002.

[부록]

오스트리아 국가조약[1)]

1) 오스트리아 국가조약의 원 제목은 '독립적이고 민주적인 오스트리아 재건을 위한 국가조약'(STATE TREATY FOR RE-ESTABLISHMENT OF AN INDEPENDENT AND DEMOCRATIC AUSTRIA)이다. 1955년도에 체결, 발효되었고 현재 UN의 조약자료(United Nations, Treaty Series)에 영어판, 러시아어판, 프랑스어판, 독일어판으로 보존되고 있다. 국가조약의 내용을 소개한 국내문헌은 있었지만 아쉽게도 조약 전체 내용을 국문으로 소개한 자료를 찾지 못했다. 오스트리아 국가조약은 한국전쟁과 비슷한 시기에 준비되었던 조약임에도 불구하고 260회 이상의 국제회담을 거치면서 체결된 조약이어서 다급히 작성된 1953년의 정전협정(Agreement between the Commander-in-Chief, United Nations Command, on the one hand, and the Supreme Commander of the Korean People's Army and the Commander of the Chinese People's volunteers, on the other hand, concerning a military armistice in Korea)과 비교할 때 조약의 내용이 상대적으로 매우 안정적으로 잘 정리되어 있다. 향후 한국전쟁을 적절한 시기에 잘 매듭짓고자 할 때, 현안문제들을 조약에 어떻게 담아야 할 것인가를 준비하는 과정에서 매우 중요하게 참고할 자료라고 판단했다. 이와 같은 이유에서 많은 어려움에도 불구하고 개인적 차원에서 오스트리아 국가조약 전체(일부 세부항목 제외)를 신규 번역할 수밖에 없었다. 조약의 외교용어를 이해하면서 동시에 오스트리아 상황을 이해해야 하는 관계로 번역작업은 매우 까다로웠고 특히 60여 년 전의 자료인 관계로 오늘의 영어식 표현과 다소 차이도 있었다. 제자 이종호군과 한국외대 통번역대학원의 도움을 받아 마무리할 수 있었으며 이에 깊이 감사한다.

독립적이고 민주적인 오스트리아 재건을 위한 국가조약.2)

STATE TREATY FOR RE-ESTABLISHMENT OF AN INDEPENDENT AND DEMOCRATIC AUSTRIA.3)

오스트리아 국가조약은 전문과 제1장 정치 및 영토조항, 제2장 군사 및 항공조항, 제3장 연합군 철수, 제4장 전쟁관련 청구권, 제5장 재산, 권리 및 이권, 제6장 일반적인 경제관계, 제7장 분쟁해결, 제8장 기타 경제 관련 규정, 제9장 최종 조항 등 총 9개 분야로 나뉘어 38개 조항으로 관련 사항을 규정하고 있다. 이와 관련된 분야별 주요 내용을 다음과 같다.

오스트리아 국가조약의 분야별 주요 내용

전문(Preamble)
1943년 11월 모스크바선언에서 명시된 바와 같이 연합국은 1938년 3월 독일에 의하여 오스트리아가 병합된 것을 무효화하고 오스트리아를 자유롭고 독립된 국가로 재탄생시킨다.(참고사항: 1943년의 모스크바선언에도 불구하고 전후10년 이상 전후체제가 정해지지 않아서 오스트리아가 과연 독립할 수 있을까에 대한 국내외의 강한 회의감이 있었으나 이를 불식시키고 1955년 조약이 체결됨으로써 오스트리아의 독립과 통일이 확인됨)
제1장 정치 및 영토 조항(Political and Territorial Clauses)
자유롭고 독립적인 국가로 오스트리아가 재건됨을 연합국 및 관련국은 인정하며 독립과 영토보전을 존중한다. 독일과의 병합을 금지하며 오스트리아의 국경은 1938년에 존재했던 국경으로 획정하고 모든 사람들에게 인권의 향유와 기본적 자유의 향유를 보장하는데 필요한 모든 조치를 취한다. 나치조직은 해산하며 합스부르크-로렌 왕가의 복귀는 논하지 않는다. 이탈리아, 루마니아, 불가리아, 헝가리 및 핀란드와의 평화 조약, 그리고 독일 및 일본과 관련하여 체결되었거나 체결될 예정인 기타 평화회복 협정이나 약정 등의 효력을 인정하

2) 소비에트 사회주의공화국연방, 그레이트브리튼 북아일랜드 연합왕국, 미합중국 및 프랑스, 그리고 오스트리아가 제38조에 의거 비준서를 소비에트 사회주의공화국연방 정부에 기탁함에 따라 1955년 7월 27일 발효됨.

3) Came into force on 27 July 1955, upon deposit with the Government of the Union of Soviet Socialist Republics of instruments of ratification by the Union of Soviet Socialist Republics, the United Kingdom of Great Britain and Northern Ireland, the United States of America, France and Austria, in accordance with article 38.

기로 약속한다.

제II장 군사 및 항공 조항(Military and Air Clauses)

나치 조직의 이전 구성원들이 군 복무할 수 없도록 금지하고 핵무기 등 특수무기개발과 소유를 금지하며 독일이 군사적 재무장을 위하여 독일 영토 밖으로 진출하지 못하도록 오스트리아는 연합국 및 관련국에 전적으로 협력하여야 한다.

제III장 연합군 철수(Withdrawal of Allied Forces)

1946년 6월 28일 체결된 오스트리아 통치기구에 관한 협정은 본 조약 발효 시 종료되며 오스트리아 점령구역에 관한 협정에 따라 설치된 연합군 사령부 및 비엔나 행정부는 비엔나 행정과 관련된 기능을 더 이상 수행하지 아니 한다. 연합국 군대는 본 조약 발효 후 90일 이내에, 그리고 가급적 1955년 12월 31일 이전에 철수하여야 한다.

제IV장 전쟁 관련 청구권(Claims Arising out of The War)

1939년 9월 1일 이후 유럽 내 전쟁상태로 인하여 발생한 어떠한 배상금도 오스트리아에 청구되어서는 아니 된다. 1945년 8월 2일에 체결된 베를린 회의 의정서에 따라 소비에트 연방, 영국, 미합중국 및 프랑스는 오스트리아에 있는 모든 독일 자산을 처분할 권리를 갖는다. (참고사항: 오스트리아는 제1차 세계대전 이후와 같은 패전국 지위에서는 벗어나 전쟁배상금을 지불하지 않아도 되었지만, 소련에게는 상당한 경제적 이익을 돌아갈 수 있게 함으로써 소련이 오스트리아 국가조약에 적극적으로 나설 수 있게 하였음)

제V장 재산, 권리 및 이권(Property, Rights and Interests)

오스트리아는 전쟁기간 동안 유엔 회원국 및 그 국민이 오스트리아 내 보유하던 모든 법적 권리 및 이해관계를 회복시켜야 한다. 연합국 및 관련국은 그들의 영토에 현재 존재하는 오스트리아의 재산, 권리 및 이권, 또는 그러한 재산, 권리 또는 이권을 반환할 의향이 있음을 선언하며 독일에 합병된 기간 동안 만기도래하는 오스트리아 정부 유가증권에 대한 이자지불액 및 유사 수수료는 오스트리아가 아닌 독일에 청구된다는 점을 인정한다.

제VI장 일반적인 경제관계(General Economic Relations)

각 유엔회원국과 오스트리아 사이에 개별적인 상업적 조약 또는 협정이 체결될 때까지, 오스트리아정부는 각 유엔회원국에 최혜국 대우를 하며 해당 유엔회원국도 호혜적 관점에서, 오스트리아에 동일한 사안에서 유사한 대우를 부여한다.

제VII장 분쟁해결(Settlement of Disputes)

본 조약의 "오스트리아내 유엔회원국 재산" 조항 발효 시 발생할 수 있는 여하한 분쟁은 해당 유엔회원국 대표 1인과 오스트리아 정부 대표 1인으로 구성되어 동등성을 기준으로 설립되는 조정위원회에 회부된다. 3개월 이내에 합의가 이루어지지 않을 경우, 제3의 국가 국민 중 1인을 선정하여 그를 위원회의 제3의 위원으로 추가 선임할 것을 요청할 수 있다. 양국 정부가 제3의 위원 선정과 관련하여 2개월 이내에 합의를 이루지 못할 경우, 비엔나 주재 소련, 영국, 미국 및 프랑스 공관장들에게 선임을 요청할 수 있다. 공관장들이 제3의 위원 선임과 관련하여 1개월 이내에 합의하지 못할 경우에는 일방당사국이 유엔 사무총장에게 그 선임을 요청할 수 있다. 조정위원회 위원 과반수의 결정은 위원회의 결정으로 보아야 하며 당사국들은 이를 확정적이고 구속력 있는 결정으로 인정하여야 한다.

제VIII장 기타 경제관련 규정(Miscellaneous Economic Provisions)

다뉴브강 항해는, 상선에 대한 항만료, 항해료 및 조건과 관련하여, 모든 국가의 국민, 상업용 선박 및 재화에 대하여 동등한 기준으로 자유롭게 개방된다. 오스트리아는 자국 영토를 가로지르는 철도 통과운송을 가능한 한 합리적인 요금에 제공하여야 하며 이 목적을 위하여 주변국들과 상호 호혜적 협정을 체결할 준비를 하여야 한다.

제IX장 최종 조항(Final Clauses)

1945년 5월 8일에 독일과 전쟁을 수행하였고 당시 유엔 회원국이었으나 현재 본 조약의 서명국이 아닌 유엔 회원국은 본 조약에 가입할 수 있으며 가입 후에는 본 조약 목적상 관련국으로 간주된다. 가입서는 소비에트 사회주의공화국연방 정부에 기탁하며 기탁 즉시 그 효력이 발생한다. 러시아어, 영어, 프랑스어 및 독일어로 작성된 문서를 정본으로 하는 본 조약은 비준이 되어야 한다. 일방당사국 소련, 영국, 미국, 프랑스와 상대당사국 오스트리아가 비준서를 기탁하는 즉시 본 조약은 효력이 발생한다. 비준서는 가능한 한 조속한 시일 내에 소비에트 사회주의공화국연방 정부에 기탁한다.

이하 다음의 내용은 오스트리아 국가조약을 국문과 영문으로 대조한 사안이며 전문(Preamble)과 각 장(Part)별로 구분하여 비교 게재하였다. 단, 제4장(Part IV) 제22조(Article 22)에 규정된 오스트리아내 독일자산의 항목별 일련번호와 재산목록은 그 내용이 지엽적인 관계로 생략하였다.

전 문

일방당사국 소비에트 사회주의공화국연방, 그레이트브리튼 북아일랜드 연합왕국, 미합중국 및 프랑스(이하 "연합국 및 관련국")와 상대당사국인 오스트리아는;

1938년 3월 13일 나치 독일이 오스트리아를 무력 병합하여 그 영토를 독일제국에 편입시켰으며;

1943년 11월 1일 발표된 모스크바선언을 통해 소비에트 사회주의공화국연방, 영국, 그리고 미합중국 정부가 1938년 3월 13일 독일의 오스트리아 병합을 무효로 간주하여 오스트리아를 자유롭고 독립적인 국가로 재건하고자 하는 열망을 확인하였고, 민족해방프랑스위원회가 1943년 11월 16일 이와 유사한 선언을 하였으며;

연합국의 승리에 힘입어 오스트리아가 나치 독일의 지배에서 해방되었으며;

연합국 및 관련국과 오스트리아가 오스트리아의 복구 및 민주주의적 재건을 위하여 그 동안 기울이고 앞으로도 계속 경주해야 할 오스트리아 국민들의 노력의 중요성을 고려하여, 오스트리아를 자유롭고, 독립적이고, 민주적인 국가로 재건시키는 조약을 체결함으로써 유럽의 평화 회복에 기여하기를 희망하며;

연합국 및 관련국이 나치 독일의 오스트리아 병합과 오스트리아가 독일의 일부로서 참전한 사실을 포함하여 상기 사건들과 관련된 모든 미해결 문제들을 본 조약을 통하여 정의 원칙에 따라 해결하기를 희망하며;

연합국 및 관련국 및 오스트리아가, 본 조약 체결의 이러한 목적상, 상호 우호적 관계의 기반이 되어 연합국 및 관련국이 오스트리아의 유엔기구 가입을 지지할 수 있기를 희망하는 바;

이에 아래 서명한 전권대표들을 임명하였고 이들 전권대표는 유효하고 정당하다고 인정된 전권위임장을 제시한 후 다음의 제 조항에 합의하였다:

PREAMBLE

The Union of Soviet Socialist Republics, the United Kingdom of Great Britain and Northern Ireland, the United States of America, and France, hereinafter referred to as "the Allied and

Associated Powers," of the one part and Austria, of the other part;

Whereas on 13th March, 1938, Hitlerite Germany annexed Austria by force and incorporated its territory in the German Reich;

Whereas in the Moscow Declaration published on 1st November, 1943, the Governments of the Union of Soviet Socialist Republics, the United kingdom and the United States of America declared that they regarded the annexation of Austria by Germany on 13th March, 1938, as null and void and affirmed their wish to see Austria re-established as a free and independent State, and the French Committee of National Liberation made a similar declaration of 16th November, 1943;

Whereas as a result of the Allied victory Austria was liberated from the domination of Hitlerite Germany;

Whereas the Allied and Associated Powers, and Austria, taking into account the importance of the efforts which the Austrian people themselves have made and will have to continue to make for the restoration and democratic reconstruction of their country, desire to conclude a treaty re-establishing Austria as a free, independent and democratic State, thus contributing to the restoration of peace in Europe;

Whereas the Allied and Associated Power desire by means of the present Treaty to settle in accordance with the principles of justice all questions which are still outstanding in connection with the events referred to above, including the annexation of Austria by Hitlerite Germany and participation of Austria in the war as an integral part of Germany; and

Whereas the Allied and Associated Powers and Austria are desirous for these purposes of concluding the present Treaty to serve as the basis of friendly relations between them, thereby enabling the Allied and Associated Powers to support Austria's application for admission to the United Nations Organization;

Have therefore appointed the undersigned Plenipotentiaries who, after presentation of their full powers, found in good and due form, have agreed on the following provisions:

제 I 장
정치 및 영토 조항

제1조
자유롭고 독립적인 국가로 오스트리아 재건

연합국 및 관련국은 오스트리아가 주권을 갖는 독립적이고 민주적인 국가로 재건됨을 인정한다.

제2조
오스트리아의 독립 보존

연합국 및 관련국은 본 조약에 규정된 오스트리아의 독립 및 영토보전을 존중할 것을 선언한다.

제3조
오스트리아의 독립에 대한 독일의 인정

연합국 및 관련국은 독일이 오스트리아의 주권과 독립을 인정하고 오스트리아 및 오스트리아 영토에 대하여 여하한 영토적 및 정치적 권리주장을 포기함을 보장하는 제조항을 독일평화조약에 명시하기로 한다.

제4조
병합의 금지

1. 연합국 및 관련국은 오스트리아와 독일 간에 정치적 또는 경제적 통합이 금지됨을 선언한다. 오스트리아는 본 사안에 관한 책임을 완전히 인정하며 독일과 어떠한 형태의 정치적 또는 경제적 연합도 체결하지 아니 한다.
2. 이러한 연합을 방지하기 위하여 오스트리아는, 직접적으로든 간접적으로든, 독일과의 정치적 또는 경제적 연합을 조장하거나 자국의 영토보전

또는 정치적 또는 경제적 독립을 손상시킬 가능성이 있는 협정을 독일과 체결하거나, 그러한 행위를 하거나, 그러한 조치를 취하지 아니 한다. 오스트리아는 또한 자국 영토에서, 직접적으로든 간접적으로든, 그러한 연합을 조장할 가능성이 있는 여하한 행위를 일절 금지시키기로 약속하며, 독일과의 정치적 또는 경제적 연합을 목표로 하는 여하한 조직의 존재, 부활 및 활동, 그리고 독일과의 연합을 지지하는 범게르만주의 선전을 금지한다.

제5조
오스트리아의 국경

오스트리아의 국경은 1938년 1월 1일에 존재하였던 국경으로 한다.

제6조
인　　권

1. 오스트리아는, 인종, 성, 언어 또는 종교에 의한 차별 없이, 오스트리아 관할 하의 모든 사람들에게 인권의 향유와, 표현, 언론출판, 종교적 예배, 정치적 의견, 집회 등의 자유를 포함한 기본적 자유의 향유를 보장하는데 필요한 모든 조치를 취한다.
2. 또한 오스트리아는 오스트리아에서 발효 중인 법률이 그 내용이나 적용에 있어서 오스트리아 국민들 간에 인종, 성, 언어 또는 종교를 이유로 차별을 두거나 여하한 차별도 수반하지 않도록 할 것을 보증하되, 그들의 개성, 재산, 사업, 직업적 또는 재무적 이해관계, 지위, 정치적 권리 또는 시민권, 또는 그 밖의 다른 사안과의 관련 여부에 상관없이 그러하기로 한다.

제7조
슬로베니아 및 크로아티아 소수민족의 권리

1. 카린시아, 부르겐란트, 그리고 스티리아 지역의 슬로베니아 및 크로아티아 소수민족 중 오스트리아 국민은, 단체를 조직할 권리, 집회의 권리, 모국어로 출판할 권리 등 다른 모든 오스트리아인이 향유하는 동일한 권리를 동등한 조건으로 향유하여야 한다.
2. 이들은 슬로베니아어 또는 크로아티아어로 진행되는 초등교육 및 일정 수의 자체 중등학교 설립에 대한 권리가 있으며; 이와 관련하여 학교 교

과과정이 검토 되어야 하고, 슬로베니아 및 크로아티아 학교를 위한 분과가 교육감사단에 설치되어야 한다.

3. 슬로베니아인, 크로아티아인 또는 혼합인종들이 거주하는 카린시아, 부르겐란트, 그리고 스티리아 지역의 행정 및 사법 구역에서는 독일어 뿐 아니라 슬로베니아어 또는 크로아티아어도 공식어로 채택되어야 한다. 이들 구역에서는 지형학적 용어와 증서는 독일어 뿐 아니라 슬로베니아어 또는 크로아티아어로 표기되어야 한다.

4. 카린시아, 부르겐란트, 그리고 스티리아 지역의 슬로베니아 및 크로아티아 소수민족 중 오스트리아 국민은 이들 지역의 문화, 행정, 사법 제도에 여타 오스트리아인과 동등한 조건으로 참여하여야 한다.

5. 크로아티아인 또는 슬로베니아인들로부터 소수민족의 특성이나 권리를 박탈하는 것을 목표로 하는 여하한 조직의 활동은 금지되어야 한다.

제8조
민주주의 제도

오스트리아는 비밀투표를 통해 선출된 민주주의 정부를 가지며, 인종, 성, 언어, 종교 또는 정치적 견해에 의한 차별 없이, 모든 국민에게 자유·평등·보통(보편) 선거권 및 공무원에 선출될 피선거권을 보장한다.

제9조
나치 조직의 해산

1. 국가사회당과 그 부속 및 하부 기관(정치, 군사, 준군사 조직 포함)을 오스트리아 영토에서 축출하기 위한 제반 조치들이 오스트리아 연합국위원회가 승인한 관련 법률 제정을 통하여 이미 시작된 바, 오스트리아는 동 조치를 완수한다. 또한 상기 조직들이 오스트리아에 어떠한 형태로든 부활하는 것을 방지하고 오스트리아내 나치 및 군국주의적 행위와 선전활동을 일절 금지하기 위하여 오스트리아는 국내의 정치, 경제, 문화 영역에 존재하는 나치의 모든 흔적을 제거하기 위한 노력을 지속한다.

2. 오스트리아는 사국 영토에 있는 모든 파시스드 유형의 조직, 그리고 유엔에 적대적인 활동을 감행하거나 국민의 민주적 권리를 박탈할 의도를 지닌 정치, 군사, 준군사 및 기타 여하한 조직을 해산하기로 약속한다.

3. 오스트리아는, 오스트리아 법률이 정한 절차에 따라 형사처분이 즉시

확정된다는 사실을 압박함으로써, 상기 조직들이 오스트리아 영토에 존재하고 활동하는 것을 허용하지 않기로 약속한다.

제10조
입법에 관한 특별조항

1. 오스트리아는 나치정권 잔재 척결과 민주주의 제도 재건을 목표로 1945년 5월 1일 이후 오스트리아 정부와 의회가 채택하고 오스트리아 연합국위원회가 승인한 법률 및 법적조치에 명시된 원칙을 유지 및 계속 이행할 것을 약속하며, 또한 본 조약 제6조, 8조, 9조에 명시된 원칙을 성문화 및 이행하고 1933년 3월 5일에서 1945년 5월 5일 사이에 채택된 모든 입법 및 행정 조치 중 본 조약 제6조, 8조, 9조와 상충되는 조치들이 여전히 존재할 경우 이들을 모두 철폐 또는 수정하기 위하여 이미 1945년 5월 1일부터 시행 또는 착수된 입법 및 행정 조치들을 완수할 것을 약속한다.
2. 오스트리아는 또한 합스부르크-로렌 왕가에 관한 1919년 4월 3일자 법률을 유지하기로 약속한다.

제11조
평화조약 인정

오스트리아는 이탈리아, 루마니아, 불가리아, 헝가리 및 핀란드와의 평화조약, 그리고 독일 및 일본과 관련하여 연합국 및 관련국에 의해 체결되었거나 체결될 예정인 기타 평화회복 협정이나 약정 등의 효력을 인정하기로 약속한다.

PART I
POLITICAL AND TERRITORIAL CLAUSES

Article 1
RE-ESTABLISHMENT OF AUSTRIA AS A FREE AND INDEPENDENT STATE

The Allied and Associated Powers recognize that Austria is re-established as a sovereign, independent and democratic State.

Article 2
MAINTENANCE OF AUSTRIA'S INDEPENDENCE

The Allied and Associated Powers declare that they will respect the independence and territorial integrity of Austria as established under the present Treaty.

Article 3
RECOGNITION BY GERMANY OF AUSTRIAN INDEPENDENCE

The Allied and Associated Powers will incorporate in the German Peace Treaty provisions for securing from Germany the recognition of Austria's sovereignty and independence and the renunciation by Germany of all territorial and political claims in respect of Austria and Austrian territory.

Article 4
PROHIBITION OF ANSCHLUSS

1. The Allied and Associated Powers declare that political or economic union between Austria and Germany is prohibited. Austria fully recognizes its responsibilities in this matter and shall not enter into political or economic union with Germany in any form whatsoever.

2. In order to prevent such union Austria shall not conclude any agreement with Germany, nor do any act, nor take any measures likely, directly or indirectly, to promote political or economic union with Germany, or to impair its territorial integrity or political or economic independence. Austria further undertakes to prevent within its territory any act likely, directly or indirectly, to promote such union and shall prevent the existence, resurgence and activities of any organizations having as their aim political or economic union with Germany, and pan-German propaganda in favor of union with Germany.

Article 5
FRONTIERS OF AUSTRIA

The frontiers of Austria shall be those existing on 1st January, 1938.

Article 6
HUMAN RIGHTS

1. Austria shall take all measures necessary to secure to all persons under Austrian jurisdiction, without distinction as to race, sex, language or religion, the enjoyment of human rights and of the fundamental freedoms, including freedom of expression, of press and publication, of religious worship, of political opinion and of public meeting.

2. Austria further undertakes that the laws in force in Austria shall not, either in their content or in their application, discriminate or entail any discrimination between persons of Austrian nationality on the ground of their race, sex, language or religion, whether in reference to their persons, property, business, professional or financial interests, status, political or civil rights or any other matter.

Article 7
RIGHTS OF THE SLOVENE AND CROAT MINORITIES

1. Austrian nationals of the Slovene and Croat minorities in Carinthia, Burgenland and Styria shall enjoy the same rights on equal terms as all other Austrian nationals, including the right to their own organizations, meetings and press in their own language.

2. They are entitled to elementary instruction in the Slovene or Croat language and to a proportional number of their own secondary schools; in this connection school curricula shall be

reviewed and a section of the Inspectorate of Education shall be established for Slovene and Croat schools.

3. In the administrative and judicial districts of Carinthia, Burgenland and styria, where there are Slovene, Croat or mixed populations, the Slovene or Croat language shall be accepted as an official language in addition to German. In such districts topographical terminology and inscriptions shall be in the Slovene or Croat language as well as in German.

4. Austrian nationals of the Slovene and Croat minorities in Carinthia, Burgenland and Styria shall participate in the cultural, administrative and judicial systems in these territories on equal terms with other Austrian nationals.

5. The activity of organizations whose aim is to deprive the Croat or Slovene population of their minority character or rights shall be prohibited.

Article 8
DEMOCRATIC INSTITUTIONS

Austria shall have a democratic government based on elections by secret ballot and shall guarantee to all citizens free, equal and universal suffrage as well as the right to be elected to public office without discrimination as to race, sex, language, religion or political opinion.

Article 9
DISSOLUTION OF NAZI ORGANIZATIONS

1. Austria shall complete the measures, already begun by the enactment of appropriate legislation approved by the Allied Commission for Austria, to destroy the National Socialist Party and its affiliated and supervised organizations, including political, military and para-military organizations, on Austrian territory. Austria shall also continue the efforts to eliminate from Austrian

political, economic and cultural life all traces of Nazism, to ensure that the above-mentioned organizations are not revived in any form, and to prevent all Nazi and militarist activity and propaganda in Austria.

2. Austria undertakes to dissolve all Fascist-type organizations existing on its territory, political, military and para-military, and likewise any other organizations carrying on activities hostile to any United Nation or which intend to deprive the people of their democratic rights.

Austria undertakes not to permit, under threat of penal punishment which shall be immediately determined in accordance with procedures established by Austrian Law, the existence and the activity on Austrian territory of the above-mentioned organizations.

Article 10
SPECIAL CLAUSES ON LEGISLATION

1. Austria undertakes to maintain and continue to implement the principles contained in the laws and legal measures adopted by the Austrian Government and Parliament sice 1st May, 1945, and approved by the Allied Commission for Austria, aimed at liquidation of the remnants of the Nazi regime and at the re-establishment of the democratic system, and to complete the legislative and administrative measures already taken or begun since 1st May, 1945, to codify and give effect to the principles set out in Articles 6, 8 and 9 of the present Treaty, and insofar as she has not yet done so to repeal or amend all legislative and administrative measures adopted between 5th March, 1933, and 30th April, 1945, which conflict with the principles set forth in Articles 6, 8 and 9.

2. Austria further undertakes to maintain the law of 3rd April,

1919, concerning the House of Hapsburg-Lorraine.

Article 11
RECOGNITION OF PEACE TREATIES

Austria undertakes to recognize the full force of the Treaties of Peace with Italy,[4] Roumania,[5] Bulgaria,[6] Hungary,[7] and Finland[8] and other agreements or arrangements which have been or will be reached by the Allied and Associated Powers in respect of Germany and Japan[9] for the restoration of peace.

제Ⅱ장
군사 및 항공 조항

제12조
나치 조직의 이전 구성원 및 기타 특정 범주에 속하는 자들의 오스트리아 군 복무 금지

다음 각 항에 해당하는 자들은 어떠한 경우에도 오스트리아 군대에서 복무할 수 없다:

1. 오스트리아 국적을 갖지 아니한 자;
2. 오스트리아 국민으로서 1938년 3월 13일 이전에 독일 국민이었던 자;
3. 오스트리아 국민으로서 1938년 3월 13일부터 1945년 5월 8일까지 독일군대에서 대령 이상의 직위로 복무한 경험이 있는 자;
4. 오스트리아 국민으로서 다음 각 호에 해당하는 자. 다만, 오스트리아 법률에 따라 무고함이 밝혀진 자는 예외로 한다:

(a) 국가사회주의 독일 노동자당(이하 "국가사회당"), "S.S.(친위대)", "S.A.(돌격대)", 또는 "S.D.(보안국)", 비밀국가경찰 (이하 "게슈타포"),

---

4) United Nations, Treaty Series, Vols. 49 and 50
5) United Nations, Treaty Series, Vol. 42, p. 3.
6) United Nations, Treaty Series, Vol. 41, p. 21.
7) United Nations, Treaty Series, Vol. 41, p. 135.
8) United Nations, Treaty Series, Vol. 48, p. 203.
9) United Nations, Treaty Series, Vol. 136, p. 45; Vol. 163, p.385; Vol. 184, p. 358, and Vol. 199, p. 344.

또는 국가사회주의 전선전사연맹, 또는 국가사회주의 장교연맹 등의 구성원이었던 자;

(b) 국가사회주의 조종사단(이하 "N.S.F.K.") 또는 국가사회주의 자동차단(이하 "N.S.K.K.")에서 "소위" 이상의 직위로 복무한 자;

(c) 국가사회당의 하부 또는 부속기관에서 "현지지부지도자" 이상의 직위로 복무한 직원;

(d) 오스트리아 정부가 설립한 소관 위원회가 나치주의 성격을 근거로 금서로 분류한 인쇄물 내지 시나리오의 저자;

(e) 소관 위원회가, 기존의 산업, 상업, 금융 관련 협회, 노동조합 그리고 정당조직의 공식 및 정식 보고서에 따라, 국가사회당 또는 그 부속기관의 목표 달성에 적극 협조하였거나, 국가사회주의 원칙을 지지하였거나, 국가사회당 조직 내지 활동을 재정적으로 지원 또는 확산시켰거나, 상기한 방식으로 독립적이고 민주적인 오스트리아를 훼손시켰다고 판단한 산업, 상업, 금융 조직의 수장.

제13조
특수무기 금지

1. 오스트리아는 (a) 핵무기, (b) 현재 또는 장래에 대량살상무기로 개조될 수 있으며 관련 유엔기관이 그러하다고 판단한 기타 주요 무기, (c) 자체 추진식 또는 유도 미사일 또는 어뢰, 또는 이들의 발사 내지 제어와 관련된 장치, (d) 기뢰, (e) 인간 탑승이 가능한 어뢰, (f) 잠수함 또는 기타 잠수정, (g) 모터 어뢰정, (h) 특수 형태의 공격용 주정(舟艇), (i) 사정거리 30km 이상인 총, (j) 합법적인 민간 용도에 필요한 양 이상이 제조되거나 동 용도 이외의 용도로 제조된 질식성, 발포성 또는 독성 재료, 또는 생물학적 물질, 또는 전쟁용으로 당해 재료나 물질을 생산, 분사 또는 살포하는 장치 등을 보유하거나 생산하거나 실험하지 아니 한다.
2. 연합국 및 관련국은 과학의 발전으로 인하여 개발될 수 있는 무기를 본 조의 금지 목록에 추가할 권리를 갖는다.

제14조
연합국 및 독일 유래의 전쟁물자 처분

1. 오스트리아에 존재하는 연합국 유래의 모든 전쟁물자는 해당 연합국

또는 관련국의 지시에 따라 당해 국가가 처분한다.
오스트리아는 상기 전쟁물자에 대한 모든 권리를 포기한다.

2. 오스트리아는 본 조약 발효 후 1년 이내에 다음 항목을 군사용으로 사용할 수 없도록 만들거나 폐기한다:
독일 또는 그 밖의 비연합국 유래의 전쟁물자 일체;
기존의 청사진, 시제품, 실험 모형 및 도해 등을 포함한 모든 독일 및 일본 도면으로서 현대적 전쟁물자와 관련 있는 도면;
본 조약 제13조에서 금지하는 모든 전쟁물자; 제13조에서 금지하는 연구 및 생산 장비를 포함한 모든 특수 설비로서, 승인된 연구나 개발 또는 건설용으로 전환될 수 없는 설비.

3. 오스트리아는 제2항에 열거된 전쟁물자와 설비 목록을 본 조약 발효 후 6개월 이내에 소비에트연방, 영국, 미합중국 및 프랑스 정부에 제공한다.

4. 오스트리아는 독일이 설계한 어떠한 전쟁물자도 제조하지 아니 한다. 오스트리아는 독일 제조, 유래 또는 설계의 전쟁물자를 공적으로든 사적으로든 기타 어떠한 방식으로든 취득 또는 보유하지 아니 한다. 다만, 오스트리아 정부는 제2차 세계대전 이후 오스트리아에 잔류해 있는 독일 제조, 유래, 또는 설계의 전쟁물자 중 제한된 수량을 오스트리아 군대 창설을 위하여 활용할 수 있다.

5. 본 조약 목적상 전쟁물자의 정의와 목록은 부속서 I에 기재한다.

제15조
독일의 재무장 방지

1. 독일이 군사적 재무장을 위하여 독일 영토 밖으로 진출하지 못하도록 오스트리아는 연합국 및 관련국에 전적으로 협력하여야 한다.

2. 오스트리아는 다음에 해당하는 자가 군사 내지 민간 비행, 또는 전쟁물자 실험, 설계, 생산 또는 유지보수 등의 분야에 고용되거나 동 분야에서 훈련 받지 못하도록 하여야 한다:
현재 독일국민인 자 또는 1938년 3월 13일 이전에 독일국민이었던 자;
또는 제12조에 따라 군대 복무에서 제외되는 오스트리아 국민;
또는 오스트리아 국민이 아닌 자.

第16조
독일 및 일본이 설계한 민간 항공기 관련 금지사항

오스트리아는 독일이나 일본이 설계한 민간 항공기 또는 독일이나 일본이 제조 또는 설계한 주요 부품이 탑재된 민간 항공기를 취득하거나 제조해서는 아니 된다.

第17조
제한 존속기간

본 조약의 군사 및 항공 관련 조항은, 연합국 및 관련국과 오스트리아 간 합의를 통하여 또는 오스트리아가 유엔회원국이 된 후에는 안전보장이사회와 오스트리아 간 합의를 통하여 해당 조항의 전부 또는 일부가 개정되기 전까지, 그 효력이 유지된다.

第18조
전쟁포로

1. 현재 전쟁포로인 오스트리아인들은 이들을 억류하고 있는 해당 연합국 또는 관련국과 오스트리아 간에 체결될 약정에 의거하여 가능한 한 빨리 본국으로 송환되어야 한다.
2. 현재 전쟁포로인 오스트리아인들을 해당 연합국 또는 관련국 정부가 정한 각 집합지점에서 오스트리아 영토로 입국하는 진입지점까지 이동시킬 때 발생하는 제비용(유지비용 포함)은 오스트리아 정부가 부담한다.

第19조
전몰자 묘 및 기념비

1. 오스트리아는 연합국 뿐 아니라 당시 독일과 교전 중이던 유엔 회원국의 군인, 전쟁포로, 그리고 오스트리아로 강제 이송된 국민들의 묘와 당해 묘의 기념비 및 기장, 그리고 오스트리아 영토에서 나치 독일에 항거하여 싸운 군대의 군사적 승리를 기념하는 기념비 등을 존중하고 보존하고 유지관리하기로 약속한다.
2. 오스트리아 정부는 제1항에서 언급한 묘 및 건물에 대한 확인, 목록, 관리, 통제를 위해 해당 국가가 권한을 위임한 위원회, 대표단 또는 조직을 인정하며; 당해 조직의 업무를 지원하고; 해당 국가나 그 국가가 권한

을 위임한 위원회, 대표단 또는 조직이 상기 묘 및 건물과 관련하여 필요하다고 인정한 협정을 체결한다. 해당국가의 공식 기관 또는 전몰자 친지의 요청이 있을 시, 오스트리아 정부는 상기 묘에 묻힌 유골의 발굴 및 본국 송환을 위하여, 합당한 위생 요건에 따라, 모든 편의를 제공하기로 한다.

PART Ⅱ
MILITARY AND AIR CLAUSES

Article 12
PROHIBITION OF SERVICE IN THE AUSTRIAN ARMED FORCES OF FORMER MEMBERS OF NAZI ORGANIZATIONS, AND CERTAIN OTHER CATEGORIES OF PERSONS

The following shall in no case be permitted to serve in the Austrian Armed Forces:

1. Persons not of Austrian nationality;

2. Austrian nationals who had been German nationals at any time before 13th March, 1938;

3. Austrian nationals who served in the rank of colonel or in any higher rank in the German Armed Forces during the period from 13th March, 1938, to 8th May, 1945;

4. With the exception of any persons who shall have been exonerated by the appropriate body in accordance with Austrian law, Austrian nationals falling within any of the following categories:

(a) Persons who at any time belonged to the National Socialist Party("N.S.D.A.P.") or the "S.S.", "S.A.", or "S.D." organizations; the Secret State Police("Gestapo"); or the National Socialist Soldiers' Association ("N.S. Soldatenring"); or the National Socialist Officers' Association("N.S. Offiziersvereinigung").

(b) Officers in the National Socialist fliers' Corps("N.S.F.K.")or the National Socialist Motor Corps("N.S.K.K.")of rank not lower than "Untersturmfuehrer"or its equivalent;

(c) Functionaries in any supervised or affiliated organizations of the N.S.D.A.P. of rank not lower than that equivalent to "Ortsgruppenleiter";

(d) Authors of printed works or scenarios placed by the competent commissions set up by the Government of Austria in the category of prohibited works because of their Nazi character;

(e) Leaders of industrial, commercial and financial undertaking who according to the official and authenticated reports of existing industrial, commercial and financial associations, trade unions and party organizations are found by the competent commission to have cooperated actively in the achievement of the aims of the N.S.D.A.P. or of any of its affiliated organizations, supported the principles of National Socialism or financed or spread propaganda for National Socialist organizations or their activities, and by any of the foregoing to have damaged the independent and democratic Austria.

Article 13
PROHIBITION OF SPECIAL WEAPONS

1. Austria shall not possess, construct or experiment with - a)Any atomic weapon, b)any other major weapon adaptable now or in the future to mass destruction and defined as such by the appropriate organ of the United Nations, c)any self-propelled or guided missile or torpedoes, or apparatus connected with their discharge or control, d)sea mines, e)torpedoes capable of being manned, f)submarines or other submersible craft, g)motor torpedo boats, h)specialized types of assault craft, i)guns with a range of more than 30kilometers, j)asphyxiating, vesicant or poisonous materials or biological substances in quantities greater than, or

of types other than, are required for legitimate civil purposes, or any apparatus designed to produce, project or spread such materials or substances for war purposes.

2. The allied and Associated Powers reserve the right to add to this Article prohibitions of any weapons which may be evolved as a result of scientific development.

Article 14
DISPOSAL OF WAR MATERIEL OF ALLIED AND GERMAN ORIGIN

1. All war materiel of Allied origin in Austria shall be placed at the disposal of the Allied of Associated Power concerned according to the instructions given by that Power.

Austria shall renounce all rights to the above-mentioned war materiel.

2. Within one year from the coming into force of the present Treaty Austria shall render unusable for any military purpose or destroy:

all excess war materiel of German or other non-Allied origin;

in so far as they relate to modern war materiel, all German and Japanese drawing, including existing blueprints, prototypes, experimental models and plans;

all war materiel prohibited by Article 13 of the present Treaty; all specialized installations, including research and production equipment, prohibited by Article 13 which are not convertible for authorized research, development or construction.

3. Within six months from the coming into force of the present Treaty Austria shall provide the Governments of the Soviet Union, of the United Kingdom, of the United States of America, and of France with a list of the war materiel and installations enumerated in paragraph 2.

4. Austria shall not manufacture any war materiel of German design.

Austria shall not acquire or possess, either publicly or privately, or by any other means, any war materiel of German manufacture, origin or design except that the Austrian Government may utilize, for the creation of the Austrian armed forces, restricted quantities of war materiel of German manufacture, origin or design remaining in Austria after the Second World War.

5. A definition and list of war materiel for the purposes of the present Treaty are contained in Annex I.

Article 15
PREVENTION OF GERMAN REARMAMENT

1. Austria shall co-operate fully with the Allied and Associated Powers in order to ensure that Germany is unable to take steps outside German territory towards rearmament.

2. Austria shall not employ or train in military of civil aviation or in the experimentation, design, production or maintenance of war materiel: persons who are, or were at any time previous to 13th March, 1938, nationals of Germany; or Austrian nationals precluded from serving in the Armed Forces under Article 12; or persons who are not Austrian nationals.

Article 16
PROHIBITION RELATING TO CIVIL AIRCRAFT OF GERMAN AND JAPANESE DESIGN

Austria shall not acquire or manufacture civil aircraft which are of German or Japanese design or which embody major assemblies of German of Japanese manufacture of design.

Article 17
DURATION OF LIMITATIONS

Each of the military and air clauses of the present Treaty shall remain in force until modified in whole or in part by agreement between the Allied and Associated Powers and Austria or, after Austria becomes a member of the United Nations, by agreement between the Security Council and Austria.

Article 18
PRISONERS OF WAR

1. Austrians who are now prisoners of war shall be repatriated as soon as possible, in accordance with arrangements to be agreed upon by the individual Powers detaining them and Austria.

2. All costs, including maintenance costs, incurred in moving Austrians who are now prisoners of war from their respective assembly points, as chosen by the Government of the Allied or Associated Power concerned, to the point of their entry into Austrian territory, shall be borne by the Government of Austria.

Article 19
WAR GRAVES AND MEMORIALS

1. Austria undertakes to respect, preserve and maintain the graves on Austrian territory of the soldiers, prisoners of war and nationals forcibly brought to Austria of the Allied Powers as well as of the other United Nations which were at war with Germany, the memorials and emblems on these graves, and the memorials to the military glory of the armies which fought on Austrian territory against Hitlerite Germany.

2. The Government of Austria shall recognize any commission, delegation or other organization authorized by the State

concerned to identify, list, maintain or regulate the graves and edifices referred to in paragraph 1; shall facilitate the work of such organizations; and shall conclude in respect of the above-mentioned graves and edifices such agreements as may prove necessary with the State concerned or with any commission or delegation or other organization authorized by it. It likewise agrees to render, in conformity with reasonable sanitary requirements, every facility for the disinterment and despatch to their own country of the remains buried in the said graves, whether at the request of the official organizations of the State concerned or at the request of the relatives of the persons interred.

제Ⅲ장

제20조
연합군 철수

1. 1946년 6월 28일 체결된 오스트리아 통치기구에 관한 협정은 본 조약 발효 시 종료된다.
2. 본 조약 발효 시, 오스트리아 점령구역에 관한 협정 제4항에 따라 설치된 연합군 사령부 및 1945년 7월 9일에 설치된 비엔나 행정부는 비엔나 행정과 관련된 기능을 더 이상 수행하지 아니 한다. 오스트리아 점령구역에 관한 협정은 본 조 제3항에 따라 연합국 및 관련국 군대의 철수가 완료될 시 종료된다.
3. 연합국 및 관련국 군대와 오스트리아 연합국위원회 위원들은 본 조약 발효 후 90일 이내에, 그리고 가급적 1955년 12월 31일 이전에, 오스트리아에서 철수하여야 한다.
4. 오스트리아 정부는 연합국 및 관련국 군대와 오스트리아 연합국위원회 위원들이 본 조약 발효 직전까지 향유하였던 권리, 면책특권 및 편의를 이들이 오스트리아에서 철수할 때까지 동일하게 부여하여야 한다.
5. 연합국 및 관련국은 다음 항목들을 본 조약 발효 후 본 조 제3항에

명시된 기간 내에 오스트리아 정부에 반환하기로 약속한다:
(a) 점령 목적상 연합국 및 관련국에 무상으로 제공된 화폐로서 연합군 철수 완료 시점에 소비되지 않은 화폐 일체;
(b) 연합군 또는 연합국위원회가 징발한 오스트리아 재산으로서 본 조약 제22조 규정을 침해하지 않는 범위에서 여전히 활용되고 있는 오스트리아 재산 일체.

PART Ⅲ

Article 20
WITHDRAWAL OF ALLIED FORCES

1. The Agreement on the Machinery of Control in Austria of 28th June, 1946[10) shall terminate on the coming into force of the present Treaty.

2. On the coming into force of the present Treaty, the Inter-Allied Command established under paragraph 4 of the Agreement on Zones of Occupation in Austria and the Administration of the City of Vienna of 9th July, 1945[11) shall cease to exercise any functions with respect to the administration of the City of Vienna. The Agreement on Zones of Occupation of Austria shall terminate upon completion of the withdrawal from Austria of the forces of the Allied and Associated Powers in accordance with paragraph 3 of the present Article.

3. The forces of the Allied and Associated Powers and members of the Allied Commission for Austria shall be withdrawn from Austria within ninety days form the coming into force of th present Treaty, and in so far as possible not later than 31st December, 1955.

---

10) United Nations, Treaty Series, Vol. 138, p. 85.
11) United Nations, Treaty Series, Vol. 160, p. 359.

4. The Government of Austria shall accord to the forces of the Allied and Associated Powers and the members of the Allied Commission for Austria pending their withdrawal from Austria the same rights, immunities and facilities as they enjoyed immediately before the coming into force of the present Treaty.

5. The Allied and Associated Powers undertake to return to the Government of Austria after the coming into force of the present Treaty and within the period specified in paragraph 3 of this Article:

(a) All currency which was made available free of cost to the Allied and Associated Powers for the purpose of the occupation and which remains unexpended at the time of completion of withdrawal of the Allied forces;

(b) All Austrian property requisitioned by Allied forces or the Allied commission, and which is still in their possession. The obligations under this sub-paragraph shall be applied without prejudice to the provisions of Article 22 of the present Treaty.

제Ⅳ장
전쟁 관련 청구권

제21조
배상금

1939년 9월 1일 이후 유럽 내 전쟁상태로 인하여 발생한 어떠한 배상금도 오스트리아에 청구되어서는 아니 된다.

제22조
오스트리아내 독일 자산

1945년 8월 2일에 체결된 베를린 회의 의정서에 따라 소비에트 연방, 영국, 미합중국 및 프랑스는 오스트리아에 있는 모든 독일 자산을 처분할 권리를 갖는다. (세부항목 생략)

第23條

독일 내 오스트리아 재산 및 오스트리아의 독일에 대한 청구권 포기

1. 본 조약 발효일을 기하여, 1938년 3월 12일 이후 오스트리아에서 독일 영토로 강제 이전된 재산을 포함하여 오스트리아 정부 또는 국민의 독일 내 재산은 그 소유자에게 반환된다. 본 조항은 전범자 또는 비나치화 조치에 따른 처벌 대상자의 재산에는 적용되지 아니 한다; 당해 재산 중 1945년 5월 8일 이후 독일에서 발효 중인 법률 내지 조례에 따른 봉쇄 또는 몰수의 대상이 되지 않은 재산은 오스트리아 정부 처분에 맡긴다.

2. 독일 내 오스트리아 재산에 대한 권리 회복은 독일점령국들이 그들의 점령구역에서 정하게 될 조치에 의거하여 발효된다.

3. 오스트리아는, 상기 처분과 오스트리아 정부 및 국민에게 유리한 기타 독일점령국들의 처분을 침해하지 않는 범위에서, 그리고 이미 체결된 합의의 유효성을 침해하지 않는 범위에서, 오스트리아 정부 및 국민을 대신하여, 1945년 5월 8일 현재 미해결된 독일 및 독일국민에 대한 모든 청구권을 포기한다. 다만, 1938년 3월 13일 이전에 체결된 계약과 기타 약정 및 획득된 권리 등으로 인하여 발생한 청구권은 예외로 한다. 이 권리포기에는 오스트리아 병합기간 동안 독일이 시행한 거래와 관련된 모든 청구권과, 특히 오스트리아 정부 또는 국민이 보유한 독일의 국채 또는 통화교환 시 인출한 화폐와 관련된 청구권 등 동 기간 동안 발생한 손실 내지 손해와 관련된 모든 청구권이 포함되는 것으로 간주한다. 당해 화폐는 본 조약 발효 시 폐기한다.

第24條

오스트리아의 연합국에 대한 청구권 포기

1. 오스트리아는 1939년 9월 1일 이후 유럽에서 발발한 전쟁 또는 동 일자 이후 유럽에 존재한 전쟁상태로 인하여 직접적으로 발생한 오스트리아 정부 또는 국민의 연합국 및 관련국에 대한 모든 종류의 청구권을, 당해 시점에 연합국 또는 관련국이 독일과 교전 중이었는지 여부에 상관없이, 모두 포기한다. 이러한 청구권 포기에는 다음 항목이 포함된다:

(a) 연합국 또는 관련국의 군대 또는 당국의 행위로 인하여 초래된 손실 내지 손해에 대한 청구권;

(b) 연합국 또는 관련국의 군대 또는 당국이 오스트리아 영토에 주둔, 작전 또는 활동을 수행함으로써 발생한 청구권;
(c) 오스트리아가 유효하다고 인정한 연합국 또는 관련국의 포획심판소의 판결 또는 명령과 관련된 청구권. 오스트리아는 오스트리아 국민이 소유한 선박이나 재화, 또는 비용지불과 관련하여 1939년 9월 1일 및 그 이후 내려진 해당 포획심판소의 모든 판결 및 명령을 유효하고 구속력 있다고 인정하기로 동의한 바 있음;
(d) 교전권 행사 또는 교전권 행사라고 주장된 행위로 인해 발생한 청구권.

2. 본 조의 규정은 본 조에 명시된 성격의 모든 청구권을 완전히 그리고 전적으로 금지하며 이로써 당해 청구권은 이해당사자를 불문하고 향후 모두 소멸된다. 오스트리아 정부는 오스트리아 영토에서 징발에 의하여 연합국 또는 관련국 군대에 물자 또는 용역을 제공한 자들에게는, 그리고 오스트리아 영토에서 발생한 연합국 또는 관련국 군대에 대한 전투와 무관한 손해배상청구에 대하여는, 실링화로 공평한 배상을 하기로 한다.

3. 오스트리아는 1939년 9월 1일에서 1945년 1월 1일 사이에 독일과의 외교관계를 중단하고 연합국 및 관련국에 협조한 유엔회원국에 대해서도 오스트리아 정부 또는 국민이 갖는 본 조 제1항에서 명시한 성격의 모든 청구권을 포기한다.

4. 오스트리아 정부는 오스트리아에서 연합군 당국이 발행한 5실링 이하의 군표(본 조약 발효 시점에 유통되는 모든 해당 화폐 포함)에 대하여 전적인 책임을 진다. 연합군 당국이 발행한 5실링을 초과하는 지폐는 폐기되며 이와 관련하여 연합국 또는 관련국에 어떠한 권리주장도 하지 아니 한다.

5. 본 조 제1항에 따른 오스트리아의 청구권 포기에는 오스트리아 국민이 소유한 선박과 관련하여 연합국 또는 관련국이 1939년 9월 1일에서 본 조약 발효일 사이에 취한 조치로 인해 발생한 모든 청구권 뿐 아니라 현재 발효 중인 전쟁포로에 관한 협약으로 인해 발생한 모든 청구권 및 채무도 포함된다.

PART Ⅳ
CLAIMS ARISING OUT OF THE WAR

Article 21
REPARATION

No reparation shall be exacted from Austria arising out of the existence of a state of war in Europe after 1st September, 1939.

Article 22
GERMAN ASSETS IN AUSTRIA

The Soviet Union, the United Kingdom, the United States of America and France have the right to dispose of all German assets in Austria in accordance with the protocol of the Berlin Conference of 2nd August, 1945.

Article 23
AUSTRIAN PROPERTY IN GERMANY AND RENUNCIATION OR CLAIMS BIJ AUSTRIA ON GERMANY

1. From the date of the coming into of the present Treaty the property in Germany of the Austrian Government or of Austrian nationals, including property forcibly removed from Austrian territory to Germany after 12th March, 1938 shall be returned to its owners. This provision shall not apply to the property of war criminals or persons who have been subjected to the penalties of denazification measures; such property shall be placed at the disposal of the Austrian Government if it has not been subjected to blocking or confiscation in accordance with the laws or ordinances in force in Germany after 8th May, 1945.

2. The restoration of Austrian property rights in Germany shall be effected in accordance with measures which will be determined by the Powers in occupation of Germany in their

zones of occupation.

3. Without prejudice to these and to any other disposition in favor of Austria and Austrian nationals by the Powers occupying Germany, and without prejudice to the validity of settlements already reached, Austria waives on its own behalf and on behalf of Austrian nationals all claims against Germany and German nationals outstanding on 8th May, 1945 except those arising out of contract and other obligations entered into, and rights acquired, before 13th March, 1938. This waiver shall be deemed to include all claims in respect of transactions effected by Germany during the period of the annexation of Austria and all claims in respect of loss or damage suffered during the said period, particularly in respect of the German public debt held by the Austrian Government or its nationals and of currency withdrawn at the time of the monetary conversion. Such currency shall be destroyed upon the coming into force of the present Treaty.

Article 24

RENUNCIATION BY AUSTRIA OF CLAIMS AGAINST THE ALLIES

1. Austria waives all claims of any description against the Allied and Associated Powers on behalf of the Austrian Government or Austrian nationals arising directly out of the war in Europe after 1st September, 1939, or out of actions taken because of the existence of a state of war in Europe after that date whether or not such Allied or Associated Power was at war with Germany at the time. This renunciation of claims includes the following:

(a) Claims for losses or damages sustained as a consequence of acts of armed forces or authorities of Allied or Associated

Power;

(b) Claims arising from the presence, operations or actions of armed forces or authorities of Allied or Associated Powers in Austrian territory;

(c) Claims with respect to the decrees or orders of Prize Courts of Allied or Associated Powers, Austria agreeing to accept as valid and binding all decrees and orders of such Prize Courts on or after 1st September, 1939 concerning ships or goods belonging to Austrian nationals or concerning the payment of costs;

(d) Claims arising out of the exercice or purported exercice of belligerent rights.

2. The provisions of this Article shall bar, completely and finally, all claims of the nature referred to herein, which shall henceforward be extinguished, whoever may be the parties in interest. The Austrian Government agrees to make equitable compensation in schillings to persons who furnished supplies or services on requisition to the forces of Allied or Associated Powers in Austrian territory and in satisfaction of noncombat damage claims against the forces of the Allied or Associated Powers arising in Austrian territory.

3. Austria likewise waives all claims of the nature covered by paragraph 1 of this Article on behalf of the Austrian Government of Austrian nationals against any of the United Nations whose diplomatic relations with Germany were broken off between 1st september, 1939 and 1st January, 1945, and which took action in cooperation with the allied and Associated Powers.

4. The Government of Austria shall assume full responsibility for Allied military currency of denominations of five schillings and under issued in Austria by the Allied Military Authorities,

including all such currency in circulation at the coming into force of the present Treaty. Notes issued by the Allied Military Authorities of denominations higher than five schillings shall be destroyed and no claims may be made in this connection against any of the Allied or Associated Powers.

5. The waiver of claims by Austria under paragraph 1 of this Article including any claims arising out of actions taken by any of the Allied or Associated Powers with respect to ships belonging to Austrian nationals between 1st September, 1939 and the coming into force of the present Treaty as well as any claims and debts arising out of the Conventions on prisoners of war now in force.

제V장
재산, 권리 및 이권

제25조
오스트리아 내(內) 유엔회원국 재산

1. 오스트리아가 아직 이행하지 않은 경우에 한하여, 오스트리아는 독일과 유엔회원국 간 전쟁 개전일 시점에 해당 회원국 및 그 국민이 오스트리아내 보유하던 모든 법적 권리 및 이해관계를 회복시켜야 하며, 해당 회원국 및 그 국민의 오스트리아내 재산을 현재 존재하는 방식 그대로 모두 반환하여야 한다.

2. 오스트리아 정부는 본 조에 해당하는 모든 재산, 권리 및 이해관계를 독일과의 전쟁 결과로 발생할 수 있는 여하한 채무 및 수수료 부담 없이 그리고 오스트리아 정부의 반환 수수료 부과 없이 회복시키기로 약속한다. 오스트리아 정부는 오스트리아내 유엔회원국 재산에 대하여 독일과 해당 회원국 간 전쟁 개전일부터 본 조약 발효일 사이에 취해진 모든 몰수, 압류, 제어 등의 조치를 무효화 한다. 해당 재산이 본 조약 발효일 후 6개월 이내에 반환되지 않을 경우에는 본 조약 발효일 후 12개월 이내에 오스트리아 당국에 재산반환 신청을 하여야 한다. 다만, 청구자가 동 기간

내에 당해 신청을 할 수 없음을 입증할 수 있는 경우는 예외로 한다.

3. 독일과 해당 유엔회원국 간 전쟁 개전일부터 1945년 5월 8일 사이에 추축국 정부 또는 그 기관이 해당 유엔회원국 국민 소유의 재산, 권리 및 이해관계를 강제로 이전시킨 경우, 오스트리아 정부는 당해 이전을 무효화 한다.

4. (a) 독일의 오스트리아 점령기간 또는 전쟁기간 동안 오스트리아내 재산에 가해진 침해나 손상으로 인해 발생한 손해에 대하여 오스트리아 정부가 배상을 하는 경우, 해당 유엔회원국 국민은 오스트리아 국민에 비해 불리하지 않은 대우를 받아야 하며; 이 경우, 본 조 제8항 (a)호의 정의에 따른 유엔회원국 국적이 아닌 기업이나 협회의 지배권을 직접 또는 간접적으로 보유한 유엔회원국 국민에 대하여는, 해당 기업이나 협회에 발생한 총 손실 내지 손해를 기준으로 하되 동 기업이나 협회 자본에 대한 해당 국민의 수익지분율과 동일한 비율을 손실 내지 손해에 적용하여 배상금을 지급한다.

(b) 오스트리아 정부는 유엔회원국 및 그 국민의 오스트리아내 재산에 대한 보수 또는 재건에 필요한 자재 할당과 해당 자재 수입을 위한 외환 할당에 있어 유엔회원국 및 그 국민에게 오스트리아 국민에게 적용하는 동일한 대우를 제공하여야 한다.

5. 청구권 입증과 관련하여 오스트리아 내에서 발생하는 모든 합리적인 비용(손실 또는 손해 사정비용 포함)은 오스트리아 정부가 부담한다.

6. 유엔회원국 국민과 그들의 재산은, 전쟁으로 인해 발생한 경비 충당 또는 점령군 관련 비용 충당 목적으로 오스트리아 정부 또는 당국이 독일군 항복일로부터 본 조약 발효일 사이에 오스트리아 내 그들의 고정자산에 부과하는 특별 세금, 추가 부담금, 또는 관세 적용대상에서 면제된다. 그러한 목적으로 이미 지급된 금액은 반환되어야 한다.

7. 해당 재산의 소유자와 오스트리아 정부는 본 조의 규정을 갈음하여 약정을 체결할 수 있다.

8. 본 조에서 사용하는 용어의 뜻은 나음과 같다:

(a) "유엔회원국 국민"이라 함은 본 조약 발효 시점에 유엔회원국 국적을 가진 개인, 또는 유엔회원국 법률에 따라 조직된 기업이나 협회를 말한다. 다만, 당해 개인, 기업 또는 협회는 동 지위를 1945년 5월 8일에도 보유

한 자들이다.
“유엔회원국 국민”에는 전쟁 시 오스트리아에서 발효 중이던 법률에 따라 적으로 간주되던 모든 개인, 기업 또는 협회도 포함된다.
(b) “소유자”라 함은 상기 제(a)호에 정의된 유엔회원국이거나 유엔회원국 국민으로서 해당 재산에 대한 권리를 보유한 자를 말하며 소유자의 승계인도 포함한다. 다만, 승계인 또한 제(a)호에 정의된 유엔회원국이거나 유엔회원국의 국민이어야 한다. 승계인이 재산을 손상된 상태로 매입한 경우, 매도인은, 국내법에 따른 매도인과 매수인 간의 의무사항을 침해하지 않는 범위에서, 본 조에 따른 배상에 대한 권리를 보유한다.
(c) “재산”이라 함은, 유형이든 무형이든, 모든 동산 또는 부동산을 의미하며, 재산에 대한 모든 권리나 이권 뿐 아니라 산업재산권, 문학적 및 미술적 재산권도 포함한다.
9. 본 조의 규정은, 1946년 6월 28일 시점에 오스트리아 법으로 발효 중이던 법률 및 법령에 따라 유엔회원국이나 유엔회원국 국민이 오스트리아에서 실시한 재산, 권리 또는 이권의 양도에는 적용되지 아니 한다.
10. 오스트리아 정부는 1942년 8월 10일자 브리오니 협정이 무효임을 인정한다. 오스트리아 정부는 1923년 3월 21일자 로마협정의 여타 서명국들과 함께 동 협정이 제공하는 연금의 공평한 지급에 필요한 수정사항 삽입과 관련된 모든 협상에 참여하기로 약속한다.

第26조
오스트리아 내(內) 소수민족의 재산, 권리 및 이권

1. 당해 조치가 아직 취해지지 않은 경우에 한하여, 오스트리아는 오스트리아내 재산, 법적 권리 또는 이권이 소유자의 인종 내지 종교를 이유로 1938년 3월 13일 이후 강제 양도나 가압류, 몰수나 제재 조치의 대상이 된 경우, 당해 재산을 모두 소유자에게 반환하고 당해 법적 권리 및 이권을 그 부속 권리 및 이권과 함께 회복시키기로 약속한다. 반환 또는 회복이 불가능한 경우에는, 상기 조치로 인한 손실에 대하여, 전재(戰災)와 관련하여 오스트리아 국민에게 일반적으로 부여되거나 부여될 수 있는 배상금과 동일한 정도의 배상금을 지급하여야 한다.
2. 개인으로서 또는 집단의 구성원으로서 인종적, 종교적 박해 또는 나치

가 취한 기타 박해 조치의 대상이었던 사람, 조직 또는 공동체의 오스트리아내 재산, 법적 권리 및 이권과 관련하여, 사람의 경우 재산, 법적 권리 및 이권이 본 조약 발효일 후 6개월 동안 상속인 또는 청구인이 나타나지 않을 경우, 조직이나 공동체의 경우 이들이 더 이상 존재하지 않을 경우, 해당 재산, 법적 권리 및 이권은 오스트리아가 모두 관리하기로 한다. 오스트리아는 당해 재산, 법적 권리 및 이권을 비엔나 주재 공관장 4인이 오스트리아 정부와 합의 후 지정하게 되는 적절한 기관이나 조직으로 양도하여 추축국에 의한 박해 피해자의 구호 및 재활에 사용되도록 하되, 이 규정이 오스트리아 경제에 부담을 주는 외국환 대금지급이나 해외 양도를 요구하는 것이 아니라는 점에 동의한다. 당해 양도는 본 조약 발효 후 18개월 이내에 시행하여야 하며 본 조 제1항에 따라 회복될 필요가 있는 재산, 권리 및 이권을 포함한다.

제27조
연합국 및 관련국 영토 내(內) 오스트리아 재산

1. 연합국 및 관련국은 그들의 영토에 현재 존재하는 오스트리아의 재산, 권리 및 이권, 또는 그러한 재산, 권리 또는 이권이 미지급 세금, 관재비용, 채권자 청구, 그리고 그 밖의 유사한 비용 등의 대상이 되어 이들을 청산, 처분 또는 기타의 방법으로 실현함으로써 발생한 여하한 수익금을 반환할 의향이 있음을 선언한다. 연합국 및 관련국은 이 목적을 위하여 오스트리아 정부와 협정 체결을 준비하기로 한다.
2. 상기 규정에도 불구하고, 유고슬라비아 연방인민공화국은 본 조약 발효일에 유고슬라비아 영토에 존재하는 오스트리아 재산, 권리 및 이권을 압류, 보유 또는 청산할 권리를 갖는다. 오스트리아 정부는 본 항에 적용되는 재산을 가진 오스트리아 국민에게 배상을 해주기로 약속한다.

제28조
채 무

1. 연합국 및 관련국은 1938년 3월 12일에서 1945년 5월 8일 사이에 만기도래하는 오스트리아 정부 유가증권에 대한 이자지불액 및 유사 수수료는 오스트리아가 아닌 독일에 청구된다는 점을 인정한다.
2. 오스트리아 정부가 1938년 3월 13일 이전에 체결한 차관계약서 규정

에 따라 오스트리아 재정에 대한 통제권이 채권국에 부여된 경우, 연합국 및 관련국은 동 규정을 이용할 의향이 없음을 선언한다.
3. 연합국 및 관련국과 독일 간에 전쟁상태가 존재했다는 사실이, 본 조약 발효 이전에 지급만료 되고, 오스트리아 정부나 국민이 연합국 및 관련국 정부나 국민에게 지급해야 하거나 반대로 연합국 및 관련국 정부나 국민이 오스트리아 정부나 국민에게 지급해야 하는, 전쟁상태 발생 전에 존재한 약정 및 계약 그리고 획득한 권리로 인해 발생한 금전적 채무의 상환의무에 영향을 주는 것으로 간주되어서는 아니 된다.
4. 본 조약에 달리 명시적으로 규정되지 않는 한, 본 조약의 어떠한 조항도 오스트리아 정부 또는 1938년 3월 12일에 오스트리아 국민이었던 자에 의하여 1939년 9월 1일 이전에 체결된 계약으로 인해 발생한 채무자-채권자 관계를 손상시키는 것으로 해석되어서는 아니 된다.

PART V

PROPERTY, RIGHTS AND INTERESTS

Article 25

UNITED NATIONS PROPERTY IN AUSTRIA

1. In so far as Austria has not already done so, Austria shall restore all legal rights and interests in Austria of the United Nations and their nationals as they existed on the day hostilities commenced between Germany and the United Nation concerned, and shall return all property in Austria of the United Nations and their nationals as it now exists.

2. The Austrian Government undertakes that all property, rights and interests falling under this Article shall be restored free of all encumbrances and charges of any kind to which they may have become subject as a result of the war with Germany and without the imposition of any charges by the Austrian Government in connection with their return. The Austrian Government shall nullify all measures of seizure, sequestration or

control taken against United Nations property in Austria between the day of commencement of hostilities between Germany and the United Nation concerned and the coming into force of the present Treaty. In cases where the property has not been returned within six months from the coming into force of the present Treaty, applications for the return of property shall be made to the Austrian authorities not later than twelve months from the coming into force of the Treaty, except in cases in which the claimant is able to show that he could not file his application within this period.

3. The Austrian Government shall invalidate transfers involving property, rights and interests of any description belonging to United Nations nationals, where such transfer resulted from force exerted by Axis Governments or their agencies between the beginning of hostilities between Germany and the United Nation concerned and 8th May, 1945.

4. (a) In cases in which the Austrian Government provides compensation for losses suffered by reason of injury or damage to property in Austria which occurred during the German occupation of Austria or during the war, United Nations nationals shall not receive less favorable treatment than that accorded to Austrian nationals; and in such cases United Nations nationals who hold, directly or indirectly, ownership interests in corporations or associations which are not United Nations nationals within the meaning of paragraph 8 (a) of this Article shall receive compensation based on the total loss or damage suffered by the corporations or associations and bearing the same proportion to such loss or damage as the beneficial interest of such nationals bears to the capital of the corporation or association.

(b) The Austrian Government shall accord to United Nations

and their nationals the same treatment in the allocation of materials for the repair or rehabilitation of their property in Austria and in the allocation of foreign exchange for the importation of such materials as applies to Austrian nationals.

5. All reasonable expenses incurred in Austria in establishing claims, including the assessment of loss or damage, shall be borne by the Austrian Government.

6. United Nations nationals and their property shall be exempted from any exceptional taxes, levies, or imposts imposed on their capital assets in Austria by the Austrian Government or by any Austrian authority between the date of the surrender of the German armed forces and the coming into force of the present Treaty for the specific purpose of meeting charges arising out of the war or of meeting the costs of occupying forces. Any sums which have been so paid shall be refunded.

7. The owner of the property concerned and the Austrian Government may agree upon arrangements in lieu of the provisions of this Article.

8. As used in this Article :

(a) "United Nations nationals" means individuals who are nationals of any of the United Nations, or corporations or associations organized under the laws of any of the United Nations, at the coming into force of the present Treaty, provided that the said individuals, corporations or associations also had this status on 8th May, 1945.

The term "United Nations nationals" also includes all individuals, corporations or associations which, under the laws in force in Austria during the war, were treated as enemy.

(b) "Owner" means one of the United Nations, or a national of one of the United Nations, as defined in sub-paragraph (a) above, who is entitled to the property in question, and includes a successor of the owner, provided that the successor is also a United Nation or a United Nations national as defined in sub-paragraph (a). If the successor has purchased the property in its damaged state, the transferor shall retain his rights to compensation under this Article, without prejudice to obligations between the transferor and the purchaser under domestic law.

(c) "Property" means all movable or immovable property, whether tangible or intangible, including industrial, literary and artistic property, as well as all rights or interests of any kind in property.

9. The provisions of this Article do not apply to transfers of property, rights or interests of United Nations or United Nations nationals in Austria made in accordance with laws and enactments which were in force as Austrian Law on 28th June 1946.

10. The Austrian Government recognizes that the Brioni Agreement of 10th August, 1942 is null and void. It undertakes to participate with the other signatories of the Rome Agreement of 21st March, 1923, in any negotiations having the purpose of introducing into its provisions the modifications necessary to ensure the equitable settlement of the annuities which it provides.

Article 26
PROPERTY, RIGHTS AND INTERESTS OF MINORITY GROUPS IN AUSTRIA

1. In so far as such action has not already been taken, Austria undertakes that, in all cases where property, legal rights or interests in Austria have since 13th March, 1938, been subject of forced transfer or measures of sequestration, confiscation or control on account of the racial origin or religion of the owner,

the said property shall be returned and the said legal rights and interests shall be restored together with their accessories. Where return or restoration is impossible, compensation shall be granted for losses incurred by reason of such measures to the same extent as is, or may be, given to Austrian nationals generally in respect of war damage.

2. Austria agrees to take under its control all property, legal rights and interests in Austria of persons, organizations or communities which, individually or as members of groups, were the object of racial, religious or other Nazi measures of persecution where, in the case of persons, such property, rights and interests remain heirless or unclaimed for six months after the coming into force of the present Treaty, or where in the case of organizations and communities such organizations or communities have ceased to exist. Austria shall transfer such property, rights and interests to appropriate agencies or organizations to be designated by the Four Heads of Mission in Vienna by agreement with the Austrian Government to be used for the relief and rehabilitation of victims of persecution by the Axis Powers, it being understood that these provisions do not require Austria to make payments in foreign exchange or other transfers to foreign countries which would constitute a burden on the Austrian economy. Such transfer shall be effected within eighteen months from the coming into force of the present Treaty and shall include property, rights and interests re-quired to be restored under paragraph 1 of this Article.

Article 27
AUSTRIAN PROPERTY IN THE TERRITORY OF THE ALLIED AND ASSOCIATED POWERS

1. The Allied and Associated Powers declare their intention to

return Austrian property, rights and interests as they now exist in their territories or the proceeds arising out of the liquidation, disposal or realization of such property, rights or interests, subject to accrued taxes, expenses of administration, creditor claims and other like charges, where such property, rights or interests have been liquidated, disposed of or otherwise realized. The Allied and Associated Powers will be prepared to conclude agreements with the Austrian Government for this purpose.

2. Notwithstanding the foregoing provisions, the Federal Peoples' Republic of Yugoslavia shall have the right to seize, retain or liquidate Austrian property, rights and interests within Yugoslav territory on the coming into force of the present Treaty. The Government of Austria undertakes to compensate Austrian nationals whose property is taken under this paragraph.

Article 28
DEBTS

1. The Allied and Associated Powers recognize that interest payments and similar charges on Austrian Government securities falling due after 12th March, 1938, and before 8th May, 1945, constitute a claim on Germany and not on Austria.

2. The Allied and Associated Powers declare their intention not to avail themselves of the previsions of loan agreements made by the Government of Austria before 13th March 1938, in so far as those provisions granted to the creditors a right of control over the government finances of Austria.

3. The existence of the state of war between the Allied and Associated Powers and Germany shall not, in itself, be regarded as affecting the obligation to pay pecuniary debts arising out of obligations and contracts that existed, and rights that were acquired before the existence of the state of war, which became

payable prior to the coming into force of the present Treaty, and which are due by the Government or nationals of Austria to the Government or nationals of one of the Allied and Associated Powers or are due by the Government or nationals of one of the Allied and Associated Powers to the Government or nationals of Austria.

4. Except as otherwise expressly provided in the present Treaty, nothing therein shall be construed as impairing debtor-creditor relationships arising out of contracts concluded at any time prior to 1st September, 1939, by either the Government of Austria or persons who were nationals of Austria on 12th March, 1938.

제Ⅵ장
일반적인 경제관계

제29조

1. 각 유엔회원국과 오스트리아 사이에 개별적인 상업적 조약 또는 협정이 체결될 때까지, 오스트리아 정부는 본 조약 발효일 후 18개월의 기간 동안 각 유엔회원국에 다음과 같은 대우를 부여하며, 해당 유엔회원국도, 호혜적 관점에서, 오스트리아에 동일한 사안에서 유사한 대우를 부여한다:

(a) 수입·수출 관련 세금 및 비용에 관한 모든 사안, 수입물품에 대한 국내 과세, 그리고 그와 관련된 모든 규제에 있어서, 유엔회원국은 무조건적인 최혜국 대우를 받는다;

(b) 기타 모든 측면에서, 오스트리아는 유엔회원국 영토를 원산지로 하거나 동 영토로 수출되는 재화에 대하여, 유엔회원국이 아닌 국가의 영토를 원산지로 하거나 동 영토로 수출되는 동일한 재화와 비교하여, 어떠한 임의적인 차별도 하지 아니 한다;

(c) 법인을 포함한 유엔회원국 국민은, 오스트리아내 상업, 산업, 운송 및 기타 형태의 사업 활동과 관련된 모든 사안에 있어서 내국민 대우 및 최혜국 대우를 받는다. 본 규정은 상용 항공에는 적용되지 아니 한다;

(d) 오스트리아는 국제항공운송에서의 상용항공기 운행과 관련하여 어떠한 국가에도 배타적 권리 내지 우선권을 부여하지 아니하며, 급유 및 수리를 위한 착륙권을 포함한 오스트리아 영토 내 국제상용항공권을 획득할 기회를 모든 유엔회원국에 균등하게 부여하고, 국제항공운송에서의 상용항공기 운행과 관련하여 오스트리아 영토에서의 무착륙 횡단 비행권을 모든 유엔회원국에 상호호혜 및 비차별 조건으로 부여한다. 본 규정은 오스트리아의 국방 권익에 영향을 미쳐서는 아니 된다.

2. 전 항에 명시된 오스트리아의 보증은 오스트리아가 1938년 3월 13일 전에 체결한 상업 조약에 통상적으로 포함된 예외사항의 적용을 받으며; 각 유엔회원국의 상호호혜성과 관련된 규정은 해당 회원국이 체결한 상업 조약에 통상적으로 포함되는 예외사항의 적용을 받는다.

PART Ⅵ

GENERAL ECONOMIC RELATIONS

Article 29

1. Pending the conclusion of commercial treaties or agreements between individual United Nations and Austria, the Government of Austria shall, during a period of eighteen months from the coming into force of the present Treaty, grant the following treatment to each of the United Nations which, in fact, reciprocally grants similar treatment in like matters to Austria:

(a) In all that concerns duties and charges on importation or exportation, the internal taxation of imported goods and all regulations pertaining thereto, the United Nations shall be granted unconditional most-favored-nation treatment;

(b) In all other respects, Austria shall make no arbitrary discrimination against goods originating in or destined for any territory of any of the United Nations as compared with like goods originating in or destined for territory of any other of the United Nations or of any other foreign country;

(c) United Nations nationals, including juridical persons, shall be granted national and most-favored-nation treatment in all matters pertaining to commerce, industry, shipping and other forms of business activity within Austria. These provisions shall not apply to commercial aviation;

(d) Austria shall grant no exclusive or preferential rights to any country with regard to the operation of commercial aircraft in international traffic, shall afford all the United Nations equality of opportunity in obtaining international commercial aviation rights in Austrian territory, including the right to land for refuelling and repair, and, with regard to the operation of commercial aircraft in international traffic, shall grant on a reciprocal and non-discriminatory basis to all United Nations the right to fly over Austrian territory without landing. These provisions shall not affect the interests of the national defense of Austria.

2. The foregoing undertaking by Austria shall be understood to be subject to the exceptions customarily included in commercial treaties concluded by Austria prior to 13th March, 1938; and the provisions with respect to reciprocity granted by each of the United Nations shall be understood to be subject to the exceptions customarily included in the commercial treaties concluded by that State.

제Ⅷ장
분쟁 해결

제30조

1. 본 조약의 "오스트리아내 유엔회원국 재산" 조항 발효 시 발생할 수 있는 여하한 분쟁은 해당 유엔회원국 대표 1인과 오스트리아 정부 대표 1인으로 구성되어 동등성을 기준으로 설립되는 조정위원회에 회부된다.

조정위원회에 분쟁이 회부된 날로부터 3개월 이내에 합의가 이루어지지 않을 경우, 일방당사국 정부는 양국 정부 간 상호합의에 따라 제3의 국가 국민 중 1인을 선정하여 그를 위원회의 제3의 위원으로 추가 선임할 것을 요청할 수 있다. 양국 정부가 제3의 위원 선정과 관련하여 2개월 이내에 합의를 이루지 못할 경우, 일방당사국 정부는 비엔나 주재 소비에트 연방, 영국, 미합중국 및 프랑스 공관장들에게 선임을 요청할 수 있다. 공관장들이 제3의 위원 선임과 관련하여 1개월 이내에 합의하지 못할 경우에는 일방당사국이 유엔 사무총장에게 그 선임을 요청할 수 있다.

2. 본 조 제1항에 따라 설립된 조정위원회는 해당 유엔회원국과 오스트리아 간에 향후 발생할 수 있는 조항의 적용 또는 해석과 관련된 본 조 제1항에 따른 모든 분쟁에 대하여 사법권을 갖게 되며 당해 규정에 따라 부여된 역할을 수행하여야 한다.

3. 각 조정위원회는 자체적으로 절차를 정하고 정의와 공평에 부합하는 규칙을 채택하여야 한다.

4. 각 정부가 임명한 조정위원회 위원과 각 정부가 위원회에서 자국을 대표하도록 지정한 대리인의 급여는 각 정부가 지급한다. 제3의 위원의 급여는 해당 정부 간 특별합의에 따라 정하며 동 급여는 위원회 공동경비와 함께 양국 정부가 균등하게 할당하여 지급한다.

5. 당사국들은 소관당국이 그들의 권한 범위 내에서 가능한 모든 지원을 조정위원회에 직접 제공하도록 할 것을 약속한다.

6. 위원회 위원 과반수의 결정은 위원회의 결정으로 보아야 하며 당사국들은 이를 확정적이고 구속력 있는 결정으로 인정하여야 한다.

PART Ⅶ

SETTLEMENT OF DISPUTES

Article 30

1. Any disputes which may arise in giving effect to the Article entitled “United Nations Property in Austria” of the present Treaty shall be referred to a Conciliation Commission established on a parity basis consisting of one representative of

the Government of the United Nation concerned and one representative of the Government of Austria. If within three months after the dispute has been referred to the Conciliation Commission no agreement has been reached, either Government may ask for the addition to the Commission of a third member selected by mutual agreement of the two Governments from nationals of a third country. Should the two Governments fail to agree within two months on the selection of a third member of the Commission, either Government may request the Heads of the Diplomatic Missions in Vienna of the Soviet Union, of the United Kingdom, of the United States of America, and of France to make the appointment. If the Heads of Mission are unable to agree within a period of one month upon the appointment of a third member, the Secretary-General of the United Nations may be requested by either party to make the appointment.

2. When any Conciliation Commission is established under paragraph 1 of this Article, it shall have jurisdiction over all disputes which may thereafter arise between the United Nation concerned and Austria in the application or interpretation of the Article referred to in paragraph 1 of this Article and shall perform the functions attributed to it by those provisions.

3. Each Conciliation Commission shall determine its own procedure, adopting rules conforming to justice and equity.

4. Each Government shall pay the salary of the member of the Conciliation Commission whom it appoints and of any agent whom it may designate to represent it before the Commission. The salary of the third member shall be fixed by special agreement between the Governments concerned and this salary, together with the common expenses of each Commission, shall be paid in equal shares by the two Governments.

5. The parties undertake that their authorities shall furnish

directly to the Conciliation Commission all assistance which may be within their power.

6. The decision of the majority of the members of the Commission shall be the decision of the Commission, and shall be accepted by the parties as definitive and binding.

제 Ⅷ 장
기타 경제관련 규정

제31조
다뉴브강 관련 규정

다뉴브강 항해는, 상선에 대한 항만료, 항해료 및 조건과 관련하여, 모든 국가의 국민, 상업용 선박 및 재화에 대하여 동등한 기준으로 자유롭게 개방된다. 동 규정은 동일한 국가의 항만 간 운송에는 적용되지 아니 한다.

제32조
교통시설

1. 오스트리아는 자국 영토를 가로지르는 철도 통과운송을 가능한 한 합리적인 요금에 제공하여야 하며 이 목적을 위하여 주변국들과 상호 호혜적 협정을 체결할 준비를 하여야 한다.
2. 연합국 및 관련국은 라이헨할 쉬타인파스를 통한 잘츠부르크와 로퍼(잘츠부르크) 간 그리고 가르미쉬-파르텐키르헨을 통한 샤르니츠(티롤)와 에르발트(티롤) 간에 관세나 요금이 부과되지 않는 교통과 커뮤니케이션을 촉진시키는 것을 골자로 하는 규정을 독일 관련 협정에 포함시키는 것을 지원하기로 약속한다.

제33조
적용 범위

본 조약이 "오스트리아내 유엔회원국 재산" 및 "일반적인 경제관계" 조항은 연합국 및 관련국, 그리고 1945년 5월 8일에 유엔회원국 지위를 가졌고 1939년 9월 1일에서 1945년 1월 1일 사이에 독일과의 외교관계를 중단했던 유엔회원국에 적용된다.

PART Ⅷ
MISCELLANEOUS ECONOMIC PROVISIONS

Article 31
PROVISIONS RELATING TO THE DANUBE

Navigation on the Danube shall be free and open for the nationals, vessels of commerce, and goods of all States, on a footing of equality in regard to port and navigation charges and conditions for merchant shipping. The foregoing shall not apply to traffic between ports of the same State.

Article 32
TRANSIT FACILITIES

1. Austria shall facilitate as far as possible railway traffic in transit through its territory at reasonable rates and shall be prepared to conclude with neighboring States reciprocal agreements for this purpose.

2. The Allied and Associated Powers undertake to support inclusion in the settlement in relation to Germany of provisions to facilitate transit and communication without customs duties or charges between Salzburg and Lofer (Salzburg) across the Reichenhall-Steinpass and between Scharnitz (Tyrol) and Ehrwald (Tyrol) via Garmisch-Partenkirchen.

Article 33
SCOPE OF APPLICATION

The Articles entitled "United Nations Property in Austria" and "General Economic Relations" of the present Treaty shall apply to the Allied and Associated Powers and to those of the United Nations which had that status on 8th May, 1945, and whose diplomatic relations with Germany were broken off during the period between 1st September, 1939 and 1st January, 1945.

제 Ⅸ 장
최종 조항

第34조
공관장

1. 비엔나 주재 소비에트 연방, 영국, 미합중국 및 프랑스 공관장들은, 본 조약 발효일로부터 18개월 미만의 기간 동안, 본 조약의 이행 및 해석에 관한 일체의 사안과 관련하여 오스트리아 정부를 대할 시 공동 대응하며 연합국 및 관련국을 대표하기로 한다.
2. 공관장 4인은 본 조약이 명실 공히 신속하고 효율적으로 이행될 수 있도록 필요한 지도, 기술적 조언 및 설명을 오스트리아 정부에 제공한다.
3. 오스트리아 정부는 본 조약에 따라 공관장 4인에게 위임된 업무가 이행될 수 있도록 필요한 모든 정보와 지원을 공관장 4인에게 제공한다.

第35조
조약에 대한 해석

1. 본 조약 조항에 달리 명시된 절차가 있는 경우를 제외하고, 본 조약에 대한 해석 또는 이행과 관련하여 직접적인 외교협상으로 해결되지 않는 여하한 분쟁은 제34조에 따라 활동하는 공관장 4인에게 회부된다. 다만, 이 경우 공관장들은 제34조에 명시된 시한에 의해 제약을 받지 아니 한다. 공관장 4인이 당해 분쟁을 2개월 이내에 해결하지 못하고 분쟁 당사국들이 다른 해결방법에 대하여 상호 합의하지 못할 경우, 일방당사국의 요청에 의하여 당해 분쟁은 당사국별 대표 1인과 양 당사국이 제3국 국민 중에서 선정한 제3의 위원으로 구성된 위원회로 회부된다. 양 당사국이 제3의 위원 선임에 대하여 1개월 동안 합의하지 못할 경우에는 일방당사국이 유엔 사무총장에게 그 선임을 요청할 수 있다.
2. 위원회 위원 과반수의 결정은 위원회의 결정으로 보아야 하며 당사국들은 이를 확정적이고 구속력 있는 결정으로 인정하여야 한다.

제36조
부속서의 효력

부속서 조항은 본 조약의 중요한 일부로서 효력을 갖는다.

제37조
조약 가입

1. 1945년 5월 8일에 독일과 전쟁을 수행하였고 당시 유엔 회원국이었으나 현재 본 조약의 서명국이 아닌 유엔 회원국은 본 조약에 가입할 수 있으며 가입 후에는 본 조약 목적상 관련국으로 간주된다.
2. 가입서는 소비에트 사회주의공화국연방 정부에 기탁하며 기탁 즉시 그 효력이 발생한다.

제38조
조약 비준

1. 러시아어, 영어, 프랑스어 및 독일어로 작성된 문서를 정본으로 하는 본 조약은 비준이 되어야 한다. 일방당사국 소비에트 사회주의공화국연방, 그레이트브리튼 북아일랜드 연합왕국, 미합중국 및 프랑스와 상대당사국 오스트리아가 비준서를 기탁하는 즉시 본 조약은 효력이 발생한다. 비준서는 가능한 한 조속한 시일 내에 소비에트 사회주의공화국연방 정부에 기탁한다.
2. 이후에 비준서를 기탁하는 각 연합국 및 관련국의 경우 조약은 기탁일에 발효한다. 본 조약은 소비에트 사회주의공화국연방 정부의 문서보관소에 기탁되며 동 정부는 각 서명국 및 가입국에 인증 사본을 제공한다.

PART Ⅸ
FINAL CLAUSES

Article 34
HEADS OF MISSION

1. For a period not to exceed eighteen months from the coming into force of the present Treaty, the Heads of the

Diplomatic Missions in Vienna of the Soviet Union, the United Kingdom, the United States of America and France, acting in concert, will represent the Allied and Associated Powers in dealing with the Government of Austria in all matters concerning the execution and interpretation of the present Treaty.

2. The Four Heads of Mission will give the Government of Austria such guidance, technical advice and clarification as may be necessary to ensure the rapid and efficient execution of the present Treaty both in letter and in spirit.

3. The Government of Austria shall afford to the said Four Heads of Mission all necessary information and any assistance which they may require in the fulfillment of the tasks devolving on them under the present Treaty.

Article 35
INTERPRETATION OF THE TREATY

1. Except where another procedure is specifically provided under any Article of the present Treaty, any dispute concerning the interpretation or execution of the Treaty which is not settled by direct diplomatic negotiations shall be referred to the Four Heads of Mission acting under Article 34, except that in this case the Heads of Mission will not be restricted by the time limit provided in that Article. Any such dispute not resolved by them within a period of two months shall, unless the parties to the dispute mutually agree upon another means of settlement, be referred at the request of either party to the dispute to a Commission composed of one representative of each party and a third member selected by mutual agreement of the two parties from nationals of a third country. Should the two parties fail to agree within a period of one month upon the appointment of the

third member, the Secretary-General of the United Nations may be requested by either party to make the appointment.

2. The decision of the majority of the members of the Commission shall be the decision of the Commission, and shall be accepted by the parties as definitive and binding.

Article 36
FORCE OF ANNEXES

The provisions of the Annexes shall have force and effect as integral parts of the present Treaty.

Article 37
ACCESSION TO THE TREATY

1. Any Member of the United Nations which on 8th May, 1945 was at war with Germany and which then had the status of a United Nation and is not a signatory to the present Treaty, may accede to the Treaty and upon accession shall be deemed to be an Associated Power for the purposes of the Treaty.

2. Instruments of accession shall be deposited with the Government of the Union of Soviet Socialist Republics and shall take effect upon deposit.

Article 38
RATIFICATION OF THE TREATY

1. The present Treaty, of which the Russian, English, French and German texts are authentic, shall be ratified. It shall come into force immediately upon deposit of instruments of ratification by the Union of Soviet Socialist Republics, by the United Kingdom of Great Britain and Northern Ireland, by the United States of America, and by France of the one part and by Austria of the other part. The instruments of ratification shall, in the shortest time possible, be deposited with the Government of

the Union of Soviet Socialist Republics.

2. With respect to each Allied and Associated Power whose instrument of ratification is thereafter deposited, the Treaty shall come into force upon the date of deposit. The present Treaty shall be deposited in the archives of the Government of the Union of Soviet Socialist Republics, which shall furnish certified copies to each of the signatory and acceding States.

찾아보기

ㅇ

저자약력

■ **김정훈**

››› 약 력

사단법인 한국행정학회, 한국정책학회 이사
미국 국무성 초청 Fulbright Scholar at Harvard Law School
미국 MIT 국제인권연구소 연구위원(비상근)
청와대 정책위원(비상근)
국민고충처리위원회 전문위원(비상근)
현) 서경대학교 공공인적자원학부 교수
　　서울특별시 정책자문위원
　　사단법인 자원순환사회연대 이사

››› 주요저서

시민의 정부혁신론(1997)
변화의 시대, 경제주체의 선택(공저, 1998)
정부조직의 혁신(공저, 1998)
서울시정의 바른길(공저, 2002)
자원순환사회와 NGO(2006)
북한의 정부혁신론(2012)
평양과 프라하(2013)
평양과 강남(2015)

평양과 비엔나

2016년 2월 20일 초판 인쇄
2016년 2월 25일 초판 1쇄 발행

저　자 **김 정 훈**
발 행 인 **배 효 선**
발행처 도서출판 **法 文 社**

주　소 10881 경기도 파주시 회동길 37-29
등　록 1957년 12월 12일/제2-76호(윤)
전　화 (031)955-6500~6
FAX (031)955-6525
E-mail (영업) bms@bobmunsa.co.kr
　　　(편집) edit66@bobmunsa.co.kr
홈페이지 http://www.bobmunsa.co.kr
조　판 법 문 사 전 산 실

정가 15,000원　ISBN 978-89-18-03198-9